绿洲科学丛书 | 冯 起 主编

绿洲国土空间冲突与格局优化

王录仓 李骞国 著

本书研究获以下项目支持：

国家自然科学基金面上项目"绿洲城市扩张与生境质量耦合关系的多尺度检视——以河西走廊绿洲为例"（42371219）

西北师范大学地理与环境科学学院 甘肃省绿洲资源环境与可持续发展重点实验室"西北师范大学绿洲科学科研成果突破行动计划项目"（NWNU-LZKX-202302）

甘肃省自然科学基金项目"甘肃省河西走廊绿洲土地利用冲突诊断识别与权衡优化研究"（24JRRA1004）

科学出版社

北京

内 容 简 介

绿洲是干旱区内陆河流域的精华，迥异于一般区域，其封闭性、孤立性、脆弱性、唯水性和矛盾集结性特征导致土地利用功能相互竞争和冲突异常激烈，造成用地混乱、效率低下、生态环境问题频发等，阻碍了土地资源可持续利用与人地关系协调发展。本书基于生态、农业、城镇三大类功能，系统研究了绿洲区功能冲突强度、类型和空间分异特征；剖析三大类功能之间的竞合关系，揭示绿洲土地利用功能冲突的驱动机制；从价值权衡、用途权衡、决策权衡三个方面优化土地利用格局；划分土地综合整治区域，提出土地利用优化调控策略。

本书可供绿洲学、国土空间规划学、人文地理学、生态学等学科的学者参考。

审图号：甘张 S（2025）01 号

图书在版编目(CIP)数据

绿洲国土空间冲突与格局优化／王录仓，李骞国著. 北京：科学出版社, 2025.4. --（绿洲科学丛书／冯起主编）. -- ISBN 978-7-03-081687-0

Ⅰ. F301.24

中国国家版本馆 CIP 数据核字第 20253LU379 号

责任编辑：林 剑／责任校对：樊雅琼
责任印制：徐晓晨／封面设计：无极书装

科学出版社 出版
北京东黄城根北街 16 号
邮政编码：100717
http://www.sciencep.com

北京九州迅驰传媒文化有限公司印刷
科学出版社发行 各地新华书店经销

*

2025 年 4 月第 一 版 开本：787×1092 1/16
2025 年 4 月第一次印刷 印张：14 1/4
字数：334 000
定价：188.00 元
（如有印装质量问题，我社负责调换）

"绿洲科学丛书"编委会

主　　编　冯　起

副 主 编　张明军　马利邦

执行主编　马利邦

委　　员（以姓名笔画为序）

于国建　石培基　白永平　张　勃

张志斌　张学斌　赵　军　赵成章

胡梦珺　姚晓军　焦　亮　谢文涛

潘竟虎

总　序

绿洲指在荒漠背景基质上，以小尺度范围内具有相当规模的生物群落为基础，构成能够稳定维持的、具有明显小气候效应的异质生态景观，多呈条、带状分布在河流或井、泉附近，以及有冰雪融水灌溉的山麓地带。绿洲土壤肥沃、灌溉条件便利，往往是干旱地区农牧业发达的地方。我国绿洲主要分布在贺兰山以西的干旱区，是干旱区独有的地理景观，为人类的生产、生活提供基本的能源供应和环境基础，也是区域生态环境保持稳定的重要"调节器"，其面积仅占西部干旱区总面积的4%~5%，却养育了干旱区90%以上的人口，集中了干旱区95%以上的工农业产值和资源。

近年来，随着人类活动增强，绿洲数量、规模和空间分布发生了显著改变，其生态系统功能也发生了不同程度的变化，这种变化不仅反映了人类对干旱区土地的利用开发程度，更是对干旱区生态与资源环境承载力等问题的间接反映。人类活动对绿洲的影响包括直接影响和间接影响两个方面，直接影响主要是指人为对绿洲进行开发，导致水资源时空分布发生改变，从而导致绿洲和其他土地类型之间发生转变；间接影响是指地下水资源的过度开采，导致地下水资源不足，使得天然绿洲退化，土地荒漠化，而大量修建平原水库、灌溉干渠和农田漫灌，又使地下水位抬升，产生次生盐渍化和返盐现象，对绿洲的发展造成不利影响。因此科学分析和掌握绿洲的发展变化过程及由此产生的绿洲农业资源开发与环境问题、绿洲城镇格局演变与乡村聚落变迁、绿洲景观生态风险与安全、绿洲水土资源空间演变与空间优化配置等问题，对绿洲合理开发利用和实现绿洲生态环境持续健康发展具有重要的现实意义。

"绿洲科学丛书"是围绕干旱区绿洲变化和生态保护，实现干旱区绿洲高质量发展系列研究成果的集成。丛书试图从不同角度剖析干旱区绿洲在开发利用过程中的城镇发展格局与优化、乡村振兴与多元治理、农业资源利用与区划、绿洲生态安全与风险防控、绿洲土壤污染与修复、绿洲大数据平台开发与应用等关键问题，并从理论高度予以总结提升。该丛书的价值和意义在于，通过总结干旱区绿洲生产-生活-生态存在的问题及内在动因，探究绿洲社会经济发展与生态环境保护的协调关系，提炼绿洲区高质量发展和生态文明建设的实践与案例，提供有效防范因绿洲社会经济发展和资源环境的矛盾而引发的区域生态环境风险的应对及优化策略，提出解决绿洲城镇、乡村、农业、生态、环境统筹协调发展问题的新模式，为我国干旱区发展建设提供先行示范。

丛书致力于客观总结干旱区绿洲社会经济发展和生态文明建设的成绩与不足，力图为实现区域绿色发展，构建绿洲人与自然和谐共生提供理论依据与实践案例。丛书可为区域城乡规划管理、生态环境修复与治理、资源空间布局与优化等领域的专家学者和各级政府决策者提供干旱区绿洲高质量发展与生态文明建设的科学参考。

2024 年 5 月

前言

由国际科学理事会和国际社会科学理事会发起，联合国教育、科学及文化组织，联合国环境规划署等共同牵头的"未来地球计划"（Future Earth）提出，要加强人类-环境交互耦合系统研究，为全球可持续发展提供解决方案。自 2000 年国家启动"中国西部干旱区生态环境演变与调控研究"项目以来，绿洲作为干旱区特有的地理单元和精华所在，成为学术界高度关注的热点和重点区域。2005 年，全球土地计划（Global Land Project，GLP）将研究重点逐渐从土地利用结构向土地利用功能方向转型。土地利用功能冲突作为人地矛盾的空间表现，已成为世界范围内普遍存在的突出问题。

干旱区地表结构的一大特征是山地-绿洲-荒漠景观的异质性（宏观尺度），绿洲呈斑块状分散在荒漠之中（中观尺度），并通过灌区（中观宏观尺度）的串联/并联构成现代工人绿洲，对城镇、乡村的发育和功能结构具有根本性的影响。不同尺度上土地的结构、功能具有显著的异质性，对人类活动方式、强度的约束和激励机制同样具有异质性。在我国，绿洲面积仅占干旱区总面积的 3%~5%，却养育了 90% 以上的人口，创造了 95% 以上的产值。绿洲是大尺度干旱荒漠背景下形成的地域性异质景观，是干旱区的精华和优势生存发展空间，正由于此，造成土地具有显著的功能多宜性，也成为各利用主体相互争夺的空间，被认为是人地关系最敏感、最复杂的区域。绿洲国土空间冲突首先表现为荒漠化和绿洲化的冲突，人类在绿洲的演化过程中扮演了双重角色，在经济和环境不断变化的背景下，绿洲地区社会空间逻辑和功能发生重大转变。随着绿洲人口集散和社会经济快速发展，对土地资源的多功能需求不断增加，不同利益主体从各自利益角度出发，竞相利用绿洲稀缺的水土资源。但由于绿洲空间的有限性、孤岛性、分异性、生态基底的脆弱性、限制性因素（水）的突出性等约束，致使绿洲土地功能之间相互竞争和冲突异常激烈，造成绿洲不同地域空间用地矛盾愈加明显。突出表现为：①绿洲核心区城镇建设用地粗放式扩张，侵占了大量具有复合生态功能的耕地、湿地、草地；②绿洲边缘区的荒地被开垦为耕地，进而大量超采地下水用于农业灌溉；③农业灌溉用水挤占生态用水。这些现象造成土地荒漠化、盐碱化、生境退化、生态服务价值损失等一系列生态环境问题，给绿洲土地资源可持续利用带来了严重威胁。绿洲的"唯水性"特征，导致"以水定城、以水定地、以水定人、以水定产"紧迫性更突出，且实现的难度更大。

本书得到国家自然科学基金面上项目（42371219）、甘肃省绿洲资源环境与可持续发展重点实验室"绿洲科学科研成果突破行动计划"项目（NWNU-LZKX-202302）和甘肃省自然科学基金项目（24JRRA1004）的支持。在课题的调研过程中，得到了张掖市甘州区发展和改革局、水务局等部门的大力支持。本书成书过程中得到了西北师范大学地理与环境科学学院诸位同事的指导和帮助，在此一并表示衷心的感谢。由于作者水平有限，书中难免存在不足和疏漏之处，敬请读者批评指正。

王录仓　李骞国
西北师范大学 2024 年 7 月

目 录

总序
前言
第1章 绪论 …………………………………………………………………………… 1
  1.1 研究背景与意义 ……………………………………………………………… 1
  1.2 国内外研究进展 ……………………………………………………………… 6
  1.3 研究内容与技术路线 ………………………………………………………… 18
  1.4 数据来源与方法 ……………………………………………………………… 19
第2章 理论基础 ……………………………………………………………………… 45
  2.1 相关概念 ……………………………………………………………………… 45
  2.2 相关理论基础 ………………………………………………………………… 52
  2.3 多功能作用下空间冲突的发生机理与演变规律 …………………………… 59
第3章 绿洲国土空间构成与特征 …………………………………………………… 68
  3.1 绿洲的概念、特征与分类 …………………………………………………… 68
  3.2 绿洲国土空间构成 …………………………………………………………… 74
  3.3 绿洲国土空间演化与冲突 …………………………………………………… 86
第4章 绿洲国土空间利用特征 ……………………………………………………… 106
  4.1 研究区概况 …………………………………………………………………… 106
  4.2 土地利用类型时空变化特征 ………………………………………………… 111
  4.3 国土空间功能用地时空变化特征 …………………………………………… 120
  4.4 小结 …………………………………………………………………………… 131
第5章 绿洲国土空间功能竞争力评价 ……………………………………………… 133
  5.1 行政单元尺度上功能竞争力评价分析 ……………………………………… 133
  5.2 栅格单元尺度功能竞争力评价分析 ………………………………………… 137
  5.3 两种单元尺度功能竞争力综合评价分析 …………………………………… 143
第6章 绿洲区国土空间冲突识别 …………………………………………………… 152
  6.1 国土空间冲突识别思路 ……………………………………………………… 152

6.2 国土空间冲突分异特征 ·· 153
6.3 国土空间冲突结果验证 ·· 158
6.4 小结 ·· 159
第 7 章 绿洲国土空间格局优化 ··· 161
7.1 利用结构优化 ··· 161
7.2 空间布局优化 ··· 172
7.3 优化调控策略 ··· 191
参考文献 ··· 200

第1章

绪　　论

1.1　研究背景与意义

1.1.1　研究背景

1. 国土空间开发利用的矛盾日益突出

我国在高速推进工业化、城镇化的过程中，由于过度强调国土空间资源对经济社会发展的支撑和保障功能，国土空间长期处于高强度开发建设和不合理利用状态，尤其是城镇建设用地的无序扩张，造成农业空间和生态空间被严重挤压和侵占（刘纪远等，2014；匡文慧，2019），从而引致国土空间生产、生活和生态功能失调，矛盾重重。2018年第三次全国国土调查（简称"三调"）结果显示，自2008年第二次全国土地调查（简称"二调"）以来的10年间，全国建设用地面积增加了1.28亿亩[①]、耕地面积减少了1.13亿亩。与此同时，为保护和改善生态环境，满足人类生活生产需求和保障粮食安全，实施三北防护林体系建设、退耕还林还草、天然林保护工程等重点生态工程及土地综合整治工程，使得生态功能较强的林地、草地、湿地、河流水面、湖泊水面等地类面积合计净增加了2.60亿亩，其中有2.29亿亩耕地流向上述生态功能较强的地类，但同时又有2.17亿亩流向了耕地。国土空间利用结构的频繁转换，加剧了农业空间、城镇空间、生态空间（简称"三类空间"）之间的竞争关系，造成开发利用与保护之间的矛盾冲突日益严重，出现了城乡发展不平衡、空间开发秩序混乱、空间结构失衡、资源环境约束加剧、生态环境恶化等一系列问题，给经济、社会、生态可持续发展带来严峻挑战，严重威胁着国土空间安全（McDonald et al.，2008；潘家华和魏后凯，2014；陈万旭等，2019）。因此，如何有效缓解国土空间开发利用的矛盾冲突，降低空间冲突所产生的负面影响，实现农业、城镇、生态三类空间之间的协同演化与均衡发展，探索可持续发展目标下的国土空间利用格局优化方案与调控策略，成为我国当前及未来城镇化进程中亟待加强研究的重要

---

① 1亩≈666.67m²。

课题。

2. 生态文明和"美丽中国"建设的要求

面对空间开发粗放、资源利用低效、生态环境质量下降、生态系统服务功能退化等国土空间开发利用问题，党的十七大报告首次明确提出"生态文明"建设的理念；党的十八大报告进一步将生态文明建设纳入中国特色社会主义事业"五位一体"总体布局中，并将优化国土空间格局作为生态文明建设的首要任务，按照人口资源环境相均衡、经济社会生态效益相统一的原则，坚决控制国土空间开发强度，调整空间结构，构建科学合理的城市化格局、农业发展格局、生态安全格局，促进生产空间集约高效、生活空间宜居适度、生态空间山清水秀；党的十九大报告更是将生态文明建设作为中华民族永续发展的千年大计，要求加快生态文明体制改革，以实现建设美丽中国的宏伟目标。国土空间作为生态文明建设的重要载体，党中央报告对生态文明建设的表述中将优化国土空间开发格局放在首要位置，就是要强调生态文明理念必须贯穿于国土空间开发利用的全过程，协调人地关系，形成可持续的国土空间格局。因此，规范国土空间开发利用秩序，优化国土空间开发保护格局，是落实生态文明建设和美丽中国目标愿景的必然要求，已成为关系到我国社会经济可持续发展的战略问题（肖金成和欧阳慧，2012）。

为了全面推进生态文明建设，一系列政策法规文件的出台也为优化国土空间开发格局提供了战略性指导意见。2014年8月，国家发展和改革委员会、国土资源部等四部委联合下发《关于开展市县"多规合一"试点工作的通知》，要求划定城市开发边界、永久基本农田红线和生态保护红线，形成合理的城镇、农业、生态空间布局。这是第一次在国家正式文件中出现"三类空间"，将原"三生空间"以"三类空间"取而代之。将"三生空间"调整为"三类空间"，主要基于以下考虑：一是"三生空间"相对精细，大尺度空间内生产和生活是难以分开的。二是"三类空间"能够很好传导落实城镇、生态、农业三大主体功能区战略格局。三是从国际经验看，发达国家通常先划定城市建设地区、农业农村发展地区、绿色开敞生态地区等综合功能分区，再细化安排用地布局。四是原土地利用规划确定的"四类管控区"和原城乡规划确定的"三类管控区"，管控重点主要是建设行为，而"三类空间"能够对空间开发保护进行全面统筹和全域管控。2015年4月，中共中央、国务院印发《关于加快推进生态文明建设的意见》，要求强化主体功能定位，优化国土空间开发格局，科学合理布局生产空间、生活空间、生态空间。2017年2月，国务院印发《全国国土规划纲要（2016—2030年）》，明确指出要科学确定国土开发利用的规模、结构、布局和时序，划定城镇、农业、生态空间开发管制界线；2019年5月，中共中央、国务院印发《关于建立国土空间规划体系并监督实施的若干意见》，指出要建立全国统一、责权清晰、科学高效的国土空间规划体系，整体谋划新时代国土空间开发保护格局，综合考虑人口分布、经济布局、国土利用、生态环境等因素，科学布局生产空间、生活空间、生态空间，到2035年，基本形成生产空间集约高效、生活空间宜居适度、生态空间山清水秀、安全和谐、富有竞争力和可持续发展的国土空间格局。这些文件的出台标志着我国的国土空间开发利用模式正在由单纯注重生产空间为主导逐渐向生产–生活–生态空间相互协调利用的模式转变，协调不同功能空间关系已成为优化国土空间格局的重要前提（朱媛媛等，2015；陈晓丽和罗玛诗艺，2019）。为此，2019年8月颁发的《中华人民共和国土地管理法》规定：科学有序统筹安排生态、农业、城镇等功能空间，优化国土空间结构和布局，提升国土空间开发、保护的质量和效率。2020年9月，自然资源部印发《关于开展省级国土空间生态修复规划编制工作的通知》，该通知指出要注重分析生态、农业、城镇三类空间冲突区域生态修复需求，统筹山水林田湖草沙一体化保护修复，助力国土空间格局优化，服务生态文明建设和高质量发展。同时，国家"十四五"规划纲要也明确提出要发挥各地区比较优势，促进国土空间的各类要素合理流动和高效集聚，推动形成主体功能明显、优势互补、高质量发展的国土空间开发保护新格局。然而，空间冲突的形成和发展严重影响着国土空间各类要素之间的空间配置关系，造成区域空间结构失衡、空间利用效率低下和空间资源浪费，将直接制约国土空间开发利用格局的有序演变过程，对国土空间的可持续发展产生严重威胁（何胜，2014）。因此，在生态文明和美丽中国建设背景下，如何通过科学识别和诊断空间冲突，合理优化国土空间格局，促进国土空间协调有序开发和高效利用，成为学界研究的热点问题。

3. 绿洲城市国土空间可持续发展的需要

在我国，绿洲面积虽然仅占干旱区总面积的4%~5%，却养育了干旱区90%以上的人口，创造了95%以上的工农业产值（王涛，2009），是该区域人类生产、生活最为集中的地区，但由于水土资源的限制性、生态环境的脆弱性等特点，也被认为是人地关系最为敏感的区域之一（杜宏茹和刘毅，2005）。与一般区域相比，绿洲区域生态本底更脆弱、空间更有限、孤立性更强，三类空间的竞争更激烈，而矛盾转移的可能性更弱。值得注意的是，过去绿洲城市在快速推进城镇化进程中，国土空间开发利用并未充分考虑到水资源的承载能力，广泛存在着无序开发、过度开发、分散开发等情形，导致空间资源利用低效和功能错配等问题日益严重，突出表现为城镇建设用地蔓延式扩张占用了城镇周边大量耕地、湿地和草地等资源，同时受过去不同时期绿洲人口和经济的快速增长，以及生态保护与建设的迫切需求，又在绿洲区进行着耕地开垦与生态公益林建设，导致农业生产、城镇建设、生态保护功能之间竞争不断加剧，空间冲突频繁发生，出现大量超采地下水、农业灌溉用水大量挤占生态用水等现象，造成土地荒漠化、土壤次生盐碱化、草场退化、天然绿洲面积萎缩等一系列生态环境问题不断加剧，严重威胁着绿洲地区国土空间生态安全，给绿洲城市经济社会可持续发展带来了巨大挑战（张志强等，2001；欧阳志云和郑华，2009；李骞国等，2015；魏石梅等，2018）。因此，对于绿洲城市而言，如何科学有效地配置国土空间，平衡好城镇、农业、生态三类功能空间之间的发展关系，推动国土空间开发利用与绿洲水土资源相匹配，促使社会经济与资源环境、生态安全相互协调发展，就显得尤为重要，也成为学界在区域可持续发展领域亟须研究和解决的重大科学问题。

黑河流域中游位于河西走廊中段，集中了全流域80%的绿洲、91%的人口、95%的耕地和80%的GDP，人口和经济密度极高，具有典型的山地-绿洲-荒漠自然景观格局，基本代表了绿洲城市国土空间开发利用的一般特征。鉴于此，本书选择以黑河流域中游的甘州区为实证研究区域，尝试通过对其国土空间的城镇、农业、生态三类功能空间竞争的冲突程度进行识别，并在此基础上优化国土空间格局，为该区域的国土空间资源合理开发利用提供实践借鉴。《甘州区国土空间总体规划（2021—2035年）》提出至规划期末（2035年），划定永久基本农田面积89 471.659hm^2，耕地保有量不低于103 438.699hm^2，生态保护红线面积为24 115.390hm^2，城镇开发边界控制面积为888.040hm^2。气候变化导致的水资源及其时空分布的变化，将使水资源与生产力空间分布的不匹配特征日益严峻。同时，人口的增长、不合理的土地和水资源开发活动，进一步加剧了干旱区人工绿洲生态系统和自然生态系统之间对用水需求的竞争，导致干旱区绿洲经济和沙漠生态的水资源供需矛盾变得更加尖锐。绿洲安全和可持续发展已成为社会各界关注的热点问题。

1.1.2 研究目的与意义

1. 研究目的

目前，建立统一的国土空间规划体系并监督实施，是国土空间可持续发展的重要指南，成为各类开发与保护建设活动的基本依据。科学合理地布局农业、城镇、生态等功能空间，划定永久基本农田、城镇开发边界、生态保护红线等空间管控边界是构建国土空间规划体系的核心内容，也是实施国土空间用途管制和生态保护修复的重要基础。针对快速工业化、城镇化进程引发的国土空间开发失序、功能失调、结构失衡等问题，为缓解国土空间利用过程中的矛盾冲突、重塑国土空间开发与保护格局，本书通过梳理国内外关于国土空间功能、国土空间冲突、国土空间格局优化等相关研究文献，归纳总结当前研究成果与存在不足，以寻找本书的切入点；随后，从国土空间开发与保护关系出发，引入空间冲突概念，就国土空间的农业、城镇、生态三类空间功能竞争力评价、冲突识别及空间格局优化调控等一些关键问题展开探索研究，以期实现三类功能空间均衡开发与协调利用，为促进绿洲区域国土空间开发利用可持续发展提供理论与方法指导。本书遵循地理学的系统科学研究范式和实证科学研究范式，通过多学科交叉融合研究，实现以下具体目标。

（1）本书通过辨析国土空间、国土空间功能、国土空间功能竞争力、国土空间冲突、国土空间格局优化等相关概念，来科学界定研究对象的基本概念，阐述本书所涉及的相关理论基础，探讨功能竞争视角下绿洲国土空间冲突的产生，并基于相关理论基础，尝试理清从空间冲突到优化国土空间格局的逻辑思路，从而架构国土空间冲突与格局优化的理论框架，以期为开展实证分析提供理论与方法指引。

（2）国土空间冲突最直观的表现形式是多功能空间利用类型之间相互转换，本书通过分析过去不同时期研究区国土空间的土地利用格局和三类空间功能用地变化过程，旨在揭示国土空间利用格局的时空分异特征，也为准确识别国土空间冲突奠定基础。

（3）本书通过构建不同尺度下的农业、城镇、生态三类空间功能竞争力评价模型，来测算各空间单元的竞争力指数，旨在准确识别研究区国土空间冲突的强度及其类型，在此基础上，通过构建结构优化模型和空间布局优化模型，设置不同优化情景模拟预测国土空间利用结构与布局，试图探寻能够缓解国土空间冲突，实现农业、城镇和生态三类空间均衡发展的最优国土空间利用格局，并提出切实可行的优化调控策略。本书以黑河流域中游的甘州区这一具有典型代表性的干旱绿洲区域为研究对象展开实证研究，以期为我国绿洲区域国土空间合理有效开发利用提供参考。

2. 研究意义

1）理论意义

本书从国土空间、国土空间功能、国土空间功能竞争力、国土空间冲突等概念内涵出发，通过深入探讨功能竞争视角下绿洲国土空间冲突的产生，解析绿洲区域国土空间冲突的特殊性，构建国土空间冲突与空间格局优化的理论框架，总体上形成了较为全面的概念界定、冲突产生和识别，以及格局优化的理论方法体系，寻求建立农业、城镇、生态三类空间协调发展的国土空间利用格局，对国土空间功能、国土空间格局优化理论研究具有一定的补充与完善作用，也拓展了空间冲突研究的应用范围。此外，本书对于理论模型的建立，始终遵循地理学重要的空间尺度概念，选取从行政单元、栅格单元两种尺度构建功能竞争力评价指标体系，并通过多尺度融合模型实现了国土空间功能竞争力的综合评价，可弥补以往研究中仅从单一尺度进行空间单元功能评价的不足。

国土空间格局优化作为生态文明建设的关键举措和重要手段，其研究的重点在于通过协调不同功能空间结构布局来寻求人类多功能需求与资源环境约束之间的平衡。因而，本书基于绿洲国土空间开发利用存在的突出问题，选择从国土空间多功能之间的相互竞争的冲突视角出发，以系统论、协同论、人地关系地域系统理论、空间均衡理论、地域多功能理论和可持续发展理论为支撑，探索了一套基于空间冲突的国土空间格局优化方法体系，以此来优化国土空间利用结构与布局，也为国土空间格局优化提供了一个新的研究视角，对完善和丰富国土空间相关研究的理论具有重要意义。

2) 实践意义

本书尝试在综合评价国土空间的三类空间功能竞争力基础上，识别空间冲突程度，划分不同类型空间冲突区域，并将其作为国土空间格局优化的重要约束条件来构建空间优化配置模型，以优化国土空间的土地利用结构和布局，以助于预防和缓解农业、城镇、生态空间之间不协调开发利用的冲突状况，促进国土空间朝"山水林田湖草洲"生命共同体方向发展，对于解决当前国土空间开发无序与生态环境恶化的矛盾问题，实现人与自然和谐共生发展具有重要现实意义。同时，研究结果可以有针对性地优化配置地理实体单元，使得国土空间利用结构调整与空间布局更具有可操作性和科学性，有助于调控策略和相关政策指标的精准实施和有效落地，对于编制国土空间规划、"三区三线"划定及实施国土空间用途管制具有重要的指导意义。

本书选取的案例区位于我国黑河流域中游地区，该区域是整个黑河流域人类活动最为集中、经济发展最为活跃、人地关系最为紧张的地区，由于其特殊的自然地理环境，国土空间开发利用受资源环境的约束作用极其明显，空间演变特征及驱动机理与其他类型地区存在显著差异，国土空间的农业、城镇、生态三类空间开发利用对区域生态环境造成了严重威胁。因此，本书试图通过对案例区开展国土空间冲突和格局优化研究，提出合理的优化调控策略，可为统筹安排区域内各类国土空间资源利用，实现空间协调均衡发展提供决策支持。

1.2 国内外研究进展

1.2.1 国土空间功能研究

1. 国土功能

国外对国土空间功能概念的研究起源于农业多功能研究。20世纪90年代，随着联合国粮食及农业组织、经济合作与发展组织以及欧洲共同体农业政策的变化，多功能研究开始在农业领域兴起，并在生态系统产品和服务、景观研究中得到进一步发展，学术界对农业多功能、生态系统功能、景观多功能开展了广泛的研究。进入21世纪，多功能研究逐渐应用于乡村转型、土地利用的研究中，极大地丰富了多功能研究的范畴。农业多功能研究最早可追溯于20世纪80年代末日本的"稻米文化"，随后在1992年联合国环境与发展会议上正式将农业多功能写入了《21世纪议程》，使得这一概念在国际上引起了广泛关注（Matsuno et al., 2006）。2001年，经济合作与发展组织对农业多功能概念做了进一步解释，指出农业生产活动除了具有食物生产功能以外，同时还兼有环境保护、景观保持、提供乡村就业、保障食物安全等多种功能。Rossing 等（2007）和 Renting 等（2009）在探索法国、德国、荷兰等欧洲国家对农业多功能研究后，指出农业生产过程具有生物多样性和栖息地的保护、农业景观审美、文化遗产、乡村发展、粮食安全等功能。Andersen 等（2013）基于欧洲农业发展中的各项农业功能，将其划分为生产功能、居住功能、栖息功能和娱乐功能。Peng 等（2017）将农业景观功能划分为粮食供给、生境维持、生境连通、土壤保持、景观美学和人口承载等功能。

由于不同国家的农业政策和目标各不相同，学者们结合具体研究对象时对农业功能的分类略有差异，但总体上可以概括为粮食生产、维护农业景观、保护生态环境、维持农村生存与就业、农业文化遗产等功能。生态系统服务功能源于生态学对生态系统的研究，是指生态系统直接或者间接提供的能够满足人类生存和发展的能力。生态系统提供的服务功能多种多样，学者们对此提出了不同观点。Constanza 等（1997）将全球生态系统服务功能划分出包括气体调节、气候调节、养分循环、休闲娱乐等 17 项功能，该分类是目前生态系统服务功能分类最具有影响的成果之一，许多学者都依据此分类进行研究。de Groot 等（2002）将生态系统服务功能划分为调节功能、栖息功能、生产功能和信息功能 4 类一级功能和 23 类二级功能。2005 年，联合国千年生态系统评估计划（Millennium Ecosystem Assessment, MEA）将生态系统服务功能分为供给服务、调节服务、文化服务和支持服务四种类型，得到了国际上广泛认可。此后，学者们选取不同案例区对生态系统服务功能展开了大量研究，多数将生态系统服务功能划分为供应服务、调节服务和文化服务三大类，然后结合区域生态系统特征进一步分为不同的二级类。景观多功能源于景观生态学研究，主要通过景观结构及其生态系统过程来体现的，被用来描述景观所能提供的与人类福祉相关的产品和服务的能力（Willemen et al., 2010）。人类需求及其活动的多样性使得景观具有多种功能，多功能景观已成为景观生态学研究的一个重要领域（傅伯杰等，2008）。景观多功能分类主要从人类的需求角度出发，以生态系统服务功能分类为基础展开，主要包括生产功能、调节功能、栖息功能、休闲功能等多种功能。例如，Willemen 等（2008）将景观功能细分为居住、集约养殖、饮用水、文化遗产、旅游、物种栖息、粮食生产、休闲骑行八类功能；Kienas 等（2009）将景观功能分为生产功能、调节功能、栖息地功能和信息功能；Gulickx 等（2013）将乡村景观功能分为湿地栖息地、森林游憩、养殖和休闲四类功能；Hermann 等（2014）将景观功能分为调节功能、栖息功能、供给功能、信息功能和承载功能。随着国外学者对多功能研究的深入，学者们逐渐认识到生态系统服务功能和景观功能实质上仅侧重于可持续发展的环境维度。因此，一些学者开始将多功能概念从农业领域延伸到社会、经济和生态环境等领域，并应用到土地资源可持续利用研究之中。例如，Vereijken（2001）将多功能农业拓展到包括其自身在内的多功能土地利用；Gebhard 和 Reinfried（2001）将土地利用功能划分为经济功能、社会功能、生态功能。2004 年，欧盟第六框架计划下的 SENSOR 计划首次提出了土地利用多功能概念，是指一定区域内的土地利用方式为人类提供的各类产品和服务，包含了社会、经济和环境三大功能（Pérez-Soba et al.，2008；Kienast et al.，2009；Paracchini et al.，2011）。2005年，全球土地计划（Global Land Project，GLP）的发起使得学者们的研究重点逐渐从土地利用结构向土地利用功能方向发展。其中，最具影响力的是 Helming 等（2008）根据欧盟 SENSOR 计划的研究成果。他们结合不同职能部门的产业分工，将土地利用功能划分为社会、经济和环境三大功能以及九项子功能。总体来看，国外学者对农业多功能、生态系统功能、景观多功能、土地利用多功能等概念和分类的研究为多功能研究提供了新理论与新范式。

国内在引入多功能概念以后，众多学者围绕着农业多功能、生态系统服务功能、景观多功能、土地利用多功能等展开了大量研究，并取得了一定的研究进展，为国土空间多功能研究奠定了基础。国土空间是一个包含了人口、产业、劳动力、土地、矿产、生物等资源的复杂地理空间，不同要素的空间配置在区域发展中承担着生产、居住、休闲、文化等多种功能，从多功能角度对其进行分类是开展国土空间评价与分区的前提和基础。土地资源是国土空间开发利用的基本要素，国土空间功能分类也是基于土地利用功能逐步展开的，学者们从不同角度建立了土地利用功能分类体系，总结起来可以分为两大类：一类是从土地利用系统的要素-结构-功能关系出发，根据土地利用类型将国土空间功能划分为生产功能、生活功能、生态功能（张路路等，2016），或生产功能、社会功能、生态功能（刘沛等，2010），或生产功能、经济功能、社会功能、生态功能（张晓平等，2014）；另一类是从土地利用可持续性角度选取相关评价指标对多功能进行降维处理，将土地利用功能划分为经济功能、环境功能、社会功能（甄霖等，2010；王枫和董玉祥，2015），或者经济功能、社会功能、生态功能（刘超等，2018），或生物性生产功能、原材料供应功能、承载功能、生态环境功能、景观文化遗产功能、交通功能（陈影等，2016）。此外，为服务于主体功能区规划，有学者将地域系统功能划分为生态功能、初级生产功能、发展功能（陶岸君，2011）或经济发展功能、粮食生产功能、社会保障功能、生态保育功能（刘彦随等，2011）。

党的十八大报告明确指出国土空间的发展目标：生产空间集约高效、生活空间宜居适度、生态空间山清水秀，要求构建以生产、生活、生态功能（简称"三生功能"）为主导功能的分类体系。因此，许多学者借鉴土地利用功能、生态系统功能、景观功能分类，对国土空间的三生功能进一步细化，形成了不同的国土空间功能分类。例如，生产功能主要细化为农产品供给、工业产品供给、服务产品供给、原材料供给、景观产品供给、能源供给、矿产供给等功能（金贵，2014；蔡玉梅等，2015）；生活功能主要细化为居住保障、医疗保障、教育保障、交通保障、就业保障、精神生活保障等功能（李广东和方创琳，2016；彭佳捷和蔡玉梅，2019）；生态功能主要细化为生态调节、生物多样性保护、水源涵养、土壤保持等功能（李广东和方创琳，2016；念沛豪等，2014b）。

随着国土空间规划体系的建立，科学有序统筹布局生态空间、农业空间、城镇空间是编制国土空间规划的核心，于是学者们纷纷围绕国土空间的农业功能、城镇功能、生态功能展开了相关研究，直接服务于国土空间规划。总体来看，学者们根据特定的研究目的，对国土空间功能的认识越来越深入，功能分类也逐渐细化，但目前还尚未形成一套统一的分类标准。实际上，由于国土空间的多样性和时空差异性，很难建立起标准的分类体系，需要综合考虑研究目标和地域特征来确定适宜的功能类型。

2. 国土空间功能识别与评价

如前所述，国土空间具有多功能性已成为学界普遍共识，为发挥不同类型空间功能的最大化，促进区域可持续发展，国外学者就各类功能值测算与功能变化特征进行了相关研究。例如，Costanza 等（1997）采用货币价值转换形式对全球生态系统功能价值进行估算，是最早提出的功能价值评估体系，为土地利用功能评估、景观功能评估提供了参考。此后，SENSOR 项目提出的土地利用功能概念框架，将社会、经济、环境等指标融入 9 项土地利用功能，以评价包括挪威、瑞士以及欧盟 27 个成员国的土地利用功能水平，综合评估区域可持续发展状况，极大地推动了土地利用功能评价方法体系的发展。Pérez-Soba 等（2008）进一步阐释了 SENSOR 项目提出的方法框架是从土地利用功能角度对土地利用可持续发展进行评估。Willemen 等（2010）研究荷兰乡村空间功能之间的相互关系，发现一种功能的增强对其他功能有正相关或者负相关作用。Paracchini 等（2011）建立了一个可操作的多尺度分析框架，采用线性加和模型，确定土地利用多功能的政策选择对区域可持续发展产生的影响。Callo-Concha 和 Denich（2014）采用多准则和多变量分析建立了一个参与式分析框架，以评估土地利用系统多功能性。

国内学者对于空间功能评价经历了从单一功能向多功能转变的过程，提出了以国土空间适宜性评价和竞争力评价为主要手段的功能识别法，尤其是通过适宜性评价，较好地支撑了全国主体功能区划方案（樊杰，2015）。在功能评价内容上主要包含了"社会—经济—生态—环境"多维功能评价（王枫和董玉祥，2015；Liu et al.，2018）、生产、生活、生态功能评价（柳冬青等，2018；魏小芳等，2020）、农业、城镇、生态空间适宜性评价（张乔，2017；周静，2019），农业多功能评价（钟源等，2017），以及农业竞争力（魏素豪等，2020）、城市竞争力（党亚苹，2019）、生态竞争力（史方圆，2019）等单一功能评价和耕地多功能竞争力评价（刘婷，2018）等。伴随着国土空间规划的全面展开，准确识别区域空间主导功能成为国土空间综合分区的基础，众多学者围绕着国土空间功能的评价方法、评价单元及多功能之间的相互作用关系进行了探索研究。

对于功能识别与评价方法，总体上可以分为地类归并法、价值量法和指标评价法三种评价思路。其中，地类归并法是通过对土地利用类型所发挥的主导功能进行归并，来识别国土空间功能类型，该方法较为简单，可以快速评价空间功能分异特征，但忽视了同类型地类在不同利用强度下所体现出的空间异质性，难以刻画空间功能的强弱，并且易受个人主观意识影响而出现偏差（刘继来等，2017）；价值量法是通过将国土空间提供的产品和服务转换为具体的价值来定量识别功能值，包括货币价值化法和生物物理过程测算法，有学者综合这两种方法定量测度了土地利用的生产、生活、生态功能价值量，以识别空间功能主导类型，该方法较为直观，可以直接体现功能发挥所产生的价值量大小，但对于货币量标准以及生态系统服务功能评估依然存在不确定性和空间异质性（Zou et al., 2020）；指标评价法是通过建立功能评价指标体系，采用评价模型进行定量识别空间功能值，在具体评价模型构建上，首先采用极值法对各个评价指标进行标准化处理，然后运用层次分析法、熵值法、均方差决策法等主观、客观赋权方法确定权重，并采用加权求和法得到各评价单元的功能值（李雨彤，2020）。此外，一些学者结合生态位理论的"态""势"计算方法来构建功能适宜性和竞争力评价模型（念沛豪等，2014a；徐泽等，2018），该方法能够综合选定指标量化各空间单元功能，是近年来国土空间功能识别的主要依据。因此，开展资源环境承载能力评价和国土空间开发适宜性评价（简称"双评价"）已成为编制国土空间规划的基础性工作，但对于如何衔接不同空间尺度下功能差异性问题尚缺乏规范统一的技术标准。对于功能评价单元，总体上可概括为以国家（徐磊，2017）、市县（徐磊，2017）、乡镇（罗雅丽等，2016）、村域（陶慧等，2016）为评价单元的中宏观尺度和以图斑（马晓葳，2018）、栅格（Liu et al., 2018；蒙吉军等，2019）为评价单元的微观尺度。其中，中宏观尺度评价结果可为不同行政级别制定国土空间管理政策提供参考；微观尺度评价结果可以精准识别不同评价单元的主导功能。由于空间功能存在尺度依赖性，同一地域空间单元在不同尺度的区域空间中表现出不同功能特征，功能实现既受内部次级单元不同功能发挥的影响，也受上级区域空间功能的控制和引导作用，如何将宏观、微观评价尺度融合及降尺度传导成为空间功能识别要解决的主要问题，同时也是推动主体功能区战略精准落地的关键（邓伟等，2017）。因此，有学者通过建立多尺度融合模型，实现了集成行政单元和空间格网两个尺度的三生功能评价（冉娜，2018；单薇等，2019），也有学者在栅格尺度评价的基础上，采用加权求和法转换到乡镇尺度（张永蕾等，2021），或者采用乡镇尺度评价对其进行修正（马晓冬等，2019）；而对于功能评价单元尺度传导，王亚飞等2019提出了基于"双评价"的控制性参数测算与降尺度分解方法，蔡玉梅等（2015）提出了省级、县区、单元三个尺度降维的功能识别框架。

对于多功能之间相互作用关系的识别，主要是在功能评价的基础上，判断不同功能之间的权衡协同关系和耦合协调关系。权衡与协同关系是指两种功能相互作用的此消彼长和相互增益过程，当一种功能的增强会引起另一种功能的减弱则为权衡，而两种功能同时增强或者同时减弱则为协同（李双成等，2013）。目前，学者们关于国土空间功能权衡与协同关系的判断，主要依据生态系统服务与景观多功能的研究方法，运用ArcGIS波段集统计工具、Spearman秩相关系数、Pearson相关系数、双变量空间自相关分析等方法探究了不同尺度下国土空间的三生功能权衡与协同关系（Fan et al.，2018；程浩然等，2021）。研究表明生产功能与生活功能存在协同关系，生产功能与生态功能、生活功能与生态功能存在权衡/协同交替变化，表现为"协同—权衡—协同"的螺旋式发展过程（李欣等，2019；康庆等，2021）。类似地，也有学者将这种相互作用形式描述为拮抗、协同和兼容关系，并指出国土空间各功能之间表现为"兼容—拮抗—协同—兼容—拮抗"的循环往复过程（魏超，2019）。耦合协调关系是指功能之间相互作用程度及其相互协调状况（Fan et al.，2018；刘浩等，2011），在研究方法上，学者们主要应用耦合协调度模型定量识别三生功能之间的耦合度与协调发展水平，并将其划分为低耦合、拮抗、磨合、协调耦合等耦合度类型，以及严重失调、中度失调、轻度失调、勉强协调、轻度协调、中度协调、良好协调等协调度类型（魏小芳等，2020；Zhou et al.，2017；李思楠等，2021）。

1.2.2 国土空间冲突研究

国外关于空间冲突的研究，起源于社会地理学家对空间进行的分析与研究，并逐渐成为学术界研究的重要领域之一。长期以来，空间只是作为一种容器或者平台，被看作是一种具有地理位置意义的载体，直到20世纪70年代，随着发达工业国家的城市化迅速推进，西方社会科学界对有关空间的概念进行了重新审视，使得空间具有了社会属性。列斐伏尔认为"空间不是空洞的，它里面蕴含着丰富的社会关系，如果想要充分理解空间里发生的一切事务，必须分析空间中存在的各式矛盾"，据此提出了"空间的生产"理论，认为空间是社会的产物（Lefebvre，1991）；哈维在继承列斐伏尔的理论基础上，又进一步阐明了资本在空间生产中的作用，提出了"空间修复"理论和"空间正义"理论（Harvey，1981；2000）；福柯在延续列斐伏尔的理论基础上，更加关注政治权力关系在空间生产中的作用（Foucault，2005）。这些空间思想的主旨正是基于资源分配不均、区域发展不平衡、自然生态系统失衡等空间矛盾冲突现象，而对于空间冲突问题的研究，国外较早开始于生态学，后衍生到经济学、规划学、地理学等学科，主要从经济学的博弈论、规划学的空间管制和社会学的社会冲突等理论对地理空间问题的研究，以解决边界冲突、海岸线冲突、土地利用冲突、社区调控与城市规划等（曾蕾和杨效忠，2015）。20世纪50年代，一些学者将生态学中的演替、共生、竞争、入侵等概念引入到城市地理空间研究中，其中以帕克（R. E. Park）、帕特里克（Patrick）、沃思（L. Wirth）等为代表的"芝加哥学派"创建了城市生态学，来探讨城市空间组织的形成机理和各经济单元之间的空间关系（曾蕾和杨效忠，2015）。20世纪80年代，伊顿（Eton）、利普西（Lipsey）等将经济学博弈论引入地理学空间研究领域，运用空间博弈理论阐释了市场各利益主体间的空间位置竞争关系，为区域资源开发的最优区位选择提供了新方向（赵晨，1997）。规划学对地理空间的研究主要针对城市化过程中出现的城市空间无序扩张问题，并于20世纪90年代以后，在区域规划方案中逐渐出现了"精明增长""城市增长边界"等城市空间管理理念与方法（陈勇，2002；Castro and Nielsen，2001；Mubara，2004）。随着人类生产生活对自然资源开发利用程度的日益增强，产生的矛盾与冲突现象不断出现，学者们开始将社会学中的"冲突"概念引入到自然资源管理领域，用于表征各方利益相关者对生产性空间进行争夺，提出了如"水资源冲突""土地利用冲突"等概念。其中，有学者就分析了水资源冲突的产生原因，主要是由于人口迁移引致的流域上下游使用者对水资源的竞争（Mbonil，2005）；而对于土地利用冲突的产生的原因，学者们从不同角度进行了探讨，包括土地相关权利和利益的不同需求（Rusu，2012）、稀缺水土资源的竞争（Campbell et al.，2000）、土地实际用途与生态适宜性不匹配（Pachec et al.，2014）、土地利用方式和结果不一致等（Duke，2004）。

在空间冲突的产生原因上，一些学者从行为主体角度出发，归结为多个利益相关者为争夺同一地理空间资源而产生的社会现象，并据此将空间冲突划分为个体关系冲突（Duarte and Davies，2003）、群体间冲突（Bakhtiari et al.，2014）、社会价值冲突和人际冲突（Vaske et al.，2007）等类型。在研究方法和手段应用上，涵盖了描述性统计分析、GIS空间分析法、问卷调查法、访谈法、综合评价法、限制法、有限单元法等方法。例如，有学者采用文献综述法和问卷调查法分析了北爱尔兰地区的领土竞争（Murtag and Ellis，2011），采用空间分析法分析了尼泊尔冲突地区的空间相关性（Khatiwada，2014），采用访谈法讨论了伊斯坦布尔两个封闭式社区的不同现象与空间冲突之间的关系（Tanulku，2013），采用有限单元法、限制法解决了制图综合中的空间冲突问题（Harrie，1999；Hjholt，2000）。综合来看，国外对于空间冲突的研究，是伴随着对区域空间问题的研究逐步发展起来的，并且注重应用跨学科的理论与方法来解决各类空间冲突现象，相关研究为国内研究提供了理论依据和可借鉴的经验。

国内学者对空间冲突的研究，最早是基于国外的空间结构理论，主要聚焦在区域空间结构模式与优化方面（郭腾云等，2009）。近年来，随着城市化发展带来的城市弊病日渐突出，学者们开始从经济、产业、资源等要素空间关系角度来探讨区域发展中的一些空间冲突问题，出现了区域剥夺（方创琳和刘海燕，2007）、空间竞争（杨孟禹等，2011）、空间失衡（陈雯等，2010）、空间剥夺（胡西武等，2020）、空间整合（周子鑫和朱传耿，2009）、空间正义（曹现强和张福磊，2011；叶超，2019）等类似空间冲突的相关研究。随着研究的深入，学者们对空间冲突的研究视角在不断拓展，包括了生态安全视角（彭佳捷等，2012）、地理学视角（贺艳华等，2014）、经济学视角（唐凯等，2013）、非合作博弈视角（阮松涛和吴克宁，2013）、利益相关者视角（宋振江等，2018）等，所涉及的研究对象主要围绕土地利用空间冲突（Jiang et al.，2020；Gao et al.，2021）、三生空间冲突（廖李红等，2017；Zou et al.，2021）、三线冲突（刘耀林等，2018；易丹等，2020）、生态空间冲突（苏伟忠等，2020）、产城融合空间冲突（王亚丽，2018）等领域。空间冲突类型多种多样，有学者按照空间要素形态、区位和功能，划分为点—线—面—空间冲突、城市—郊区—乡村空间冲突、生产—生活—生态空间冲突、建设—农业—生态空间冲突（贺艳华等，2014）；也有学者按照空间资源利用目标，划分为空间经济冲突、空间生态冲突、空间社会冲突和空间复合冲突（周国华和彭佳捷，2012）。研究区域上多集中于城市群地区（周德等，2015）、生态脆弱地区（程进，2013）、生态移民安置区（陈晓等，2018）、旅游地（王建英等，2019）、丘陵山区（许子艺，2021；史宇微，2021）、农牧交错区（李俏，2017）、城乡交错带（周德等，2015）等特殊类型地域。研究内容上多集中于空间冲突的形成原因、水平测度、评价识别、演化过程与影响效应研究。空间冲突具体表现为建设用地侵占生态用地空间、景观破碎化、复杂性程度增加等。对于空间冲突的测度，主要从三个方面来展开，一是从引起空间冲突的因果关系出发，运用压力—状态—响应（PSR）模型构建评价指标体系，测算空间冲突强度指数（杨永芳等，2012；周国锋，2015）；二是从地理学的格局和过程出发，围绕空间结构比例、空间类型组合及相互转化过程来构建空间冲突指数，包括了开发强度指数、农业保留指数、破碎度指数、邻接兼容指数、生态被占用指数等（贺艳华等，2014；孟宝，2020）；三是从生态学的结构和功能出发，借鉴景观生态风险评价方法，基于景观指数构建空间冲突测度指数，包括了空间复杂性指数、空间脆弱性指数和空间稳定性指数（彭佳捷等，2012；蒙吉军等，2020）。对于空间冲突的识别方法，一类是基于生态安全格局评价和空间适宜性评价结果，通过叠加空间开发利用现状来识别空间冲突区域（孙丕苓，2017；周鹏，2020；冯萌，2021）；另一类是对多目标适宜性评价或用地竞争力评价结果进行等级排列组合以识别空间冲突区域（刘巧芹等，2014；宋亚男，2017；王检萍等，2021）。对于空间冲突的演变过程与影响效应，有学者将其划分为潜伏阶段、公开阶段和化解阶段，而且会伴随着对空间资源竞争的博弈，出现不断的升级、暴发、调控、化解再到升级、暴发等循环往复的波浪式演变曲线。其对应的冲突可控性可以分为稳定可控、基本可控、基本失控和严重失控四个级别，一旦冲突强度上升至失控级别，会造成空间结构比例失调、空间开发布局混乱、空间类型转换失控、生态系统失衡、社会发展失稳等问题。对于空间冲突的形成原因，有学者指出空间资源的稀缺性是空间冲突形成的客观原因，空间利用的多宜性使得空间开发可满足不同社会主体的利益需求，是空间冲突形成的根本原因，空间功能的外溢性又将影响周边区域的空间开发利用方式，是空间冲突形成的重要驱动因素。此外，如何优化和调控空间冲突也成为国内学者的研究重点，一些学者基于现状开发的空间冲突识别结果，划分为不同类型的冲突分区，并据此提出相应的调控策略（戴智勇等，2019）；一些学者依据生态优先原则，结合生态安全格局对冲突区域进行优化与调整（史宇微，2021；孟宝，2020）；一些学者采用空间优化模型对冲突区域进行优化，以期通过模型模拟来调整空间利用结构和布局，从而缓解空间冲突（曹帅，2020）。同时，在土地利用总体规划、城市总体规划等规划实践中，空间管治与空间管理等理念也被用来解决空间开发利用过程中因资源竞争而引起的各类空间冲突问题（张京祥，2000；甄峰等，2007）。总体上，近年来国内对空间冲突的研究内容在不断扩展，研究方式也更加多样化，为研究绿洲区域国土空间的农业、城镇、生态三类空间冲突研究提供了有益参考。

1.2.3 国土空间格局的优化研究

国外关于国土空间格局的宏观分区优化研究的理论思想最早可以追溯于欧美等西方国家学者提出的区位理论和空间结构理论。1826 年，德国农业地理学家杜能首次提出了农业区位理论，将农业生产方式划分为以城市为中心，由里向外的六个农业同心圈结构。1909 年，韦伯提出的工业区位论，认为运输成本、劳动费、集聚分散等区位因子决定了企业的生产场所。1933 年，克里斯泰勒提出的中心地理论，阐述了一个区域中心地的分布、规模和服务范围。1940 年，廖什提出的市场区位论，将生产区域与市场相结合，认为工业区位分布在能够获得最大利润的市场区域。基于上述古典区位理论，包括增长极理论、循环积累因果理论、核心-边缘理论、点轴开发理论等在内的一些区域空间结构理论相继被提出。这些理论思想为开展国土空间格局优化的宏观分区研究提供了丰富的理论基础。18 世纪末 19 世纪初，一些欧洲学者开始了空间分区的实践研究工作，早期主要集中在自然地理区划。德国地理学家赫特纳（Hettner）最先提出了空间分区概念，即区域是对整体进行一种不断分解的过程，地理区划就是将整体不断地分解为它的个体，这些个体在空间上是相互联系的，类型则是可以分散分布的（Hettner，1983）。洪堡（Humboldt）首创了全球等温线图。霍迈尔（Hommeyer）提出了地表自然区划和逐级分区的概念，并将主要单元划分为大区域（land）、区域（landschaft）、地区（gegend）和小区（ort）四个级别，开创了现代自然地域划分研究。道库恰耶夫（Dockuchaev）根据土壤地带性分布规律，提出了自然地带学说。随着生态系统概念的提出，部分学者开始将生态学理论与方法纳入自然地理区划，并逐渐发展为生态地理区划。1976 年，美国学者贝利（Bailey）首次提出了生态地域划分方案，并将美国的生态地域划分为地域（domain）、大区（division）、省（province）和地段（section）四级体系（Bailey，1976）。此后，生态区划在全球得到了广泛开展。进入 20 世纪中后期，为有效应对快速城市化引发的一系列矛盾和冲突问题，德国、英国、美国、欧盟及日本等发达国家和地区都积极开展了多轮的空间规划体系构建工作，其均融合与体现了空间分区的理论与方法，以此来实现国土空间格局有序开发。其中，具有代表性的如美国的经济区域划分（EA）、欧洲统计局建立的标准地域统计单元目录（NUTS）和问题区（PA）等分区形式（Johnson and Kort，2004；Faludi，2009）。总体上，国外经过上百年的探索与实践，对于空间分区的理论方法体系研究趋于完善，有力地促进了国土空间格局不断优化。

国内对于国土空间格局的宏观分区优化始于20世纪初的区划工作。1929年，竺可桢先生的《中国气候区域论》开启了我国现代地域区划研究；随后，李四光、黄秉维、陈恩凤等学者分别进行了地貌区划、植被区划、土壤区划。这些区划主要是基于单要素的地域分异规律为主而做出的自然区划，由于缺乏对区划理论与方法的深入探讨，且受客观条件限制，区划方案比较简略，但也为我国区划工作奠定了基础（郑度等，2005）。20世纪50年代以后，为服务于农业生产，我国组织了三次全国综合自然区划研究，罗开富（1954）、黄秉维（1958）、任美锷和杨纫章（1961）等学者先后提出了不同的综合自然区划方案。20世纪80年代以后，生态学的理论与方法开始应用于自然区划中，侯学煜（1988）、傅伯杰等（2001）、郑度（2008）等学者提出了自然生态区划方案，同时还开展了农业区划（周立三，1981；邓静中，1982）、经济区划（杨树珍，1990）研究工作。之后，学者们相继开展了水功能区划（纪强等，2002）、海洋功能区划（何广顺等，2010）、农业功能区划（罗其友等，2010）、土地利用功能分区（徐宁，2007）、生态功能区划（欧阳志云，2007）、空间开发功能区划（陈雯等，2004）、主体功能区划（傅伯杰等，2001）等空间区划研究，为国土空间宏观布局优化提供了科学依据。随着生态文明建设战略的深入推进，区划工作已步入国土空间综合分区研究。由于功能识别可以很好地解决宏观分区优化的单元划分问题，诸多学者通过功能评价确定空间主导功能或者优势功能，并按照一定的原则划定国土空间功能分区。研究视角主要聚焦于三生功能空间和三类功能空间的分区优化，其研究主题包括了适宜性评价（李铭辉，2020）、生态承载力评价（叶菁等，2017）、发展潜力评价（王珊，2018）、资源环境承载力评价（王镁河，2021；牟操，2019）等，采用的研究方法主要涉及标准显示性比较优势指数（徐磊等，2017）、模糊聚类分析法（金贵等，2017）、三维魔方法（司慧娟，2018）、双约束聚类法（欧阳志云，2007；金贵等，2017）、两维图论聚类算法（周浩等，2020）等。随着国土空间规划编制的全面启动，一些学者开始将"双评价"成果应用于空间功能分区的宏观格局优化研究中（王亚飞等，2019）。纵观国内研究成果，国土空间宏观分区优化经历了单一主体要素分区到综合要素分区的演化过程，从国土空间的多功能角度出发对各类主体要素进行融合，最终划分体现地域功能特征的综合分区是当前国土格局优化研究的热点话题。

国土空间格局的微观布局优化主要体现在以国土空间的地理实体土地资源为表征，对土地利用空间格局进行优化配置，一般通过设置优化目标或约束条件，来调整不同土地利用类型的数量结构和空间布局，使得各种土地利用方式的社会、经济和生态综合效益最大化，以实现优化区域国土空间利用格局目标（罗鼎等，2009）。构建优化模型在微观土地资源优化配置中发挥了至关重要的地位，20世纪70年代以后，各类数学模型开始引入土地利用数量结构优化研究中，并且随着计算机技术的快速发展，地理信息系统应运而生，国外一些学者开始借助GIS的计算机技术来构建空间布局优化模型，并将其与数学模型结合起来，使得土地资源优化过程实现了数量结构配置与空间布局配置相融合，有力地推动了土地利用空间格局优化的发展。国内对于土地资源优化配置主要是对国外一些计算机模拟模型加以借鉴和应用，并在优化条件设置上进行了改进，同时也有学者针对地域特征开发了相应的优化配置模型，且得到了广泛推广。梳理国内外土地利用优化配置模型，概括起来可以分为两类：一类是数量结构优化模型，主要包括线性规划模型（Makowski et al., 2000；Aerts et al., 2003）、多目标规划模型（Sadeghi et al., 2009；Wang et al., 2010）、灰色线性规划模型（戴金华和赵筱青，2009）、马尔可夫链模型（Arsanjani, 2011）、系统动力学模型（Shen et al., 2009）等，这类模型虽能实现土地资源数量结构的优化，但无法实现土地资源的空间分配；另一类是布局优化模型，包括CA模型（Clarke et al., 1997）、CLUE-S模型（Verburg et al., 2002）、MAS模型（Liu et al., 2006）、GeoSOS-FLUS模型（周浩等，2020）等，以及模拟退火算法（周浩等，2020）、遗传算法（Liu et al., 2017；Santé-Riveira et al., 2008，Balling et al., 1999）、微粒群算法（Ma et al., 2010）、蚁群算法（Li et al., 2009）等智能优化算法，这类模型虽然具有强大的空间模拟能力，但较少顾及土地利用数量结构和效益优化。由于这两类模型均具有局限性，一些学者将数量结构模型、智能优化算法、布局优化模型有机结合起来，形成了一个整合模型用于优化土地利用格局，提高了模型模拟的准确度，如Markov-CLUE-S模型（Hu et al., 2013）、CA-Markov模型（Al-sharif and Pradhan, 2012；Azizi et al., 2016）、SD-CA模型（何春阳等，2005）、SD-CLUE-S模型（Luo et al., 2010）、Logistic-CA模型（Arsanjan et al., 2011）、线性规划与CLUE-S模型（Liu 等, 2013）、遗传算法与MAS模型（Zhang et al., 2016）等。对于模型模拟的优化目标，经历了从单目标优化到多目标优化的发展历程。优化内容从传统的注重社会经济要素向生态环境要素及生态经济协调发展方向转变，具体在数量结构优化上综合考虑了土地利用的经济效益、社会效益、生态效益，而在空间布局优化上，近年来将生态保护理念逐步融入土地利用空间格局优化中，如生态安全格局（魏伟等，2016）、生态敏感性（李益敏等，2018）、生态系统服务价值（刘耀林等，2019）、生态适宜性（Li et al., 2021）等研究成果被选择为空间格局模拟的约束条件。由此可见，各类数量结构模型和空间布局模型的构建，为优化土地利用空间格局提供了重要工具，有效解决了国土空间利用格局的微观布局优化难题。

  纵观国内外研究动态，众多学者在国土空间功能、空间冲突及格局优化等方面展开了广泛研究，相关的研究内容和研究方法在不断丰富，具有了一定的理论基础与实证应用经验，在研究视角和研究手段上为本书开展相关研究提供了重要依据和参考。

  综述国内外对国土空间功能的相关研究，国外对空间多功能的研究起步较早，在相关研究领域相对成熟，研究成果为国土空间资源的可持续发展作出了实质性贡献；国内对于国土空间功能的研究尚处于起步阶段，已有的研究思路多借鉴农业多功能、生态系统服务功能、景观多功能和土地利用多功能等相关研究，覆盖了国土空间功能概念、分类、评价、分区优化及多功能间的相互作用关系等方面，其中对多功能之间的权衡协同关系和耦合协调关系研究是当前学者们关注的热点话题，但既有研究方法对其判别多是基于评价单元功能值的空间相关性而做出的结果性分析，其实质是分析截面数据的空间关联特征，缺少对多功能之间相互作用关系的前置性研究，尤其是缺乏对多功能竞相利用的冲突关系研究。因此，亟待对功能间相互竞争的空间冲突进行清晰判别，并且由于空间功能特性在不同尺度空间单元上存在性质差异，有必要从多尺度角度出发，全面客观认识国土空间多功能竞争力特征。

综述国内外空间冲突的相关研究，学者们分别从生态学、经济学、地理学等学科视角和方法手段，对空间冲突的概念内涵、产生原因、识别方法与冲突测度等内容进行了大量研究，为认知国土空间开发利用与保护之间的矛盾冲突提供了重要参考价值。但就既有研究来看，对于认知空间冲突的研究视角和方法体系依然处于探索阶段，大多仅考虑了空间开发利用现状与空间功能适宜性或与生态安全格局不符的问题，忽视了利用方式多样化形成的空间多功能竞争性问题，即便一些学者评价与识别了空间单元的主导功能，也都是不同功能之间相互竞争的结果，依然缺少针对同一空间单元上多功能竞争产生的冲突识别与优化调控研究，并且所构建的冲突识别模型与方法缺乏有效性评估，尚不足以准确识别出多功能竞争下的空间冲突分异特征。而对于缓解空间冲突的优化调控研究，多数通过划分空间冲突分区进而提出调控措施，鲜有将空间冲突落实到具体的空间结构与布局优化调整上，尚未形成从空间冲突有效化解向空间格局优化的理论方法路径。因此，建立科学合理的冲突识别与诊断方法，并将其结果应用于空间格局优化决策与管理实践中，是当前急需要解决的一项重要任务。当前国土空间格局优化研究，前述中无论是国土空间的主导功能优化还是划分不同类型的空间冲突区域进行优化调控，均集中在空间格局的宏观分区优化层面，研究成果较好地为区域国土空间宏观发展格局指明了方向，但对于国土空间的微观资源优化配置考虑不足，使得减缓或预防空间冲突发生的实际针对性不够，并且在国土空间的微观格局模拟优化研究中，对于优化约束条件的考虑多是基于生态优先目标，将生态功能分区作为约束性条件，而非对空间冲突问题的化解，因而急需将宏观整体的空间冲突分区与微观资源优化配置相结合起来，使得空间格局优化既体现宏观层面的指导性又体现微观层面的针对性。因此，综合考虑农业生产、城镇发展和生态保护实现目标，以缓解三类空间冲突为标靶的空间格局优化研究还有待深入探讨。此外，对于空间冲突研究区域多集中在快速城镇化地区、城市群地区、山地丘陵区等区域，对于绿洲区域的空间冲突研究关注较少。

目前，随着绿洲区域国土空间开发利用强度的日益加剧，不合理的国土空间开发利用格局加剧了的绿洲生态环境恶化，阻碍了绿洲国土空间的可持续发展。基于此，本书选择典型的绿洲区域为实证案例区，试图从国土空间的三类空间功能竞争角度出发，开展不同尺度下的多功能竞争力评价研究，进而准确识别空间冲突强度及其类型。在此基础上，探寻空间冲突背景下国土空间格局的最佳优化方案，并提出优化调控策略与建议，为当前我国国土空间开发利用过程中协调安排各类空间用地、预防和缓解空间冲突提供科学依据与实证案例。

1.3 研究内容与技术路线

1.3.1 研究内容

本书以我国西北典型绿洲区域甘州区为研究对象，在综述国内外相关研究成果的基础上，基于相关理论思想与技术方法，构建了基于功能冲突分析的国土空间格局优化理论框架，开展了城镇、农业、生态三类功能空间冲突识别与国土空间格局优化研究，提出了相应的优化调控措施，为绿洲区域国土空间合理利用提供理论指导与技术支撑。主要包括以下研究内容。

（1）功能冲突视角下的国土空间格局优化理论框架。该部分内容主要结合研究区国土空间开发利用实际情况，分析绿洲区域国土空间功能冲突的影响因素，探究城镇、农业、生态三类空间功能冲突的产生过程，深入剖析水资源约束下绿洲区域国土空间功能冲突形成机理。在此基础上，分别从行政单元尺度和图斑单元尺度选取三类空间功能竞争力评价指标，进行标准化处理与权重确定，构建功能竞争力评价模型，采用综合评价方法及多尺度融合方法，测算三类空间功能综合竞争力指数并进行分级，进而运用三维方法对竞争力级别进行排列组合，建立空间功能冲突识别方法，并以功能用地变化情况来验证评价模型的合理性。最后，在相关理论基础指导下，明晰基于功能冲突识别的国土空间格局优化逻辑，为后续开展具体研究提供理论支撑与方法指引。

（2）绿洲区域国土空间格局演变特征。基于1990年、2000年、2010年、2020年四期土地利用遥感监测数据，运用土地利用动态度、转移矩阵，分析不同时期国土空间的土地利用演变过程。在此基础上，以土地的城镇、农业、生态功能为主导，将土地利用现状数据归并为城镇、农业和生态三类空间功能用地类型，并从数量结构、动态度及空间转移特征三个方面分析1990~2020年国土空间格局演变特征。

（3）绿洲区域国土空间功能冲突识别。基于构建的多功能竞争力评价模型，测算2000年、2010年、2020年年竞争力综合指数，分析城镇、农业、生态三类空间竞争力强度空间分布与演变特征。在此基础上，利用空间功能冲突识别方法，识别与诊断三类空间功能冲突强度，分析冲突演变的时空分异特征，评判不同功能冲突强度下三类空间功能用地变化情况，将2020年三类空间冲突划分为12种空间功能冲突类型区，对其冲突类型分布特征进行分析，为设置空间格局优化条件提供参考。

（4）绿洲区域国土空间格局优化与调控策略。首先，分别以国土空间的土地利用经济、社会、生态效益最大化为目标构造目标函数和约束条件，并采用多目标线性规划模型（MOLP），综合考虑经济-社会-生态效益，确定2035年最优土地利用数量结构。随后，以2010年为基期，运用CLUE-S模型模拟2020年国土空间的土地利用格局，在达到模拟精度要求的基础上，以优化土地利用结构为数量约束，将2020年空间功能冲突评价结果融入优化模型中，分别设置城镇建设优先、农业生产优先、生态保护优先和城镇-农业-生态均衡发展四种优化情景，模拟预测2030年土地利用空间格局，并将不同情景下2020~2030年三类空间功能用地变化情况与2020年空间冲突程度进行对比分析，确定最优国土空间利用格局。最后，基于空间功能冲突识别结果，提出具体的国土空间格局优化调控策略。

1.3.2 技术路线

本书以绿洲区域国土空间利用现状问题和现实需求为导向，聚焦空间多功能冲突和空间格局优化问题，从问题的研究背景出发，明确研究目的与研究意义，通过梳理总结与研究主题相关的国内外文献进展，提出本书要解决的科学问题，进行概念解析与理论探讨，构建基于功能冲突的国土空间格局优化方法体系，然后以典型的西北干旱区绿洲区域——张掖市甘州区为例，依照"格局特征—冲突识别—优化调控"的研究思路，分别展开特征分析、功能冲突识别、格局优化、调控策略四个方面的研究，最终形成从理论方法构建到实践应用的成果（图1.1）。

1.4 数据来源与方法

1.4.1 数据来源

本书对甘州区国土空间利用特征、国土空间功能竞争力、国土空间冲突和国土空间格局优化进行分析所采用的相关数据主要包括土地利用数据、遥感影像数据、地形地貌数据、气象水文数据、土壤植被数据、社会经济等其他数据（表1.1）。

（1）1990年、2000年、2010年、2020年土地利用数据来源于中国科学院资源环境科学数据中心（http://www.resdc.cn），该数据基于美国陆地卫星Landsat TM/ETM+/OLI遥感影像，经过波段选择及影像融合、图像几何校正及配准、图像增强及拼接等处理后，通过人机交互目视解译的方法，将全国土地利用类型划分为包括耕地、林地、草地、水域、建设用地和未利用土地6个一级类型，以及水田、旱地、有林地、灌木林、高覆盖草地等25个二级类型的土地利用数据产品，比例尺为1:10万，分类精度达到85%以上。

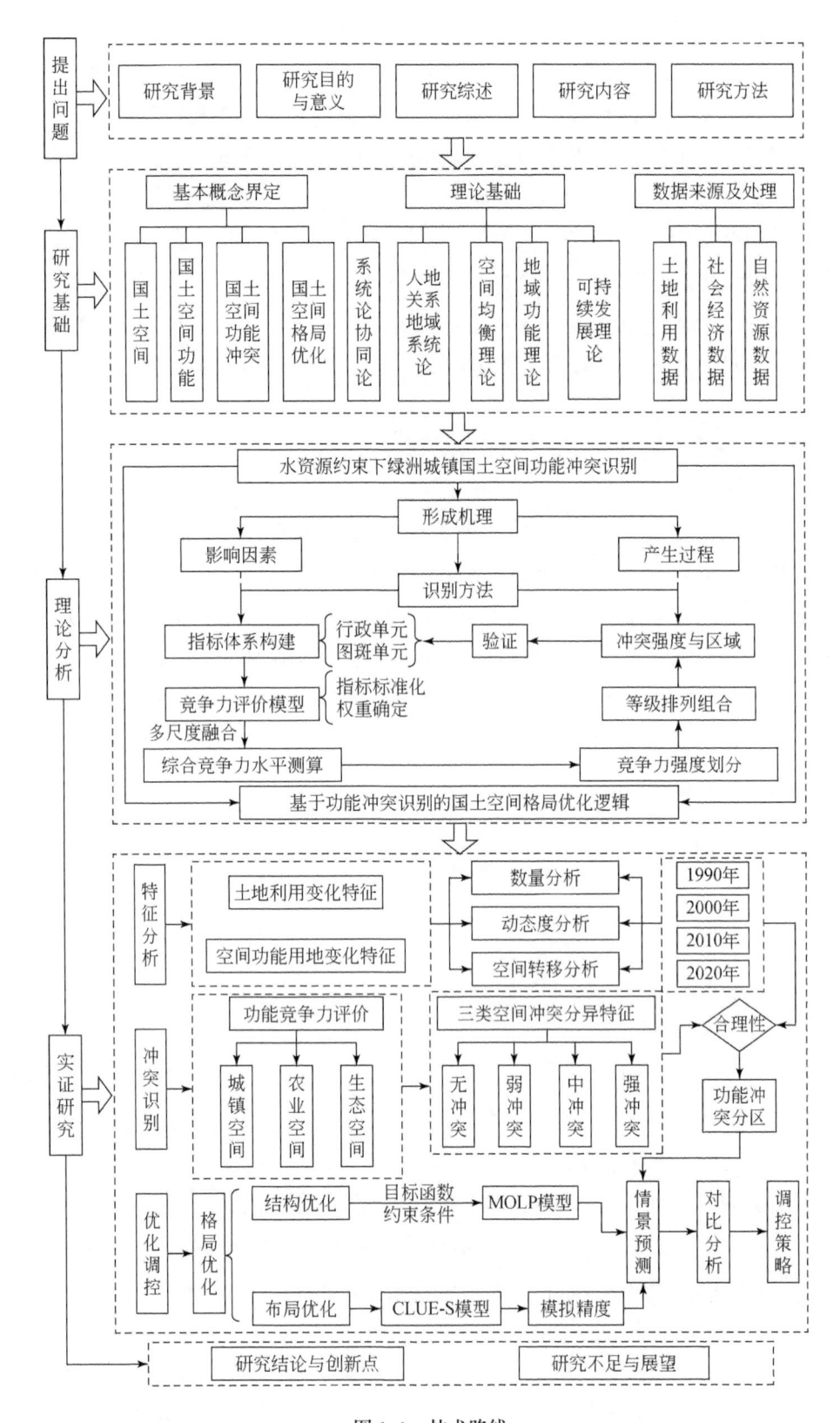

图 1.1　技术路线

（2）1990年、2000年、2010年、2020年遥感影像数据采用中国遥感卫星地面站接收的美国Landsat TM、Landsat ETM+、Landsat OLI共四期影像，下载自地理空间数据云（http://www.gscloud.cn）。其中，1990年影像为TM传感器，2000年、2010年影像为ETM+传感器，2020年影像为OLI传感器，轨道号为133/33，云量均低于1.5%。

（3）地形地貌数据来源于地理空间数据云（http://www.gscloud.cn），该数据为ASTER提供的空间分辨率为30m的GDEM数字高程模型。

（4）河流水系、干支渠、水库、土壤质地、土壤类型和地下水深度数据来源于国家青藏高原科学数据中心（http://data.tpdc.ac.cn）的黑河流域数据专题集。其中，土壤质地、土壤类型、地下水深度分别通过数字化黑河流域土壤质地图、黑河流域土壤类型图、张掖市潜水埋深及等水位线图得到，土壤有机质含量、灌溉保证率、盐碱化程度、耕地自然质量等级数据来源于2012年、2018年甘州区耕地质量等级成果，植被覆盖度数据根据相应年份的遥感影像，利用ENVI软件计算归一化植被指数（NDVI）得到（2000年、2010年、2020年）。

（5）降水量数据来源于中国气象数据网（http://data.cma.cn）。水资源数量、水资源开发利用量数据来自《甘肃省水资源公报》。

（6）人口总量、城镇人口数量、农村人口数量、经济产值、粮食产量、农业生产总值、农村居民纯收入等社会经济数据主要来源于《甘州年鉴》（2000~2021年）及《甘州区志》。

（7）交通路网数据来源于甘州区交通局提供的现状交通路网图，通过空间配准后数字化得到shapefile格式的矢量数据，并参考相应年份的遥感影像，得到不同时期的交通路网数据（2000年、2010年、2020年）。

（8）基本农田保护区、自然保护区、湿地公园、地质公园、水源地保护区数据及其他各类相关规划文本来源于张掖市自然资源局。为便于对不同来源的地理信息数据进行空间处理与计算，将所有空间数据坐标系统一投影为Xian_1980_3_Degree_GK_Zone_35。

表1.1 研究数据来源与数据说明

数据名称	数据来源	数据说明
土地利用数据	中国科学院资源环境科学数据中心	1990年、2000年、2010年、2020年四期土地利用遥感解译数据
遥感影像数据	地理空间数据云	Landsat TM/ETM+/OLI
DEM数据	地理空间数据云	ASTER GDEM 30m
河流水系、干支渠、水库	国家青藏高原科学数据中心	黑河流域数据专题集中提取
土壤质地、土壤类型、地下水深度数据	国家青藏高原科学数据中心	数字化黑河流域土壤类型图、土壤质地图、张掖市潜水埋深图得到
降雨量数据	中国气象科学数据网	空间插值

续表

数据名称	数据来源	数据说明
植被覆盖度数据	遥感影像	计算归一化植被指数（NDVI）
土壤有机质含量、灌溉保证率、盐碱化程度、耕地自然质量等级数据	甘州区耕地质量等级成果（2012年、2018年）	
水资源数量、水资源开发利用量数据	《2020年甘肃省水资源公报》	
人口、经济、社会等数据	《甘州区统计年鉴》（2000~2020年）、《甘州区志》	
交通道路数据	结合交通路网图和相应年份的遥感影像，提取不同时期的交通路网数据（2000年、2010年、2020年）	
基本农田保护区、自然保护区、湿地公园、地质公园、水源地保护区数据	张掖市自然资源局	

1.4.2 研究方法

1. 国土空间利用特征分析方法

土地利用类型变化是人类社会经济活动与自然地理环境交互作用的最直接表现形式（刘纪远等，2014）。为了直观地反映国土空间利用类型变化特征，研究借助土地利用动态度模型、土地利用转移矩阵、重心迁移模型，对不同国土空间利用类型的变化特征进行详细的定量分析。

1) 动态度模型

动态度模型可以较好地反映不同土地利用类型变化速度，对分析区域国土空间利用格局变化差异具有重要作用。一般将动态度分为单一动态度和综合动态度，分别用于表征土地利用的某一类型和所有类型在特定时间段内的数量变化情况（朱会义和李秀彬，2003）。

单一动态度用于定量描述研究区域某一时段内某种土地利用类型数量的变化速度。当动态度的值为正值时，表明该类型在研究期间内呈增长趋势；当动态度的值为负时，表明该类型在研究期内呈现减少趋势，数值的绝对值越大表示动态度越大。表达式为

$$K = \frac{U_b - U_a}{U_a} \times \frac{1}{T} \times 100\% \tag{1.1}$$

式中，K 为研究时段内某一土地利用类型变化的动态度；U_a、U_b 分别为研究时段初期、末期某一土地利用类型的数量；T 为研究时段间隔，当 K 设定为年时，K 值就是某种土地利用类型的年变化率。

综合动态度用于定量描述研究区域某一时段内所有土地利用类型数量的变化速度，其值越大，区域土地利用动态变化的程度越剧烈。表达式为

$$LC = \frac{\sum_{i=1}^{n} \Delta LU_{i-j}}{2\sum_{i=1}^{n} LU_i} \times \frac{1}{T} \times 100\% \qquad (1.2)$$

式中，LC 为研究时段内土地利用类型变化的综合动态度；LU_i 为研究初期第 i 类土地利用类型面积；ΔLU_{i-j} 为研究时段内第 i 类土地利用类型转换为其他土地类型面积的绝对值；n 为土地利用类型数量；T 为研究时段间隔，当 T 设定为年时，LC 值就是研究区土地利用类型的综合年变化率。

2）转移矩阵

转移矩阵来源于系统分析中对系统状态及其转移情况的定量描述，在用于表述不同土地利用类型之间相互转移变化情况时，能够具体刻画出土地利用类型的结构特征与各类型转入、转出的变化方向，被广泛用于土地利用类型变化特征分析中（朱会义和李秀彬，2003）。其形式是将土地利用类型变化的转移面积和转移概率以矩阵进行表述（表1.2）。

表1.2 土地利用类型转移矩阵

土地利用类型		T2					T1 合计	T1 减少
		L1	L2	L3	…	Ln		
T1	L1	S11	S12	S13	…	S1n	S1+	S1+−S11
	L2	S21	S22	S23	…	S2n	S2+	S2+−S22
	L3	S31	S32	S33	…	S3n	S3+	S3+−S33
	…	…	…	…	…	…	…	…
	Ln	Sn1	Sn2	Sn3	…	Snn	Sn+	Sn+−Snn
T2 合计		S+1	S+2	S+3		S+n		
T2 增加		S+1−S11	S+2−S22	S+3−S33		S+n−Snn		

（1）利用 ArcGIS 10.2 软件的融合工具（Dissolve），对不同时期的土地利用类型字段进行融合，使具有相同类型的图斑融合成一条记录。

（2）利用 ArcGIS 10.2 软件的相交工具（Intersect），对两个时相的土地利用类型图进行叠加，得到研究时段内土地利用类型发生变化和未发生变化的图斑，并计算其面积。

（3）利用 Excel 软件的数据透视表功能，统计各土地利用类型转入转出面积和比例，完成土地利用类型转移矩阵的制作。

通过土地利用类型之间相互转移面积，得到土地利用转移概率（比例）。计算公式如下：

$$R = \frac{A_{ij}}{\sum_{j=1}^{n} A_{ij}} \times 100\% \qquad (1.3)$$

式中，R 为研究期内某一土地利用类型 i 转化为另一类型 j 的转移概率；A_{ij} 为转移面积；$\sum_{j=1}^{n} A_{ij}$ 为类型 i 的转移总面积；n 为土地利用类型数量。

3) 重心迁移模型

重心概念来源于物理学中的经典力学，其含义是指物体内各个部分所受重力产生的合力作用点（王远飞和何洪林，2007）。重心迁移模型通过确定不规则空间的平均中心坐标，进而计算不同时期重心移动距离和方向，以此来反映某一地理要素在区域发展中空间分布情况和演变趋势，被广泛用于人口、经济、土地利用、地价、生态保护等领域，以分析其空间格局变化特征（许月卿和李双成，2005；吕立刚等，2013；张路科等，2014）。本书将重心迁移模型引入到国土空间利用变化特征研究中，分别确定1990~2020年不同时期各类功能空间用地的重心坐标。其计算公式如下：

$$\overline{X} = \sum_{i=1}^{n} X_i Z_i / \sum_{i=1}^{n} Z_i$$
$$\overline{Y} = \sum_{i=1}^{n} Y_i Z_i / \sum_{i=1}^{n} Z_i \tag{1.4}$$

式中，$\overline{X}$、$\overline{Y}$ 为某一类型空间用地分布的平均中心坐标；Z_i 为该类空间用地第 i 个图斑面积；X_i、Y_i 为第 i 个图斑的几何中心坐标；n 为图斑个数。

假设第 t 年和第 $t+1$ 年重心坐标分别为 $P_k(X_t, Y_t)$ 和 $P_m(X_{t+1}, Y_{t+1})$，则重心移动距离 D 的计算公式为

$$D = \sqrt{(X_{t+1} - X_t)^2 - (Y_{t+1} - Y_t)^2} \tag{1.5}$$

2. 国土空间冲突识别方法

国土空间资源供给的稀缺性和空间利用的多宜性是冲突产生的根本原因，而人口及其需求的增长则是冲突发生与演化的主要驱动力（于伯华和吕昌河，2006）。通常利益主体会选择较为适宜的空间单元进行开发利用，但当该空间单元同时适宜于多种功能利用方式时，由于利益主体需求的不断增长，则会引致多种功能利用方式对其进行竞争，最终的国土空间开发利用方式也将是各类功能空间之间相互竞争的结果。可见，国土空间冲突的发生与否取决于功能竞争力的强弱，若任意一类功能针对某一空间单元的竞争力强于其他功能，则此功能就在该空间单元上占据了绝对的利用优势，冲突就不会发生；但若两类或者两类以上的功能针对某一空间单元的竞争力相当，就会在多功能利用中形成竞争，从而产生空间冲突。因此，通过功能竞争力评价来对比分析多功能空间之间的竞争力差异特征，可为识别国土空间冲突提供方法基础和判别依据。本书首先构建功能竞争力评价模型，计算农业、城镇和生态三类功能空间竞争力强度，然后通过比较各个评价单元功能竞争力来建立冲突识别矩阵，形成不同竞争等级下的功能组合关系，判定空间冲突强弱程度和冲突类型。在此基础上，通过对比三类空间功能用地变化格局，来验证空间冲突识别结果的合理性。

3. 基于功能竞争力评价的冲突识别方法

功能存在尺度依赖性，尺度层级之间存在着相互关联与制约，具有一定的传导作用，某空间单元功能竞争力评价，既受上级尺度的控制和引导，又受下级尺度的发挥与制约。本书拟构建行政单元和网格单元两种尺度的农业、城镇和生态功能竞争力评价体系，应用ArcGIS 10.8软件的加权叠加分析工具，对各评价因子进行加权，分别计算不同尺度下的农业功能、城镇功能和生态功能竞争力指数。计算公式为

$$A = \sum_{i=1}^{n} f_i \times w_i$$

$$U = \sum_{i=1}^{n} f_i \times w_i$$

$$E = \sum_{i=1}^{n} f_i \times w_i \tag{1.6}$$

式中，A、U、E 分别为农业、城镇、生态功能竞争力分值；f_i 为评价因子 i 的分值；w_i 为评价因子 i 的权重；n 为评价因子的个数。

采用多尺度融合模型，实现两种单元尺度的农业、城镇、生态功能竞争力综合指数测算。计算公式为

$$F(A,U,E) = (1-a) \times F_{行}(A,U,E) + a \times F_{格}(A,U,E) \tag{1.7}$$

式中，$F(A, U, E)$ 为两种单元尺度融合下的三类功能（农业 A、城镇 U、生态 E）竞争力综合评价值；$F_{行}(A, U, E)$ 为行政单元尺度下的三类功能竞争力评价值；$F_{格}(A, U, E)$ 为格网单元尺度下的三类功能竞争力评价值；a 为栅格单元尺度评价结果的权重，设为 0.5。

运用 ArcGIS 10.8 软件的自然断裂点法（natural break jenkes），将基于测算的农业、城镇、生态功能竞争力综合指数划分为三个等级：高竞争力、中竞争力和低竞争力。

对比农业、城镇和生态三类功能竞争力等级关系，按照等级划分进行归并组合，识别冲突类型及其等级（图 1.2）。

1) 功能竞争力评价模型构建

功能竞争力评价是识别国土空间冲突的基础性工作，评价模型的构建按照"评价指标选取原则—确定评价单元—构建指标体系—数据标准化—确定指标权重—功能竞争力综合指数测算"的技术流程进行定量评价。

构建科学合理的评价指标体系是表征空间功能竞争力的基础和关键环节，指标的选取需要充分体现国土空间开发利用的基本特征，以全面反映研究区国土空间功能特性。为科学严谨地评价空间功能竞争力水平，在选取国土空间的农业、城镇、生态功能竞争力评价指标过程中，需要遵循以下几个原则。

（1）科学性原则。国土空间功能竞争力评价指标体系的建立需要在科学的理论指导和

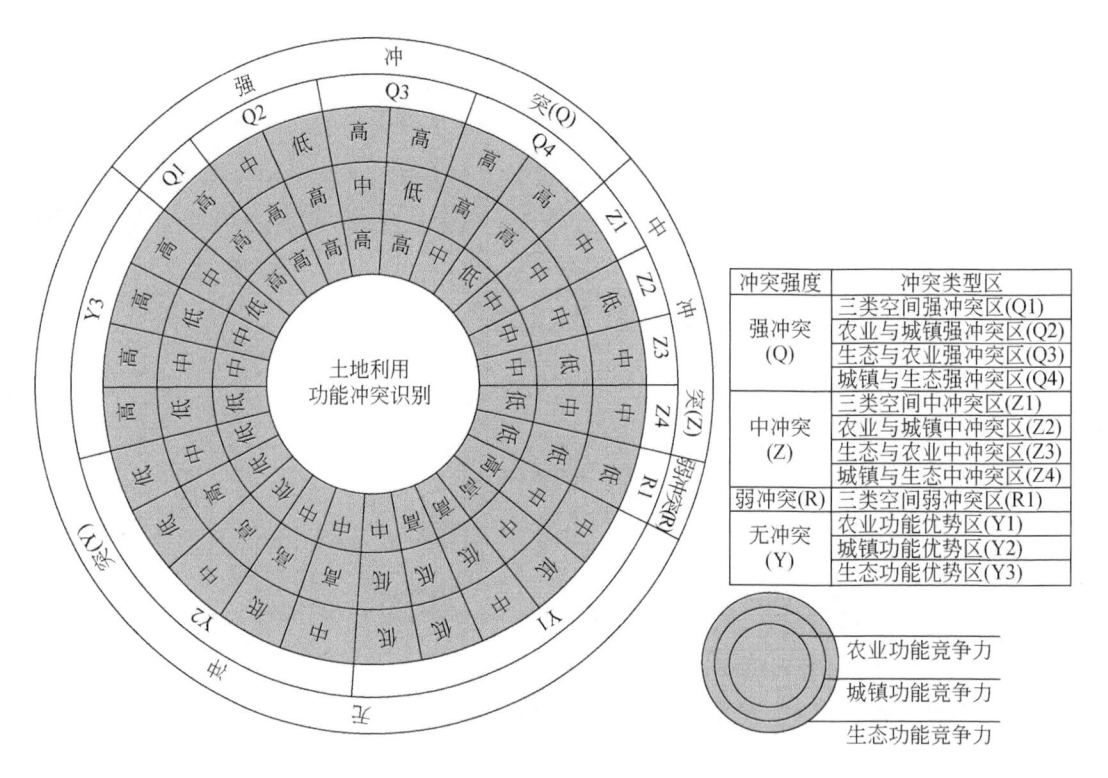

图1.2 土地功能冲突识别方法

支撑下，立足于研究区实际情况，运用系统科学思维，结合现有科学研究成果，选取表征国土空间不同功能的指标，明确各项指标的具体含义，使其能够客观全面地反映出国土空间开发利用程度，避免人为或主观造成的影响。

（2）综合性原则。国土空间开发利用受自然地理、社会经济、生态环境及规划政策等多重要素影响，其功能特性发挥是各类要素共同作用的结果，单一要素并不能反映评价单元的特征。因此，在进行功能竞争力评价时应全面系统地考虑国土空间开发利用受资源、环境、生态、社会、经济和区位等要素影响，才能综合反映出区域国土空间功能。同时，功能特性也会随要素条件的变动而发生变化，指标选取要在相对稳定的基础上进行阶段性调整。

（3）代表性原则。指标体系的选取要立足于国土空间功能的概念内涵，能够尽可能反映国土空间系统内部结构和功能特性，并且不仅要考虑国土空间功能的共性因子，还要从绿洲城市国土空间开发的可持续发展角度出发，选取具有典型特征的代表性因子，从而体现区域差异性。

（4）层次性原则。国土空间系统功能是一个集农业功能、城镇功能和生态功能的有机整体，功能竞争力评价指标体系的建立应注重整个系统体系的层次性，包括目标层、准则层和指标层，在不同层次指标选取上，还要注意相互之间的衔接，而在同一层次的指标之间又要避免指标信息的重叠，以准确反映国土空间各类组成要素之间的内在联系。

（5）可操作性原则。用于表征国土空间功能的指标因子较多，选取指标应充分考虑数据的可获取性，即所选指标所涉及的空间数据要易于收集整理，且能够通过数学模型进行定量化处理，而对于难以量化又不可取代的指标，考虑是否可以选用与之关联性较强的另一指标进行替代和修正，或者采用适当的定性方法进行处理。

2）功能竞争力评价指标体系

国土空间功能在不同时空尺度上表现出不同的特征，尺度层级之间存在着相互关联与制约，具有一定的传导作用，某一尺度下空间单元功能的完整实现，既受上级尺度国土空间功能的控制和引导，又受下级尺度国土空间功能的发挥与制约，即国土空间功能存在尺度依赖性（扈万泰等，2016；邓伟等，2017）。因此，在对国土空间的农业、城镇、生态三类功能竞争力进行评价时必须充分考虑尺度依赖性这一重要特点，才能科学合理地识别出国土空间冲突程度与演变特征。

本书在指标选取上充分遵循科学性、综合性、代表性、层次性和可操作性原则，分别从行政单元尺度和栅格单元尺度构建农业功能竞争力、城镇功能竞争力和生态功能竞争力评价指标体系。其中，行政单元尺度的指标选取以各类社会经济统计数据为基础，旨在体现研究区各行政级别的农业生产生活、城镇居住建设与生态保育维持等宏观发展条件；栅格单元尺度的指标选取以各类空间化数据为基础，旨在体现研究区空间划分单元的自然资源禀赋、开发条件与区位条件等微观差异特征。

（1）行政单元尺度。前述通过对已有文献进行梳理、归纳，行政单元尺度的国土空间功能评价或适宜性评价在省级层面一般选择以县级行政区划为评价单元，市县层面一般选择以乡镇级行政区划为评价单元，以及其他研究选择以村域为评价单元。本书选择以甘州区18个乡镇作为评价单元，从宏观角度进行功能竞争力评价。

由于功能竞争力高低反映的是区域空间单元的发展水平和集聚状态，本书立足于甘州区农业生产、城镇建设与生态保护实际发展情况，同时参考已有研究成果的指标选择和咨询专家意见，选择具有统一口径的乡镇统计数据，确定了包括3个目标层、6个准则层和15个具体指标项的评价指标体系。其中，目标层是国土空间的农业功能竞争力、城镇功能竞争力和生态功能竞争力，准则层是对各功能竞争力的再次划分，指标层是针对各准则层所选取的具体指标，三个层次逐级细化（表1.3）。农业功能竞争力主要从粮食产出能力和农村生活能力两个层面体现，分别选取了农业用地面积比例、农业产值比例、人均粮食产量、农业产品收入占比、农村居民人均纯收入五个指标进行评价；城镇功能竞争力主要从居住承载能力和经济发展能力两个层面体现，分别选取了非农业人口比例、城镇化率、交通优势度、城镇用地面积比例、国土空间开发强度，以及第二、第三产业产值占比六个指标进行评价；生态功能竞争力主要从生态保护能力和生态维持能力两个层面体现，分别选取了生态用地面积、森林覆盖率、生态系统服务价值三个指标进行评价。

表1.3 行政单元尺度的三类功能竞争力评价指标体系

目标层	准则层（权重）	指标层（权重）	指标计算	指标性质
农业功能竞争力	粮食产出能力（0.65）	农业用地面积比例（0.41）	耕地面积/土地总面积	+
		农业产值比例（0.33）	农林牧渔业产值/总产值	+
		人均粮食产量（0.26）	粮食生产量/总人口	+
	农村生活能力（0.35）	农业产品收入占比（0.53）	种植业收入/农村经济总收入	+
		农村居民人均纯收入（0.47）	农村居民纯收入/总人口	+
城镇功能竞争力	居住承载能力（0.51）	非农业人口比例（0.31）	非农业人口/总人口	+
		城镇化率（0.26）	城镇人口/总人口	+
		交通优势度（0.22）	公路网里程/土地总面积	+
		城镇用地面积比例（0.21）	城镇用地面积/土地总面积	+
	经济发展能力（0.49）	国土空间开发强度（0.58）	建设用地面积/总面积	+
		第二、第三产业产值占比（0.42）	第二、第三产业产值/总产值	+
生态功能竞争力	生态保育能力（0.55）	生态用地面积比例（0.46）	城镇用地面积/土地总面积	+
		森林覆盖率（0.54）	林地面积/土地总面积	+
	生态维持能力（0.45）	生态系统服务价值（1.00）	根据单位面积生态系统服务价值当量表计算	+

表1.3中的评价指标多数是一种比率指标，且全部是正向指标，为消除量纲和数量级的差异，需要采用极差标准法对各个评价指标数据进行归一化处理（刘彦随等，2011；庞莹，2020），计算公式如下：

$$h_{izr} = \frac{H_{izr} - \min H_{zr}}{\max H_{zr} - \min H_{zr}} \tag{1.8}$$

式中，h_{izr}为第i乡镇第z个功能中第r个指标的标准化值；H_{izr}为第i乡镇第z个功能中第r个指标的真实值；$\max H_{zr}$、$\min H_{zr}$分别为指标的最大值与最小值。

（2）栅格单元尺度。由于国土空间开发利用方式与空间资源本身的自然适宜性和外部开发环境的驱动性密切相关，因此功能竞争力评价应以空间用地适宜性和空间类型转化驱动力为依据。通常适宜性程度的高低取决于空间单元的自然因素和区位因素对特定功能需求的满足程度，而在满足适宜性的条件下，不同功能空间相互转换的驱动力大小受社会经济因素和政策规划因素的影响。其中，自然因素主要反映国土空间资源能够被用于开发利用的基本条件，包括了降水量、地形、坡度、土壤质地、地下水深度等因子；区位因素主要反映国土空间资源能够被用于开发利用的适宜性条件，包括距离城镇中心、交通道路、河流水面等因子；社会经济因素主要反映国土空间开发利用的社会和经济驱动力，包括人口密度、经济密度等因子；政策规划因素主要反映国土空间开发利用的制度驱动力，包括基本农田、自然保护区等因子。本书通过参考相关研究成果，结合甘州区自然地理、社会经济与空间管制等政策，在因子筛选的基础上建立了分层次的指标结构，将农业功能、城镇功能和生态功能竞争力作为目标层，将适宜性和驱动力作为评价三类功能竞争力的准则层，将影响适宜性和驱动力的因子作为因素层，将影响因素层的各因子作为指标层，分别建立农业、城镇和生态三类功能空间竞争力评价指标体系。

农业功能竞争力评价主要是对国土空间单元被用于农业生产的适宜程度，以及空间转化和限制开发情况进行综合评价（表1.4）。

表1.4 栅格单元尺度的农业功能竞争力评价指标体系

目标层	准则层（权重）	因素层（权重）	指标层（权重）	因子分级及赋值			
				100	80	60	30
农业功能竞争力	适宜性（0.48）	自然因素（0.46）	现状用地类型（0.20）	耕地、农村居民点	未利用土地、草地	林地	水域、城镇建设用地
			降水量/mm（0.14）	≥221	203~221	186~203	<186
			坡度/(°)（0.05）	≥2	2~6	6~25	>25
			土壤质地（0.08）	壤土	黏土	砂土	砾土
			土壤有机质含量/%（0.07）	≥3	2~3	1~2	<1
			农用地自然质量等级（0.10）	10等	11等	12等	—
			地下水深度/m（0.09）	<5	5~30	30~100	>100
			灌溉保证率（0.21）	充分满足	基本满足	一般满足	无灌溉条件
			盐碱化程度（0.06）	无	轻度	中度	重度
		区位因素（0.54）	距农村居民点距离/m（0.19）	0~100	100~300	300~500	>500
			距国省级道路距离/m（0.08）	0~200	200~400	400~600	>600
			距县乡级道路距离/m（0.15）	0~50	50~100	100~200	>200
			距现状耕地距离/m（0.26）	0~50	50~100	100~150	>150
			距干支渠距离/m（0.18）	0~50	50~100	100~150	>150
			距河流水面距离/m（0.14）	0~50	50~100	100~150	>150
	驱动力（0.52）	社会经济因素（0.43）	人口密度/(人/km²)（0.34）	>3507.40	845.32~3507.40	305.69~845.32	≤305.69
			农业产值密度/(万元/km²)（0.31）	>338.47	235.30~338.47	107.71~235.30	≤107.71
			耕作半径/m（0.35）	0~150	150~300	300~500	500~800
		政策规划因素（0.57）	土地利用规划用途（0.50）	基本农田保护区（100）、其他（0）			
			生态安全控制区（0.50）	自然保护地（0）、其他（100）			

自然因素方面选择了现状用地类型、降水量、坡度、土壤质地、土壤有机质含量、农用地自然质量等级、地下水深度、灌溉保证率和盐碱化程度9个指标。其中，现状用地类型用于反映不同土地利用类型用于农业生产的可能性，越易于转化为农业用地的用地类型，农业功能竞争力越强；降水量直接影响着土壤水分的吸收程度，可反映农作物的生长

条件和产量高低；坡度大小制约着农业耕作的机械化水平，坡度越大，越容易发生水土流失，不适宜于农业生产活动；土壤质地和土壤有机质含量直接影响着土壤肥力及其耕作性能，可反映农用地的自然生产潜力，壤土保肥能力强，可耕性好，适宜于农业生产，而黏土和砂土对农业生产有一定程度的限制作用，有机质含量越高越有利于农作物生长；农用地自然质量等级反映农用地的生产能力，其等级越高越有利于农作物生长；地下水深度直接影响农用地的灌溉保证率，其深度越深越不适宜于农业生产；灌溉保证率和盐碱化程度直接影响农业用地的生产力，其含盐量越高越不利于农作物生长。

区位因素方面选择了距农村居民点距离、距国省级道路距离、距县乡级道路距离、距干支渠距离、距河流水面距离和距现状耕地距离6个指标。其中，距农村居民点距离可反映农业耕作的便利度，距离越近越有利于农作物种植与经营管理；距国省级道路距离、距县乡级道路距离反映了地块耕作的交通便捷性，与道路之间的距离越近，越便于对农作物进行施肥、除草等耕作活动以及节省运输成本，提高农业耕作效率；距干支渠距离和距河流水面距离反映农业灌溉条件，距离越近，越有利于农业灌溉取水，反之，灌溉不便利，耕作的限制程度较大，影响农作物产量；距现状耕地距离反映农业空间开发的领域扩展效应，距离越近的地块，转化成为农业功能用地的可能性越大。

社会经济因素方面选择了人口密度、农业产值密度和耕作半径3个指标。其中，人口密度与农业产值密度分别为各乡镇人口、农业总产值与对应统计单元面积的比值，人口劳动力充足、农业经济产值高的区域耕地抛荒现象较少、农业生产要素的投入产出水平较高；耕作半径反映农户耕作的时间成本和距离远近，耕作距离越远，越不适宜于农业空间开发和生产效率的提高。

政策规划因素方面选择了土地利用规划用途和生态安全控制区两个指标。其中，若规划用途为基本农田保护区，则转化或保持为基本农田的可能性较大，用于农业功能开发的竞争力最强；若生态安全控制区为自然保护区、湿地公园、水源地保护区等自然保护地，则是政府为实施特殊保护而设立的重点管控区域，被严格限制用于农业生产。

城镇功能竞争力评价主要分析国土空间单元被用于城镇建设的适宜程度，以及空间转化和限制情况（表1.5）。

自然因素方面选择了现状用地类型、海拔和坡度3个指标。其中，现状用地类型反映不同土地利用类型可用于城镇建设的可能性，越易于转化为建设用地的用地类型，城镇功能竞争力越强；海拔和坡度直接影响着城镇建设难度和成本，地势越平坦，越适宜于城镇开发建设，海拔越高、地势陡峭，越不适宜于城镇开发建设。

区位因素方面选择了距中心城区距离、距一般城镇距离、距国省级道路距离、距县乡级道路距离和距现状建设用地距离五个指标。其中，距中心城区距离、距一般城镇距离反映了城镇建设的影响程度，距离较近的地块，地理位置条件优越，地块价值较高，转化为城镇功能用地的可能性较大；距国省级道路距离、距县乡级道路距离反映城镇对外交通的通达性，与道路越接近通达性越高，越有利于进行城镇建设开发活动；距现状建设用地距离反映城镇空间开发的领域扩展效应，距离越近的地块，转化成为城镇建设用地的可能性越大。

表 1.5 栅格单元尺度的城镇功能竞争力评价指标分级赋值及权重

目标层	准则层（权重）	因素层（权重）	指标层（权重）	因子分级及赋值 100	80	60	30
城镇功能竞争力	适宜性（0.46）	自然因素（0.41）	现状用地类型（0.43）	城镇建设用地	未利用土地	耕地、农村居民点、草地	林地、水域
			海拔/m（0.24）	≤1602	1602~1822	1822~2109	>2109
			坡度/（°）（0.33）	≤2	2~6	6~15	>25
		区位因素（0.59）	距中心城区距离/m（0.27）	0~500	500~1000	1000~1500	>1500
			距一般城镇距离/m（0.21）	0~100	100~200	200~350	>350
			距国省道路距离/m（0.16）	0~200	200~400	400~600	>600
			距县乡级道路距离/m	0~100	100~200	200~300	>300
			距现状建设用地距离/m（0.25）	0~50	50~100	100~150	>150
驱动力（0.54）		社会经济因素（0.51）	人口密度/（人/km²）（0.44）	>3507.40	845.32~3507.40	305.69~845.32	≤305.69
			经济密度/（万元/km²）（0.56）	>1260.62	770.23~1260.62	410.64~770.23	≤410.64
		政策规划因素（0.49）	土地利用规划用途（0.50）	基本农田保护区（0）、其他（100）			
			生态安全控制区（0.50）	自然保护地（0）、其他（100）			

社会经济因素方面选择了人口密度和经济密度两个指标，两者分别为各乡镇人口、经济总收入与对应统计单元面积的比值，反映一个区域人口集聚水平与经济发展状况，其值越大对城镇功能用地的需求程度越高。

政策规划因素方面选择了土地利用规划用途的基本农田保护区和生态安全控制区的自然保护区、湿地公园、水源地保护区等自然保护地两个指标，两者对城镇开发建设起到强限制作用，严格禁止城镇开发建设活动。

生态功能竞争力评价主要分析国土空间单元被用于生态保护的适宜程度，以及空间转化和限制情况（表1.6）。

自然因素方面选择了现状用地类型、降水量、海拔、坡度、植被覆盖度和地下水深度六个指标。其中，现状用地类型反映不同土地利用类型所表现出来的生态系统服务功能强弱差异，生态系统服务功能价值越高的用地类型，生态功能竞争力越强；降水量直接影响植被的生长条件，反映生态环境的质量；海拔和坡度反映人类活动对生态环境的影响程度，海拔越高、坡度越陡的区域，人类干扰较小，越适宜于生态功能空间开发；植被覆盖度能够反映植被的生长状况、盖度和生物量，一般采用归一化植被指数（NDVI）表征，其值越大表明植被长势越好，生态功能竞争力越强；地下水深度直接影响天然植被的存活，随着地下水位的下降，土壤含水率降低，容易发生土地沙化，造成生态环境恶化。

表1.6 栅格单元尺度的生态功能竞争力评价指标体系

准则层（权重）	因素层（权重）	指标层（权重）	因子分级及赋值			
			100	80	60	30
适宜性（0.55）	自然因素（0.58）	现状用地类型（0.25）	林地、水域	草地、耕地、农村居民点	未利用土地	建设用地
		降水量/mm（0.16）	≤165	165~186	186~203	>203
		高程/m（0.15）	>2636	2109~2636	1822~2109	≤1822
		坡度/(°)（0.13）	≥25	15~25	6~15	<2
		植被覆盖度/%（0.31）	80~100	60~80	30~60	<30
		地下水深度/m（0.09）	<5	5~30	30~100	>100
	区位因素（0.42）	距自然保护区距离/m（0.32）	0~100	100~200	200~300	>300
		距国省级道路距离/m（0.15）	0~100	100~200	200~500	>500
		距县乡级道路距离/m（0.18）	0~100	100~200	200~300	>300
		距现状生态用地距离/m（0.35）	0~50	50~100	100~150	>150
驱动力（0.45）	社会经济因素（0.44）	人口密度/(人/km²)（0.47）	≤305.69	305.69~845.32	845.32~3507.40	>3507.40
		景观破碎度（0.53）	<0.0074	0.0074~0.0081	0.0081~0.0086	≥0.0086
	政策规划因素（0.56）	生态安全控制区（1.0）	自然保护地（100）、其他（0）			

区位因素方面选择了距国省级道路距离、距县乡级道路距离、距自然保护区距离和距现状生态用地距离四个指标。其中，距离国省级、县乡级道路距离越近，受人类活动干扰程度越大，阻碍生态功能的发挥；距现状生态用地和自然保护区距离反映生态空间开发的领域扩展效应，距离越近的地块，转化成为生态功能用地的可能性越大。

社会经济因素方面选择了人口密度和景观破碎度两个指标，两者均用来反映人类活动对生态空间的干扰程度，人口密度越大、破碎度指数越大说明对生态空间的干扰程度越强，越不利于生态功能的发挥。

政策规划因素方面选择了生态安全控制区的自然保护区、湿地公园，水源地保护区等自然保护地，该区域具有极高的生态系统服务功能，生态功能竞争力最强。

对于上述构建的农业、城镇和生态三类功能竞争力评价指标体系，各评价指标数据量纲存在差异，值域范围不同，需要对其进行标准化处理。本书参考相关研究成果、行业标准或政策法规等资料，依据各评价因子的不同属性，采用等级赋值法进行单因子评价和作用分赋值，即根据各评价因子的适宜性或驱动力影响程度，将其划分为不同级别，然后对各级别赋予相应的分值（宋亚男，2017）。其中，对于现状用地类型和土壤质地两个自然因素的定性评价和降水量、海拔、坡度、地下水深度、地下水矿化度和植被覆盖度六个自然因素的定量评价分别结合研究区实际情况划分为相应的级别；土壤有机质含量、灌溉保证率、农用地自然质量等级、盐碱化程度四个因子参考《农用地质量分等规程》（GB/T 28407—2012）进行分级；距中心城区距离、距一般城镇距离、距国省级道路距离、距县乡级道路距离、距干支渠距离、距河流水面距离、距现状用地类型距离等区位因子和耕作半径，利用 ArcGIS 10.2 软件的缓冲区分析工具得到并划分相应的级别；人口密度、农业产值密度、经济密度三个社会经济因子采用土地利用类型对其进行空间化，并通过 ArcGIS 10.2 软件的自然断裂点法划分为相应的级别；景观破碎度指数采用 fragstats 软件对三类功能空间用地类型数据进行测算，并通过 ArcGIS 10.2 软件的自然断裂点法划分相应的级别。

对于不同因子级别的作用分赋值，评价指标体系中的刚性因子，包括坡度>25°、基本农田保护区、自然保护地三个指标，会对某类空间的功能产生强竞争性或强限制性，无论其他因子的适宜性或驱动力级别如何，刚性分布区域均对该类功能发挥起着极强的控制作用，因此根据"木桶原理"法则（谭琦川，2020），为不同类型功能竞争力评价分别赋值为 100 或 0。而对于评价指标体系中的其他弹性因子，根据其对不同功能空间开发利用的适宜性或驱动力作用关系，分别赋值为 100、80、60 和 30，分值越高表明其相应的贡献程度越高。最后，借助 ArcGIS 10.2 软件的面转栅格工具，对各评价因子进行栅格化处理，统一转化为 30m×30m 栅格作为栅格尺度功能竞争力测算的评价单元。

3）评价指标权重的确定

选取的各指标因子对评估目标的作用大小具有差异性，导致对农业、城镇和生态三类功能空间竞争力产生不同程度的影响，因此科学合理地确定评价指标权重在功能竞争力评价过程中就显得十分重要。目前，确定权重的方法主要有主观赋权法和客观赋权法两类方法。主观赋权法主要依靠专家的知识经验和偏好，人为地进行赋权的一类方法，主要包括德尔菲法、层次分析法、对比排序法等，该方法与专家个人的评判能力息息相关，具有较强的主观性，缺少对样本数据的定量分析。客观赋权法主要是基于样本中的数据信息，通过数理运算方式进行赋权的一类方法，主要包括熵权法、灰色关联法、变异系数法等，该方法易受数据限制，与样本数据本身的质量息息相关，但避免了人为主观因素的影响。基于这两类方法的优缺点，本书选择主观赋权法的层次分析法与客观赋权法的熵值法相结合的组合赋权法确定各评价指标的权重，分别得到行政单元尺度和栅格单元尺度下的农业、城镇和生态三类功能竞争力评价指标权重（表1.4~表1.6）。

（1）层次分析法（analytic hierarchy process，AHP）是由美国著名运筹学家、匹兹堡大学教授 Saaty 于 20 世纪 70 年代提出的一种多目标综合评价方法。该方法是将多目标决策问题分解成多个目标或者准则的基础上，采用定性模糊量化进行排序的系统分析方法，其核心思想是把复杂问题分解成相互联系的组合,再将其分解为若干要素,从而形成具有多层次特征的分析结构。然后,通过比较若干要素对上一层目标系统的影响程度,以确定各指标的权重系数并作出排序。最后,进行一致性检验(徐建华,2006)。本书运用Yaahp软件实现评价因子权重的计算,具体步骤为:①构建指标体系的层次结构模型。按照评价指标体系之间的基本关系,将影响决策目标的各种因素和指标因子按照目标层、分类层、准则层和指标层的层级顺序进行分解,形成一个逐级递进的层次结构模型,模型中下一层次元素对上一层次元素具有支撑作用。②构造判断矩阵。咨询相关领域专家意见,采用1~9标度方法对评价因子进行打分,对同一层次中各因素进行两两比较,再根据上一层次对应的某种因素,来判断各因素的相对重要性等级,最终得到判断矩阵(表1.7)。指标相对重要性比值及其含义如表1.8所示。③计算权重值。采用数学方法求解判断矩阵的最大特征根及其对应的特征向量,然后对每个特征向量进行归一化处理,得到每个评价指标的权重值。具体公式如下:

$$CI = \frac{\lambda_{max} - n}{n - 1} \quad (1.9)$$

式中,λ_{max}为矩阵的最大特征值;n为断矩阵的阶数。

④一致性检验。对已经确定的权重值进行一致性检验,确保计算权重的合理性。计算公式如下:

$$CR = \frac{CI}{RI} \quad (1.10)$$

式中,CR为判断矩阵的一致性比率;CI为判断矩阵的随机一致性指标;RI为判断矩阵的平均随机一致性指标(表1.9)。若CR>0.1,则判断矩阵结果一致性检验不通过,需要重新构建判断矩阵;若CR<0.1,则判断矩阵结果通过一致性检验。

表1.7 构造判断矩阵

X	X_1	X_2	X_3	…	X_n
X_1	X_{11}	X_{12}	X_{13}	…	X_{1n}
X_2	X_{21}	X_{22}	X_{23}	…	X_{2n}
X_3	X_{31}	X_{32}	X_{33}	…	X_{3n}
⋮	⋮	⋮	⋮	⋮	⋮
X_n	X_{n1}	X_{n2}	X_{n3}	…	X_{nn}

表1.8 指标相对重要性比值及其含义

标度	含义
1	X_i与X_j相比,同等重要
3	X_i与X_j相比,稍微重要

续表

标度	含义
5	X_i与X_j相比，比较重要
7	X_i与X_j相比，极其重要
9	X_i与X_j相比，强烈重要
2，4，6，8	上述两个相邻等级之间的中间值
倒数	若指标X_i与指标X_j的比值为a，则指标X_j与X_i的比值则为$1/a$

表1.9 平均随机一致性指标 RI 取值表

项目	矩形阶数（n）									
	1	2	3	4	5	6	7	8	9	10
RI	0	0	0.58	0.90	1.12	1.24	1.32	1.41	1.45	1.49

（2）熵值法。"熵"的概念是由 C. E. Shannon 引入信息论中，以其作为不确定性的量度，并得到广泛的应用（倪九派等，2009）。该方法是通过计算各指标的信息熵来衡量数据的信息量。一般来说，若指标的信息熵越大，提供的信息量越小，熵值也就越小，反之则熵值越大。信息熵可以避免评价方法中主观因素的影响，以提高评价系统信息的有序度和效用。因此，通过综合考虑评价因子反映的信息熵来确定权重，可使评价结果更为客观全面实际。设共有n个评价单元，m个评价指标，计算权重的具体步骤如下：①计算第j项指标下第i评价单元所占的比例P_{ij}

$$P_{ij} = X_{ij} / \sum_{i=1}^{n} X_{ij} \quad (j = 1, 2, 3, \cdots, m) \tag{1.11}$$

式中，X_{ij}是第i评价单元在第j项指标下的值。
②计算各指标的信息熵E_j

$$E_j = -\frac{1}{\ln n} \times \sum_{i=1}^{n} P_{ij} \ln P_{ij} \quad (i = 1, 2, 3, \cdots, n) \tag{1.12}$$

③确定各指标的权重W_i

$$W_j = \frac{1 - E_j}{m - \sum E_j} \quad (j = 1, 2, 3, \cdots, m) \tag{1.13}$$

（3）组合赋权法。研究取层次分析法与熵值法计算得到的权重的平均值作为各评价指标的最终权重，计算公式如下：

$$W = W_i + W_j \tag{1.14}$$

式中，W为评价指标的综合权重；W_i为层次分析法确定的评价指标的权重；W_j为熵值法确定的评价指标的权重。

4）综合指数测算

根据上述构建的行政单元尺度和栅格单元尺度功能竞争力评价指标体系，基于ArcGIS 10.2软件的加权叠加分析工具，对各评价因子采用加权指数法，分别计算不同尺度下的农业功能、城镇功能和生态功能竞争力指数。计算公式如下：

$$A = \sum_{i=1}^{n} f_i \times w_i; U = \sum_{i=1}^{n} f_i \times w_i; E = \sum_{i=1}^{n} f_i \times w_i \tag{1.15}$$

式中，A、U、E分别为农业、城镇、生态功能竞争力分值；f_i为评价因子i的分值；w_i为评价因子i的权重；n为评价因子的个数。

借鉴多尺度融合模型，实现两种单元尺度下的农业、城镇、生态功能竞争力综合指数测算（Verburg et al.，2009；单薇等，2019）。计算公式如下：

$$F(A,U,E) = (1-a) \times F_{行}(A,U,E) + a \times F_{栅}(A,U,E) \tag{1.16}$$

式中，$F(A，U，E)$为多尺度融合下的三类功能竞争力综合评价值；$F_{行}(A，U，E)$为行政单元尺度下的三类功能竞争力评价值；$F_{栅}(A，U，E)$为栅格单元尺度下的三类功能竞争力评价值；a为栅格单元尺度评价结果的权重，设为0.5。

基于测算的农业、城镇、生态功能竞争力综合指数，运用ArcGIS 10.2软件的自然断裂点法，将其分别划分为三个等级：高竞争力、中竞争力和低竞争力，并得到功能竞争力评价等级图。

4. 空间冲突识别与验证

1）冲突识别

根据农业、城镇和生态三类功能竞争力评价结果，对各功能竞争力强度等级进行排列组合，建立冲突识别矩阵，得到27种不同功能竞争力等级组合类型；然后，基于竞争力等级的排列组合关系，确定冲突程度和冲突类型；最后，按照等级排序进行归并，形成强冲突、中冲突、弱冲突和无冲突4个等级及对应的12种冲突类型区。若农业生产、城镇建设及生态保护功能竞争力中两者或两者以上为高，则认定为强冲突；若农业生产、城镇建设及生态保护功能竞争力中有两者或两者以上为中，则认定为中冲突；若农业生产、城镇建设及生态保护功能竞争力均为低，则认定为弱冲突；若农业生产、城镇建设及生态保护功能竞争力中任意一类都高于其他两类，则认定为无冲突（表1.10）。

2）冲突验证

根据系统科学的结构—功能关系理论，结构与功能是相辅相成的统一体，国土空间功能用地结构特征及其时空变化格局是空间冲突在区域空间单元上的直接反映，两者之间存在着紧密的联系（郑凤娟等，2011；刘超等，2018）。一般来说，某一区域空间单元上多功能之间相互竞争的冲突程度越强，其国土空间功能用地格局变化越显著，反之，用地格局变化不明显。因此，本书可以假设国土空间功能用地变化主要发生在冲突激烈的区域，通过对比冲突强度与实际的空间功能用地变化格局，来验证国土空间冲突识别结果，并据此判断上述构建的功能竞争力评价模型的有效性。

表1.10 国土空间冲突强度与类型

冲突强度	冲突类型区	竞争力等级组合 农业功能	竞争力等级组合 城镇功能	竞争力等级组合 生态功能	说明
强冲突（Q）	三类空间强冲突区（Q1）	高	高	高	三类功能竞争力中两者或两者以上为高等
强冲突（Q）	农业与城镇强冲突区（Q2）	高	高	中	三类功能竞争力中两者或两者以上为高等
强冲突（Q）	农业与城镇强冲突区（Q2）	高	高	低	三类功能竞争力中两者或两者以上为高等
强冲突（Q）	生态与农业强冲突区（Q3）	高	中	高	三类功能竞争力中两者或两者以上为高等
强冲突（Q）	生态与农业强冲突区（Q3）	高	低	高	三类功能竞争力中两者或两者以上为高等
强冲突（Q）	城镇与生态强冲突区（Q4）	中	高	高	三类功能竞争力中两者或两者以上为高等
强冲突（Q）	城镇与生态强冲突区（Q4）	低	高	高	三类功能竞争力中两者或两者以上为高等
中冲突（Z）	三类空间中冲突区（Z1）	中	中	中	三类功能竞争力中两者或两者以上为中等
中冲突（Z）	农业与城镇中冲突区（Z2）	中	中	低	三类功能竞争力中两者或两者以上为中等
中冲突（Z）	生态与农业中冲突区（Z3）	中	低	中	三类功能竞争力中两者或两者以上为中等
中冲突（Z）	城镇与生态中冲突区（Z4）	低	中	中	三类功能竞争力中两者或两者以上为中等
弱冲突（R）	三类空间弱冲突区（R1）	低	低	低	三类功能竞争力均为低等
无冲突（Y）	农业功能优势区（Y1）	高	中	中	农业功能竞争力高于城镇和生态功能竞争力
无冲突（Y）	农业功能优势区（Y1）	高	中	低	农业功能竞争力高于城镇和生态功能竞争力
无冲突（Y）	农业功能优势区（Y1）	高	低	中	农业功能竞争力高于城镇和生态功能竞争力
无冲突（Y）	农业功能优势区（Y1）	高	低	低	农业功能竞争力高于城镇和生态功能竞争力
无冲突（Y）	农业功能优势区（Y1）	中	低	低	农业功能竞争力高于城镇和生态功能竞争力
无冲突（Y）	城镇功能优势区（Y2）	中	高	中	城镇功能竞争力高于农业和生态功能竞争力
无冲突（Y）	城镇功能优势区（Y2）	中	高	低	城镇功能竞争力高于农业和生态功能竞争力
无冲突（Y）	城镇功能优势区（Y2）	低	高	中	城镇功能竞争力高于农业和生态功能竞争力
无冲突（Y）	城镇功能优势区（Y2）	低	高	低	城镇功能竞争力高于农业和生态功能竞争力
无冲突（Y）	城镇功能优势区（Y2）	低	中	低	城镇功能竞争力高于农业和生态功能竞争力
无冲突（Y）	生态功能优势区（Y3）	中	中	高	生态功能竞争力高于农业和城镇功能竞争力
无冲突（Y）	生态功能优势区（Y3）	中	低	高	生态功能竞争力高于农业和城镇功能竞争力
无冲突（Y）	生态功能优势区（Y3）	低	中	高	生态功能竞争力高于农业和城镇功能竞争力
无冲突（Y）	生态功能优势区（Y3）	低	低	高	生态功能竞争力高于农业和城镇功能竞争力
无冲突（Y）	生态功能优势区（Y3）	低	低	中	生态功能竞争力高于农业和城镇功能竞争力

5. 国土空间利用格局优化方法

1）基于土地功能冲突权衡的格局优化方法

土地利用的农业、城镇、生态三类功能均包含经济、社会、环境价值，对其冲突权衡采用功能-价值矩阵，并结合主体功能定位，确定三类功能的价值权重，通过价值求和得到不同主体功能区下的农业、城镇、生态三类功能总价值。冲突权衡的功能-价值矩阵如图1.3所示。

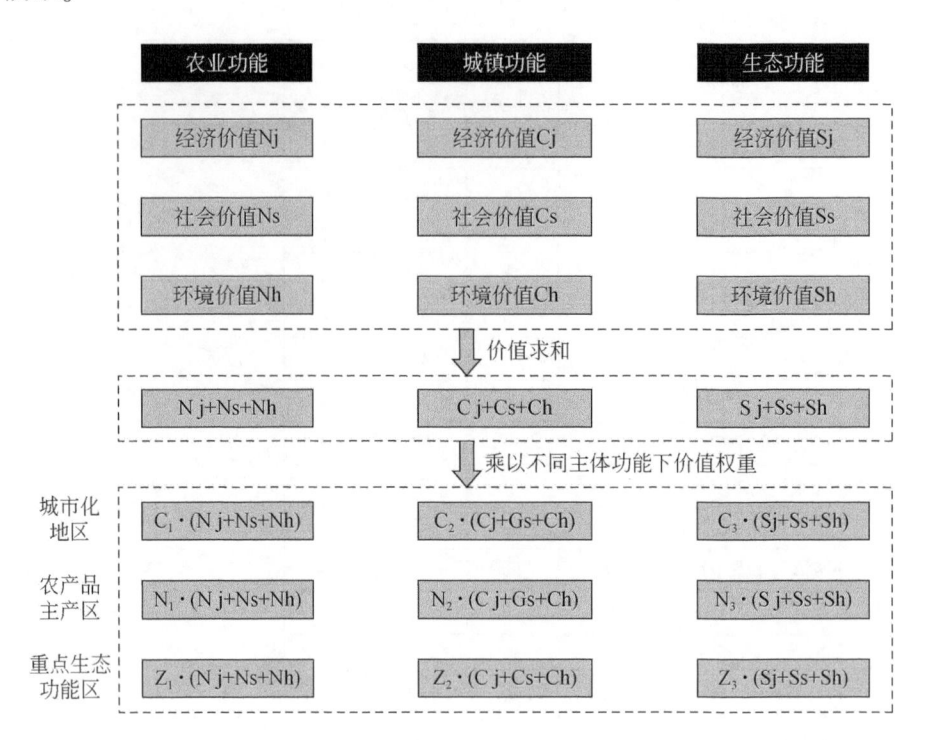

图1.3 冲突权衡的功能-价值矩阵图

本书以经济、社会、环境价值作为土地利用数量结构优化的子目标，农业、城镇、生态三类功能总价值最大为总目标构造目标函数，设定土地利用类型，引入约束条件，采用MATLAB软件中的多目标遗传算法（MOGA）工具箱对土地利用结构多目标优化模型进行求解。

目标函数：

$$Z = \mathrm{Max} F(X) = F_1(X), F_2(X), F_3(X) = \sum_{i=1}^{n} W_i B_i \tag{1.17}$$

式中，$F(X)$ 为目标函数；$F_1(X)$、$F_2(X)$、$F_3(X)$ 分别为经济价值目标函数、社会价值目标函数、环境价值目标函数；W_i 为土地利用类型面积（耕地、林地、草地、水域、城镇建设用地、农村居民点、未利用土地）；B_i 为各价值目标函数的权重。

约束条件：

$$\begin{aligned} A_j W_j \leqslant (\geqslant, =) C_j \quad & j=1,2,3,\cdots,m \\ W_j \geqslant 0 \quad & j=1,2,3,\cdots,n \end{aligned} \tag{1.18}$$

式中，A_j 为约束条件的系数；W_j 为土地利用类型；C_j 为约束常数。

本书通过权衡冲突斑块的空间用途，运用CLUE-S模型优化土地利用空间布局。首先，对影响土地利用变化的驱动因子进行筛选，采用Logistic回归分析判别各驱动因子对土地利用空间分布的影响关系；然后，以2010年土地利用现状为基期数据，模拟2020年土地利用空间格局，并与2020年土地利用现状数据进行对比，判定CLUE-S模型的模拟精度；最后，以土地利用数量结构优化结果为基础，将城镇开发边界、生态保护红线、永久基本农田三条控制线作为空间约束区域，将无冲突的农业功能优势区设定为耕地和农村居民点的优先区域，城镇功能优势区设定为城镇建设用地的优先区域，生态功能优势区设定为林地、草地和水域的优先区域，通过调整强、中功能冲突斑块的空间用途，分别设置农业功能优先情景、城镇功能优先情景、生态功能优先情景、协同发展情景四种权衡优化方案，运用CLUE-S模型模拟2030年土地利用空间布局，对比分析不同情景下土地利用格局变化情况，进一步选择土地利用功能的利益主体，对多情景的优化方案进行抉择，得到最优土地利用格局优化方案。

国土空间利用格局优化是对国土空间的土地资源进行数量结构与空间布局优化，以实现农业、城镇和生态三类主导功能综合目标最大化，促进空间均衡协调发展。一方面，需要根据主导功能实现目标对区域土地资源进行数量结构优化配置；另一方面，需要根据主导功能实现的优化控制条件对区域土地资源进行空间布局优化配置。因此，本书通过分别建立数量结构优化方法和空间布局优化方法，对甘州区国土空间的土地利用格局进行优化配置。

2）数量结构优化方法

（1）多目标规划模型。多目标规划（multi-objective programming，MOP）是数学规划的一个分支，是研究多个目标函数在给定区域的最优解问题，最早是由法国经济学家Pareto于1896年提出的，将不可比较的多目标优化问题转化为单目标优化问题，被广泛用于经济、管理、交通、规划、工程设计等重大决策领域。多目标规划问题的实质在于系统决策过程中多个目标之间常常存在一定的冲突，某个目标达到最优值时，往往会制约其他目标，使得所有目标不可能同时达到最优，这就需要在各个目标之间进行权衡和折中处理，最终寻求一个满足多个目标的最优解（熊婷，2008；路昌，2014）。多目标规划模型可以根据不同目标在决策过程中的重要程度，赋以指定的权重，然后通过加权求和来平衡多个目标之间的冲突关系，以尽可能同时满足多个优化目标，使其优化配置方案能够实现综合目标的最大化，因此被较多用于土地资源优化配置中。该模型主要由决策变量、目标函数、约束条件三个部分组成，其中决策变量是要优化模型要优化的目标对象；目标函数是决策变量的函数，一般用数学表达式表示；约束条件是决策变量允许的取值范围，一般用等式或不等式来表示。多目标规划模型的数学表达式如下：

目标函数：

$$Z = \mathrm{Max} F(X) = F_1(X), F_2(X), \cdots, F_n(X) = \sum_{i=1}^{n} w_i F_i(X) \tag{1.19}$$

式中，$F(X)$为目标函数；$F_n(X)$为子目标函数的个数，在本研究中$n=3$，$F_1(X)$、$F_2(X)$、$F_3(X)$分别为城镇功能目标、农业功能目标、生态功能目标；X为决策变量；w_i

为各子目标函数的权重。

约束条件：

$$A_j x_j \leqslant (\geqslant, =) C_j \quad j=1,2,3,\cdots,m$$
$$x_j \geqslant 0 \quad j=1,2,3,\cdots,n \quad (1.20)$$

式中，A_j 为约束条件的系数；x_j 为决策变量；C_j 为约束常数。

本书中对于同时实现农业、城镇和生态三类功能空间利用目标，相互之间存在着矛盾与冲突，研究采用多目标规划模型（MOP 模型），求解在约束条件下实现城镇功能目标、农业功能目标、生态功能目标和三类功能综合目标的最优土地利用数量结构，并从中试图寻找一组最优解，能够同时满足三个功能目标函数达到最大化。

（2）灰色预测 GM（1,1）模型。灰色预测方法是我国学者邓聚龙（1987）于 20 世纪 80 年代提出的一种灰色系统方法。灰色预测 GM（1,1）模型通过对原始的随机数据，按时间累加生成有序的数据系列，然后建立相应的微分方程将运算结果进行还原，并预测未来某一时刻的值，属于时间序列预测模型。该模型特点是所需数据信息少，建模过程简单，是预测经济社会指标的重要方法之一。本书使用 GM（1,1）模型对多目标规划模型中的目标函数系数和约束条件系数进行预测。GM（1,1）模型建立步骤如下：

第一步：对原始数据 $x^{(0)}(1)$, $x^{(0)}(2)$, $\cdots$, $x^{(0)}(M)$ 进行累加生成处理。

$$\begin{aligned} x^{(1)} &= x^{(0)}(1) \\ x^{(1)}(2) &= x^{(0)}(1) + x^{(0)}(2) \\ x^{(1)}(3) &= x^{(0)}(1) + x^{(0)}(2) + x^{(0)}(3) \\ &\vdots \\ x^{(1)}(t) &= \sum_{i=1}^{M} x^{(0)}(t) \quad t=1,2,3,\cdots,n \end{aligned} \quad (1.21)$$

第二步：建立微分方程。

$$\frac{dx^{(1)}}{dt} + ax^{(1)} = u \quad (1.22)$$

式中，a 和 u 通过最小二乘法求得 $\hat{a} = \begin{bmatrix} a \\ u \end{bmatrix} = (B^T B)^{-1} B^T Y_M$，其中 Y_M 为列向量 $Y_M = [x^{(0)}(2), x^{(0)}(3), \cdots, x^{(0)}(M)]^T$；$Y$ 为构造数据矩阵，即

$$B = \begin{bmatrix} -\frac{1}{2}[x^{(1)}(1)+x^{(1)}(2)] & 1 \\ -\frac{1}{2}[x^{(1)}(2)+x^{(1)}(3)] & 1 \\ \vdots & \vdots \\ -\frac{1}{2}[x^{(1)}(M-1)+x^{(1)}(M)] & 1 \end{bmatrix} \quad (1.23)$$

第三步：微分方程代入的时间响应函数。

$$\hat{x}^{(1)}(t+1) = \left[x^{(0)}(1) - \frac{u}{a} \right] e^{-at} + \frac{u}{a} \tag{1.24}$$

该式即为预测灰色GM（1，1）模型预测方程。

第四步：对一次累加生成数列的预测值 $\hat{x}^{(1)}(t)$，可以求得原始数的还原值。

$$\hat{x}^{(0)}(t) = \hat{x}^{(1)}(t) - \hat{x}^{(1)}(t-1) \tag{1.25}$$

3）空间布局优化方法

目前，通过模型模拟预测是土地利用布局优化的主要方法，也是土地利用变化科学研究的核心内容，包括CA模型、多智能体模型、CLUE-S模型、GeoSOS模型等优化模型的开发和应用，为人们优化土地利用空间布局提供了一个重要工具。CLUE-S（conversion of land use and its effects at small region extent）模型在模拟土地利用空间布局时能够较好地处理不同用地类型之间的竞争关系，且可将土地资源分配给最适宜的空间位置，自开发以来在国内外多个研究领域中得到了广泛应用，如土地利用与土地覆被变化（LUCC）、土地利用生态效应、土地利用景观格局、土地利用规划决策、城市空间扩张模拟等（吴健生等，2012）。因此，本书运用CLUE-S模型对国土空间的土地利用布局进行优化，将数量优化的结果布局在空间上。

（1）CLUE-S模型概述。CLUE-S模型是荷兰瓦赫宁根大学"土地利用变化和影响研究小组"在早期CLUE（conversion of land use and its effects）模型的基础上进一步发展而来的。CLUE模型最初是由Veldkamp和Fresco（1996）研发用以定量模拟土地利用变化与驱动因子之间的关系模型，主要适用于省域、国家及大洲等研究尺度较大的土地利用模拟预测。由于空间分辨率较低、模拟精度不高，若用于中小尺度的研究容易产生较大误差。于是Verburg等（2002）对该模型进行了区域尺度的改变，提出了CLUE-S模型，使其在县区等中小尺度的土地利用变化模拟上具有了较好的空间模拟效果。

CLUE-S模型应用首先有一个基本的假设条件，即土地利用变化受区域内土地利用需求所驱动，并且土地利用空间布局与土地利用需求和区域内自然环境条件、社会经济发展状况处于动态平衡之中。在此条件假设基础上，模型利用系统论的方法处理不同土地利用类型之间的竞争与冲突关系，基于预先设定的土地利用需求量实现土地利用变化的模拟与预测（摆万奇等，2005；焦继宗，2012）。该模型通过综合分析土地利用与自然地理、社会经济等驱动因子之间的关系，根据土地利用类型在某一空间单元上发生概率进行空间分配以实现模拟，具有较高的可信度和解释力，其理论基础包括土地利用变化的关联性、竞争特性、等级特征和相对稳定性。

（2）CLUE-S模型结构。CLUE-S模型由非空间需求模块和空间分配模块两部分组成（图1.4）。其中，非空间需求模块主要是计算由区域人口、社会经济和规划政策等影响因素引起的未来土地利用类型数量变化情况，作为未来不同情景模式下模拟空间布局的土地利用需求输入数据，该模块的计算独立于CLUE-S模型之外，一般可根据研究区实际发展背景和资料收集情况，采用线性内插法、趋势外推法、马尔可夫链、灰色预测法和系统动力学等一些数学模型和经济学模型来完成估算。空间分配模块是 CLUE-S 模型的核心部分，主要依据土地利用类型空间概率分布，以及不同土地利用类型转换规则和空间约束区域，将非空间需求模块中的计算出的土地利用数量需求结果分配到特定空间位置上，从而实现对土地利用变化的空间布局模拟。

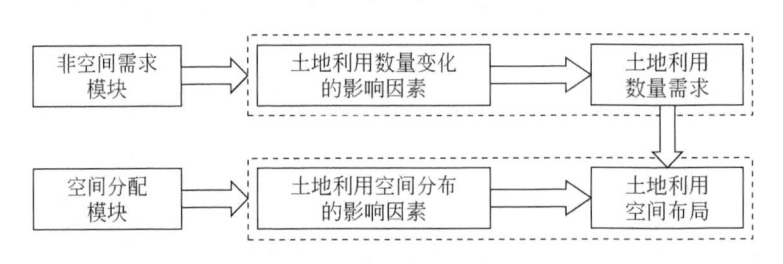

图 1.4　CLUE-S 模型空间模拟过程

（3）CLUE-S 模型空间约束区域。CLUE-S 模型的空间约束区域是指模拟预测过程中受土地利用政策管制或者优化条件限制，使土地利用类型不能发生转变的特定区域，需要将其制作成单独的文件输入模型。约束区域一般分为两类：一类是政策性约束，如基本农田保护区、自然保护区、水源地保护区、森林公园等生态环境保护控制区，依据相关政策文件规定设置为约束条件来保护这些区域；另一类是条件性约束，如为遏制城市建成区快速扩张，限制某一特定区域的土地利用类型发生转变，可通过设置土地利用变化的空间约束区域，来实现空间布局优化目标。

（4）CLUE-S 模型空间分布概率。CLUE-S 模型的空间分布概率是通过定量分析土地利用类型与驱动因素之间的关系，判断每一个栅格单元上各用地类型出现的概率大小，获得不同土地利用类型转换的概率分布适宜图。一般运用二元 Logistic 回归分析计算不同土地利用类型出现在某一栅格单元上的概率，概率越大，表示其在该栅格单元上的分布适宜性越高，其回归方程公式如下：

$$\log\left(\frac{P_i}{1-P_i}\right)=\beta_0+\beta_1 X_{1\ i}+\beta_2 X_{2\ i}+\cdots+\beta_n X_{n\ i} \tag{1.26}$$

式中，P_i 为每个栅格单元可能出现某种土地利用类型 i 的概率；n 为驱动因子个数；X_{ni} 为与某种土地利用类型 i 相关各驱动因子；β 为土地利用类型 i 与各驱动因子的回归系数，其值越大，与某种土地利用类型之间的相关度越高。如果 $\beta<0$，则表示该驱动因子与土地利用类型呈负相关；如果 $\beta>0$，则表示该驱动因子与土地利用类型呈正相关；如果 β 为空值，则表示该驱动因子与土地利用类型没有关系。

通过 Logistic 回归系数可以筛选出与不同土地利用类型相关性较强的驱动因子，参与计算各用地类型的空间分布概率。对于 Logistic 回归结果的检验，一般运用 Pontius 提出的 ROC（receiver operating characteristic）曲线法，评价各用地类型的空间概率分布与现状空间布局是否具有较高的一致性（Pontius and Schneider，2001）。ROC 值介于 0.5~1.0，值越大说明土地利用类型概率分布与现状分布的一致性越好，一般情况下，ROC>0.7，表明所选驱动因子对该用地类型的空间分布概率具有较强的解释力。

（5）CLUE-S 模型空间转换规则。CLUE-S 模型的空间转换规则包括土地利用类型转换弹性系数（ELAS）和转移次序，两者均反映的是不同土地利用类型之间相互转换的难易程度，现有研究多通过修改弹性系数和转移次序，来设置不同情景模拟未来土地利用变化趋势。ELAS 的取值范围介于 0~1，值越大，表明各用地类型之间转换难度越大，稳定性越高，反之越容易发生转换，稳定性越低。土地利用转移次序通过定义 n×n 的矩阵来表示各土地利用类型之间转换难易程度，一般用 0 或 1 表示，0 代表不能发生转变，1 代表能发生转变，建设用地很难转换为其他用地类型，ELAS 一般设为 0，而未利用土地容易转换为其他用地类型，ELAS 一般设为 1。总体上参数值的设置主要依据研究者对区域历史时期土地利用类型转换速度和未来演变趋势的理解，在模型中通过多次调试达到最佳模拟效果。

（6）CLUE-S 模型空间模拟。CLUE-S 模型的空间模拟是综合土地利用空间约束区域、空间分布概率适宜图、空间转换规则和土地利用数量需求，以基期年土地利用类型图为基础，根据总概率大小，通过多次迭代实现土地利用空间分配。运算公式如下：

$$TPROP_{i,u} = P_{i,u} + ELAS_u + ITER_u \tag{1.27}$$

式中，$TPROP_{i,u}$ 为栅格单元 i 出现某种土地利用类型 u 的总概率；$P_{i,u}$ 为通过 Logistic 回归方程求得的用地类型 u 在某一栅格单元 i 上的空间分布概率；$ELAS_u$ 为某一用地类型 u 的转换规则参数；$ITER_u$ 为土地利用类型 u 的迭代变量。

空间模拟的具体步骤如图 1.5 所示。①首先确定被允许参与空间分配的栅格单元，空间约束区域、转换弹性系数为 1 和转移次序中为 0 的栅格单元将不参与空间分配运算。②根据公式计算栅格 i 可能出现不同土地利用类型 u 的总概率 $TPROP_{i,u}$。③对各土地利用类型赋予相同的迭代变量 $ITER_u$，然后根据每一栅格单元上不同用地类型分布的总概率 $TPROP_{i,u}$，从大到小将最适宜的栅格初次分配给各用地类型。④将不同土地利用类型初次分配面积与土地利用需求面积进行对比，若初次分配面积大于需求面积，则减小迭代变量 $ITER_u$，如果分配面积小于需求面积，则增大迭代变量 $ITER_u$，进行空间模拟的第二次迭代分配。

重复步骤②~④，直到分配给各土地利用类型面积等于土地利用需求面积，即得到相应年份的土地利用空间模拟图。

（7）CLUE-S 模型精度检验。CLUE-S 模型对模拟结果的精度检验一般采用 Kappa 系数。该系数由 Cohen 于 1960 年提出，通过将模拟图与现状图进行空间叠加对比，以定量地描述模拟的准确度，进一步评价模型运行效果。其计算公式为

$$Kappa = \frac{P_0 - P_c}{P_p - P_c} \tag{1.28}$$

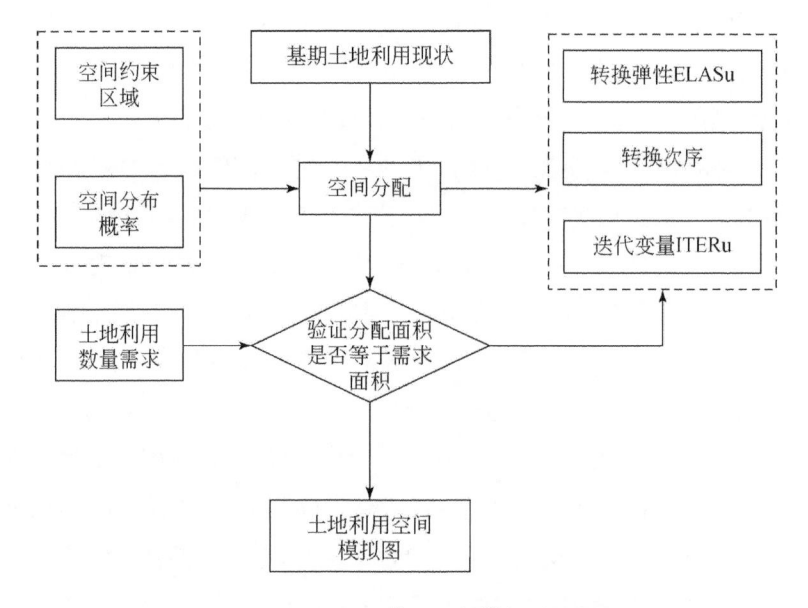

图1.5 CLUE-S模型空间模拟过程图

式中，P_0 为模拟正确的栅格单元比例；P_c 为随机情况下期望的模拟正确栅格单元比例；P_p 为理想情况下模拟正确的栅格单元比例。Kappa 值介于 0～1，值越大，模拟的效果越好。一般来说，当 Kappa≥0.75 时，两个图件一致性程度显著，模拟结果较好；当 0.40<Kappa<0.75 时，两个图件一致性程度适中，模拟结果一般；当 Kappa≤0.40 时，两个图件一致性程度微弱，模拟结果较差。

（8）CLUE-S 模型参数文件。CLUE-S 模型运行所需的参数文件如表 1.11 所示。

表1.11 CLUE-S 模型参数文件

文件名	说明
cov_all.0	初始年份土地利用配置文件
alloc.reg	Logistic 回归方程系数文件
region*.fil	约束区域文件（*代表不同的约束区域），包括 0 和 -9999 两个值，0 值代表可发生转变，-9999 值代表不可发生转变
allow.txt	土地利用转换次序文件，内容为 $n×n$ 矩阵
sclgr*.fil	土地利用变化驱动因子文件（*代表驱动因子序号）
demand.in*	土地利用数量需求文件（*代表不同的土地利用类型）
main.1	模型的主参数文件

第 2 章

理 论 基 础

本章在阐释国土空间、国土空间多功能、国土空间功能冲突及国土空间格局优化的概念和内涵的基础上，对这些基本概念进行科学界定，进而概述与探讨系统论、协同论、人地关系地域系统理论、空间均衡理论、地域功能理论和可持续发展理论等相关理论基础，说明其在本书中的具体指导作用，为本书理论框架和研究方法构建奠定基础。

2.1 相关概念

2.1.1 国土空间

《现代汉语词典》对"国土"的释义是指国家的领土，包括国家范围以内的领陆、领水和领空。胡序威（1982）认为"国土"从广义理解是指国家主权管辖范围内的全部陆地、领海及大陆架，包括地面、水面及其上空和下层；狭义理解是指国家主权管辖的土地（包括河流、湖泊等水面）；在我国指约 960 万 km^2 的土地面积。陆大道（1984）认为"国土"一词用在"国土整治"的这一概念时，其真正的含义是"区域"，包括了"国家""全国""全国各地区"等确定的范围概念，于是"国土整治"的确切译法应当是"区域整治"。因此，当国家与领土联系在一起时，国土则具有了领土主权和区域两层含义。"空间"是一个很宽泛的概念，从词源学来看，来源于拉丁文"spatium"，是指两个事物之间的距离或间隔，但是在自然哲学和自然科学中，空间一词有更为抽象的概念。哲学意义上的空间是具体事物的组成部分，是运动的表现形式，是人们从具体事物中分解和抽象出来的认识对象，德国哲学家康德把空间看作是协调所有日常生活的外在感觉而形成的一种主观和理想的东西。科学意义上的空间是实质存在的，且不受时间和事物的影响，是由长度、宽度、高度表现出来的，具有多个维度，物理空间是三维的，指能够包容物理实体和物理现象的场所，如山脉、河流、建筑物等；数学空间是多维的，有一维的线、二维的面、三维的立体、多维的曲面等。地理学作为空间科学的概念在地理学思想史上占据极其重要的地位（Hartshorne, 1939; Hartshorne, 1958），地理学家也一直将空间作为地理学研究的关键术语（大卫·哈维, 1996）。例如，李特尔从整体性和人地相关性角度看待空间，提出著名的"空间组织原理"；拉采尔以动态的观点看待空间，提出"生存空间"的概念；法国地理学家科利提出"复合体空间"概念。在地理学的三大分支中，自然地理学重点关注的是自然空间，即自然界自然形成的物质，空间形式较为直观；人文地理学重点关注的是社会性空间，包括空间的生产、文化、制度、社会及社会关系等（苗长虹和魏也华，2007；叶超，2012）；地理信息科学重点关注的是地理信息空间，其涉及自然空间和社会空间，但又非完全包括（孙中伟等，2014）。近年来，随着计算机网络、人工智能、人机交互与虚拟现实等信息科技的快速发展，传统的地理空间开始转向虚拟空间，主要表现在网络空间和感知空间。我国地理学名词审定委员会定义地理空间是地球表面物质、能量、信息的存在形式，也是地球表层现象的相关几何范围。总体来看，地理学的空间概念最鲜明特色是地球表面形态结构不仅包括自然结构，还包括人文结构，其内涵是由物质实体的空间位置和空间关系构成，具有绝对空间和相对空间两种形式，说明地理学意义上的空间，绝不局限于由物质要素构成的实体空间，如城市、水域、道路等，还有以人类活动存在为前提的社会经济空间，体现的是自然属性和社会属性的集合。

关于国土空间概念，我国颁布的《全国主体功能区规划》对国土空间进行了明确界定，是指国家主权与主权权利管辖下的地域空间，是国民生存的场所和环境，包括陆地、陆上水域、内水、领海、领空等。学术界也从不同角度对国土空间的概念内涵加以理解，从"区域"的视角来讲，肖金成和刘保（2013）认为国土空间是"区域"在国家尺度上的称谓，受国际外部环境影响，其不同于一般意义上的"区域"内涵，不仅具有一定的自然地理属性、经济属性和政治属性，而且具有更强的行政属性，需要中央政府层面的统一管控；林坚等（2018）从构建国土空间开发保护制度出发，认为国土空间的"区域"是地理区划的概念，主要处理区域协调问题，现阶段亟须与微观尺度上的"要素"相结合。从"要素"的视角来讲，有学者认为国土空间是一个多要素组成的复杂空间，包括土地资源、水资源、矿产资源、气候资源、旅游资源、文化资源以及社会经济、生态环境等不同类型的主体要素共同构成的空间（马海涛，2015；曹宇等，2019），并指出不能简单地将国土资源理解为土地资源，两者区别在于国土资源是国家主权管辖下的所有自然、经济和社会等资源的总和，土地资源是其中一部分（马海涛，2015；梁学庆，2006；胡长慧，2019）。从"系统科学论"的视角来讲，国土空间是一个由人口、社会、经济等人文要素和水资源、土地资源、生态环境、能源、气候等自然要素相互作用形成的动态复杂巨系统，系统内要素结构复杂、地域间流动性强，具有复杂的非线性关系，并且各子系统又由众多要素构成，相互之间存在复杂的互馈机制，使得国土空间系统始终处于一个远离平衡态的自组织系统（张衍毓和陈美景，2016），此说法与吴传钧先生提出的人地关系地域系统理论一脉相承，都强调将人地关系作为一个整体系统来考虑。从"空间尺度"的视角来讲，国土空间各类主体要素在不同的空间边界（尺度），具有相应的空间结构与空间格局，表达的是要素间的一种空间关系，但这种"关系"在特定的空间尺度范围内会体现出不同的空间异质性以及发挥不同的空间功能，所以说国土空间也应是一个具有明确边界的地理空间（曹宇等，2019）。

　　本书对上述有关国土空间的概念内涵进行归纳，认为国土空间综合了"国土"和"空间"两个概念，是对"国土"概念的一种延伸，即将客观实际存在的物质实体辅以空间属性，进而上升为具有多维概念的空间实体。确切地说，是在国家主权影响下，具有"区域"概念的多维空间，包含了地表、地上、地下空间和虚拟空间。除此之外，国土空间还应该是一个由水资源、土地资源、矿产资源、生态环境、社会经济等诸多要素组成的复杂巨系统，系统内不同要素之间、结构之间、功能之间相互作用、相互依存，具有非常复杂的关系。早在20世纪80年代，不少学者对国土空间和土地资源的关系作了进一步辨析。例如，胡序威（1982）强调国土资源是与具体地域相联系的，以土地资源为基础，并与其他资源条件相结合的地域资源；念沛豪（2014b）从本体论角度，将土地资源视为国土空间各类主体要素中的地理实体，土地资源类型则是国土空间要素异质性在地表的映射。因此，土地资源是国土空间重要的要素体，也是国土空间在地表平面上的承载体，但并不能体现国土空间的多维属性，而对土地资源的利用，则是国土空间开发利用的重要形式，也是优化国土空间格局的重要抓手。

2.1.2 国土空间功能

　　"功能"在《辞海》中的释义为有特定结构的事物或系统在内部和外部的联系与关系中表现出来的特性及能力。针对不同学科研究对象，由于功能的具体含义会出现较大差别，为了对其有相对准确的理解，有学者指出必须上升到方法论的高度，即社会学、人类学中的"功能主义"理论（陶岸君，2011）。该理论的创始人马林诺夫斯基认为任何一种文化现象都是为了满足人类自身需要而出现的，即都有一定的功能，并且主张将文化体系作为一个整体，注重文化体系内各部分之间的相互联系以及与周围环境的关联作用（郝亚明和朱慧，2007）。著名地理学家大卫·哈维在《地理学中的解释》一书中，指出要将功能主义方法论应用到地理学研究中，功能主义方法论的核心思想在于强调复杂系统内各组分的"整体性"，即"系统整体功能要大于各组成部分功能之和"，这是由于各部分在系统中的相互联系和相互作用，正是这一特性使其能够作为认识事物本质和解决问题的具体方法论，而这在传统地理学方法论中的因果方法论和发生学方法论是无法利用因果关系和机制来解释的（曹宇等，2019）。因此，对于地理学中的"功能"，不仅仅在于事物所体现出的价值与效能，更在于它提供了一个我们认识复杂系统的视角，以及解释大量地理现象和处理地理学问题的方法论，从而能完整地掌握系统性质。有了对"功能"概念内涵和"功能主义"思想的基本认知后，就国土空间复杂巨系统而言，一方面，国土空间作为人类活动的载体，为满足人类社会发展的各类需求，需要充分发挥国土空间系统的各部分功能，如提供工业产品、农产品和生态服务等；另一方面，必须深入剖析多功能之间的相互作用关系。基于前文对国土空间概念内涵的论述，已知国土空间系统中的自然资源、社会经济和生态环境等要素相互作用复杂，而密切关联的各类要素，通过自然演变过程和人类活动干预，形成不同的空间组合结构，这种差异性的空间结构使其具有不同功能特性。因此，国土空间也是一个功能空间，各类要素通过不同组合结构发挥着多种功能。

根据既有研究对国土空间功能概念的解释，可以将其含义理解为在一定的发展阶段，特定区域国土空间依托自身发展基础和潜能，在自然生态系统和人类社会经济系统中所履行的职能和发挥的作用，也可以理解为国土空间系统内各主体要素为自然界和人类社会所承担的职责。由于某一特定区域国土空间单元的要素组分或构成存在差异，受人类需求多样性影响，存在不同的利用方式，空间结构呈现出差异性，空间单元也会表现出多重功能，因此国土空间功能是一个多功能复合体，其实质是国土空间的各类功能价值融合。但需要指出的是，由于国土空间特性不同，各类功能在不同区域空间单元上的表现形式与作用强度存在强弱之别，即体现出的功能价值具有差异性，当其中某一功能价值相对较高时，就会对区域空间发展起着决定性作用，被称为主导功能，而其他价值较低的功能称为辅助功能（刘彦随等，2011）。也就是说，国土空间单元在发挥不同主导功能的同时，也按照不同需求兼顾发挥其他辅助功能，会出现功能叠加和多重功能现象（图2.1）。例如，生产空间的主导功能是提供粮食产品，但在发挥主导功能的同时，也不断为生态空间和生活空间提供服务与保障，兼有生态功能和居住功能等多种功能。

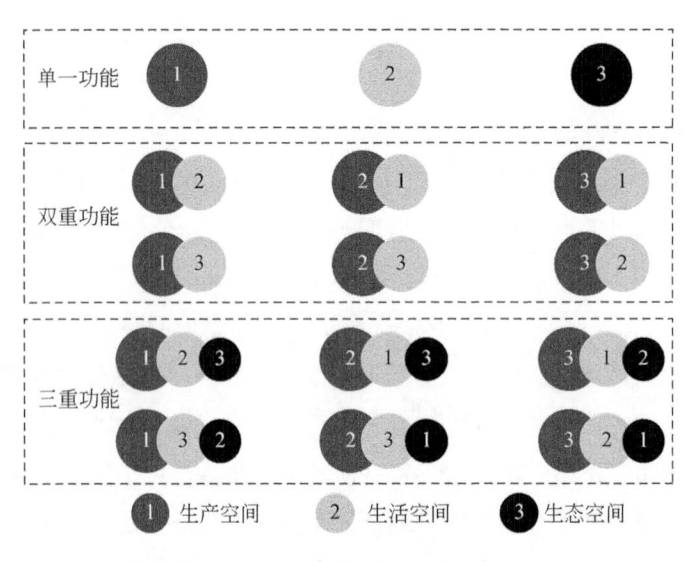

图 2.1 国土空间多功能组合类型

根据 Lefebvre（1991）绘制

本书为实现国土空间格局优化目标，与国土空间规划中的科学有序统筹布局农业、城镇、生态等功能空间相对应，将国土空间功能划分为农业生产功能、城镇建设功能、生态保护功能，其所对应的空间为农业空间、城镇空间、生态空间。其中，农业生产功能是指以承担农产品生产和农村居民生活为主导功能，主要提供农产品；城镇建设功能是指以承担城镇居民生活和经济发展为主导功能，主要提供工业产品和服务型产品；生态保护功能是指以承担生态服务和维持生态系统平衡为主导功能，主要提供生态产品。三类空间功能各异，但相互联系、相互制约、相互影响，且可以相互转化，分别代表着不同区域空间的主导功能。

2.1.3 国土空间功能竞争力

竞争是个体或群体间为追求同一目标而展开相互较量，表现为不同竞争主体为了获取某种资源、利益产生的一种行为活动，最早被用于描述生物或物种之间的一种关系，后被引入到社会学、经济学等领域，延伸出了文化竞争、政治竞争、产业竞争、企业竞争、区域竞争、城市竞争等概念，竞争客体往往是各类生产要素和稀缺资源。竞争力是指竞争参与方在竞争过程中所显现出来的能力，能够反映出竞争差异性，被用来表示竞争主体之间的对比关系。有了竞争就有竞争力，竞争力是开展竞争的主要依据，为了实现发展目标，各竞争主体都积极通过提升竞争力去获得竞争对象。进一步从竞争力角度分析国土空间功能的概念内涵，是指在国土空间开发利用过程中，某一特定时间内区域空间各功能利益主体为获取空间资源所表现出来的能力，这种竞争能力的强弱直接受制于区域国土空间的自然资源条件、开发利用现状、社会经济状况和区域发展政策导向等因素影响，其中自然区位因素的适宜性是功能竞争存在的基础，而社会经济因素的驱动力是提升功能竞争的关键，两者共同决定了国土空间表现出的各功能竞争力强弱程度。一般而言，国土空间单元被用于某一功能开发的适宜性和驱动力越大，其功能竞争力也就越强。此外，国土空间功能在不同时空尺度上表现出不同的特征，尺度层级之间存在着相互关联与制约，具有一定的传导作用，某一尺度空间单元功能的完整实现，既受上级尺度国土空间功能的控制和引导，又受下级尺度国土空间功能的发挥与制约，即国土空间功能存在尺度依赖性。国土空间功能竞争力必须充分考虑尺度依赖性这一重要特征，在不同尺度下开展功能竞争力评价研究，对于研究对象的掌握程度不同，宏观尺度侧重反映区域整体竞争力，微观尺度侧重反映区域内部竞争力差异性，微观尺度受制于宏观尺度的影响。因此，本书中对于国土空间的农业、城镇和生态功能竞争力评价需要从多个尺度开展综合研究，以揭示三类功能在不同尺度下的竞争力特征。

2.1.4 国土空间冲突

"冲突"一词源于社会学，社会学家将其定义为行为主体之间因某种因素而导致的对立的心理状态或行为过程（王琦等，2022）。在《现代汉语词典》中的解释为"矛盾表面化，发生激烈斗争"；在《辞海》中的解释更有"冲撞突击，争执、争斗"之意。纵观历史长河，"冲突"始终伴随着人类文明发展的整个进程，从古代的城邦之争到当今的国际竞争，都是不可回避的重要议题之一，引起了国内外学术界的高度关注。溯源其意，最早出现在社会学和管理学等领域，多见有"文化冲突""文明冲突""利益冲突""制度冲突""组织冲突""社区冲突"等术语。其中，社会学冲突主要是指两个或两个以上的社会主体因在价值、目标、利益、权力等方面互不相容或互相排斥，从而产生心理上的或行为上的矛盾（涂姗和谭术魁，2009）；管理学冲突主要是指组织中的个体或群体之间由于对事物的感知存在差异，从而引起心理上或行为上的抵触、争执或争斗等对立状态。此后，随着人类社会的快速发展，全球范围内的资源环境问题日益严重，"冲突"一词被一些学者引入到资源环境领域，用来表征利益相关者对资源的争夺。例如，对土地资源的竞争产生了"土地冲突""土地利用冲突"的术语，对水资源的竞争产生了"水资源冲突"的术语，以及"矿产资源冲突""环境冲突"等术语。

"土地利用冲突"是指在土地资源利用中，各利益相关者在土地利用的方式、数量等方面的不一致、不和谐，以及各种土地利用方式与环境方面的矛盾状态，其内涵特征可概括为以下三个方面：①协调性，土地利用冲突的形成是社会-经济-生态系统内在矛盾的体现，其根本在于人类子系统、自然子系统两种系统之间的协调关系；②博弈性，各主体角色的不可通约性与各种价值观的不可通约性，决定了对空间资源具有不可协调的定位和要求，使得对同一空间资源的争夺成为诱发环境问题的主要根源；③动态性，上述博弈过程并非静止状态，而是具备动态性、非线性的特点（王蓓等，2024）。

空间冲突是土地利用冲突在空间规划语境下的内涵延伸，通常包含要素性冲突与功能性冲突两种类型。要素性冲突是指在土地资源利用、保护过程中产生的土地利用数量和结构间的冲突，存在排斥或对立关系。在当前土地利用资源配置日益合理的趋势下，要素性冲突逐渐减少，多呈现为功能性冲突。功能性冲突表现为一种功能提升导致另一种功能消失或受损。

空间冲突影响要素一般归纳为三类：地理格局要素、人类活动要素、部门博弈要素。其中，①地理格局方面，地貌类型、地表起伏度等地理环境要素为人类活动提供国土空间载体，人类通过开发利用自然来满足生存发展诉求，表征"地-地冲突"；②人类活动方面，人口数量的攀升带来更多生存需求，城镇建设用地不断蔓延、交通设施逐步完善、工业生产能力急剧提升，导致人类对自然环境的资源供给提出了更高的要求，表征"人-地冲突"；③部门博弈方面，不同的行政部门利益诉求不同，导致各类部门之间展开竞争博弈，表征"人-人冲突"。

国土空间是人类社会经济活动的客体，如果将其比作为一个容器，人类生产生活行为，就表现为对"容器"内资源的争夺，从而产生各种形式的"空间冲突"表象。学者们从不同视角对其概念内涵进行了解释，其中生态学视角下的空间冲突是各利益主体之间由于对空间资源开发利用竞争引发的社会经济发展与区域生态环境之间的一种对立关系，直接表现为城镇建设、农业生产对生态保护空间的不合理占用（孙丕苓，2017）；经济学视角下的空间冲突是各经济利益主体之间由于需要、利益、价值观念等方面的差别和对立而引发的一种相互反对行为，本质是因争夺空间资源而产生的社会经济发展失衡（唐凯和周国华，2013）；地理学视角下的空间冲突是各利益主体对有限的空间资源争夺而引发的一种矛盾行为，直接表现为不同类型的地理空间结构比例失衡、空间布局错配及空间类型转化失控（贺艳华等，2014）。由此来看，国土空间本身就是一个稀缺性空间，资源总量是一定的，并且一些不合理的空间开发利用活动还会加剧资源总量的稀缺性，而国土空间利用的多宜性、空间位置的固定性，决定了其可被用于不同功能，使得某一空间单元同时具备农业生产、城镇建设、生态保护等多种功能。在人类需求不断增长情况下，各利益主体只能对有限的空间资源进行争夺，当对国土空间功能需求不一致时，就会在多功能之间产生空间冲突，实质上是多样化人类需求引发的一种空间竞争性矛盾与冲突。因此，本书在综合分析已有文献对空间冲突概念内涵的基础上，与国土空间功能概念相结合，认为国土空间冲突是指不同空间开发利益主体在追逐各自发展目标过程中，由于争夺空间资源而产生的一种功能冲突，主要发生在具有相当竞争力的多功能之间。在本书中即指国土空间的农业生产、城镇建设和生态保护三类功能之间相互竞争而产生的空间冲突，具体表现为三类空间互相占用现象，导致其发生的根本原因是空间资源的稀缺性和空间利用的多宜性，而人类需求增长是冲突产生与发展的主要驱动力。

2.1.5 国土空间格局优化

国土空间格局是一定区域空间范围内各类组成要素结构的空间分布状态，国土空间格局优化是基于国土空间的现状开发利用状况，对其进行合理调配，促进要素充分流动和优化配置，使不同功能空间得到协调开发，是解决国土空间供需矛盾和合理分配的有效途径，也是国土空间规划的重要内容。国土空间格局优化的概念内涵应包括国土空间结构、强度、用途与布局四个方面的内容（张俊，2017）。其中，国土空间结构是指各种国土空间用途之间的比例关系，伴随着人类社会对国土空间的持续开发，国土空间结构在不断发生变化；国土空间开发强度是指特定区域国土空间开发利用程度和利用效益，反映了人类利用国土资源的能力及其成效；国土空间用途是指国土空间开发利用的方式，某一空间单元通常被用于多种空间用途；国土空间布局是不同功能用途在空间上的位置关系，直接决定着空间开发的范围和形态。生态文明建设背景下的国土空间格局优化思路，应以协调人地关系为理念，以"人口资源环境相均衡、经济社会生态效益相统一"为基本原则，实现国土空间数量结构与空间布局的合理匹配（樊杰等，2013）。由此来看，国土空间格局优化就是通过不断调整国土空间利用结构、开发强度与用途布局，使国土空间发挥整体效益的最大化，促进国土资源可持续发展，在优化模式上，包括从宏观尺度上对国土空间开发与保护格局进行调整，注重空间功能的差异性和协调性，强调区域主体功能在各要素之间的空间流动作用，主要以省、市、县等行政区为评价单元，如主体功能区划依据不同区域的资源环境承载能力、现有开发强度和发展潜力，将国土空间划分为优化开发区域、重点开发区域、限制开发区域和禁止开发区域，逐步形成人口、经济和资源环境协调的国土空间格局。此外，还包括微观尺度上对国土空间格局的具体用地单元进行调整，强调承载国土空间开发利用活动的地理实体在空间上的优化配置，注重空间功能在微观单元上的具体落地，主要以格网或图斑为评价单元。因此，本书中国土空间格局优化包含了宏观尺度上的空间分区优化和微观尺度上用地单元优化，是基于宏观的农业、城镇和生态空间冲突区域，对微观的国土空间地理实体单元进行优化调整，以寻求构建农业、城镇与生态空间相互协调的国土空间开发利用格局。

2.2 相关理论基础

2.2.1 系统论与协同论

系统论与控制论、信息论被称为系统科学理论的"老三论"，是由美籍奥地利生物学家贝塔朗菲（L. V. Bertalanffy）于20世纪30年代提出，并在1945年发表论文《关于一般系统论》和1968年出版专著《一般系统理论基础、发展和应用》，其中对系统论的基本原理进行了详细阐述，目前已成为各学科的基本方法论。该理论定义系统是由若干要素按一定结构组成的具有某种功能的有机整体，强调系统各要素之间、要素与系统整体之间、系统整体与外部环境之间存在一定的有机联系，具有整体性、开放性、动态性、关联性、层次性、复杂性等特征。此定义涵盖了系统的要素、结构和功能三个概念。其中，要素是构成系统的基本单元；结构是系统内部各要素之间相互联系、相互作用的组织方式与秩序；功能是系统与外部环境相互作用时表现出来的性质与能力。系统论的核心思想就在于系统的整体性，即系统是由相互作用、相互联系、相互依赖的各要素有机组合而成，并不是各组成要素的简单相加，其整体功能要大于各要素功能之和，这也要求我们在研究各种系统问题时，必须从系统的整体角度出发。在系统论中，系统是一个多层次系统，一个系统整体由多个子系统构成，而这个系统本身又属于更高层级系统的子系统，各层次系统的性质和作用不同，其特征和功能也不同，并且每个系统都不是孤立存在的，时刻与外部环境进行着要素流动和交换，使得系统从无序状态向有序状态演变，而当外部环境发生变化时，系统随之会发生变化并达到新的状态，整个过程也是系统从低层次向高层次循环演进的过程。随着人们对系统论认识的不断深入，复杂系统概念逐渐被提出。钱学森从系统的本质出发，根据组成系统的子系统种类多少、层次结构和相互关系的复杂程度，将系统分为简单系统和巨系统，而巨系统又分为简单巨系统和复杂巨系统（王国强和胡新和，2001）。复杂巨系统是由众多子系统组成并拥有多层次结构，相互之间关联关系复杂，具有典型的非线性结构，其内部处于不断运动之中，系统的混沌、涌现、突变等现象随机出现。本书中的研究对象国土空间就具有复杂巨系统的一般特征，可视为一个复杂的、多层次的系统整体，从空间结构组成来看，国土空间系统是由农业、城镇、生态等空间功能系统组成，功能系统之间相互作用、相互影响，各空间功能系统可看作是国土空间的子系统。因此，对于绿洲区国土空间冲突研究，需要依据系统科学论，将其置于绿洲国土空间复杂巨系统内，研究构成该复杂系统的各子系统间相互作用关系和供需关系，才能获取对绿洲区国土空间开发利用与保护较为全面的认知。

协同论是由德国理论物理学家赫尔曼·哈肯于20世纪70年代提出，与耗散结构论、突变论被称为系统科学理论的"新三论"，是哈肯受研究激光发射过程的启发，通过分析类比不同类型系统的组成结构及其演化规律而创立的（赫尔曼·哈肯，2005）。协同论的研究对象是各子系统联合作用所产生的复合系统，主要研究远离平衡态的复杂开放系统在与外界进行物质、能量交换情况下，是如何通过内部组成要素的协同作用，形成宏观尺度上时间、空间和功能的有序结构，旨在揭示复杂系统的演进规律和动力机制。协同学认为任何复杂系统都存在两种截然相反的无序运动和有序运动倾向，系统演化方向是由其内部子系统之间竞争和协同两种相互作用所决定的，在一定外部条件下，协同作用推动着复杂系统从无序向有序转变，同时系统在自组织过程中又存在不断竞争，推动系统达到更高效有序，两者互为基础、相互依赖，决定着系统从低层次向高层次、从无序到有序的演化过程。此外，系统运动和发展的转变过程关键在于子系统之间相互作用产生的序参量，其支配或役使各子系统的行为，主宰系统最终结构和功能，决定了系统整体演化的全过程。

协同理论主要包括了三个基本原理：①协同效应原理，是指复杂开发系统内大量子系统通过相互作用产生的整体效应或集体效应，能够起到1+1>2的效果，对于任一类型复杂系统，当物质的聚集态达到某种临界值时，子系统之间就会产生协同作用，使系统在临界点发生质变，从而形成新的有序结构；②伺服原理，又称支配原理，是指系统演化过程中快变量服从慢变量，这里的快变量在临界点处阻尼大、衰减快，对系统演化进程没有明显影响，而慢变量阻尼小、衰减慢，决定着系统的结构和功能，并支配和规定着系统其他变量的行为；③自组织原理，是指系统与外部环境进行信息、能量和物质交换过程中，其内部子系统通过自主协同形成新的时空有序结构，具有内在性和自生性特点。基于协同学理论，国土空间复杂巨系统内各子系统间存在着相互竞争与协同的关联关系，国土空间开发利用必须统筹考虑各子系统的相互作用与演变规律，通过子系统的协调发展来推动整个国土空间系统的有序演化。在本书中即为农业、城镇和生态三类空间功能子系统的竞争与协同，其竞争性主要体现在各子系统在水土资源总量约束下对地域空间单元的竞争关系，促使国土空间系统远离平衡态，其协同性主要体现在各子系统通过合理分配空间格局使国土空间系统达到更加有序的结构。此外，在国土空间格局优化中，运用协同论的序参量概念，来找寻影响国土空间开发利用与保护的主导变量。

2.2.2 人地关系地域系统理论

人地关系即是人类活动与地理环境之间的关系，是在人类出现以后地球上就已客观存在的主客体关系。人类行为活动与自然地理环境之间是相互影响、相互作用的，两者之间存在着多种反馈作用，人类通过各种活动在适应和利用自然环境的同时，自然环境也对人类活动产生深刻影响。只有人地关系协调发展，才能妥善解决人类社会经济与自然资源环境之间的矛盾，从而实现可持续发展。作为地理学的研究核心，人地关系被视为地理学理论研究的一项长期任务，并贯穿于地理学的各个发展阶段（吴传钧，2008）。人地关系是随着社会生产力水平的提高和地理环境在人类作用下不断改变的，在不同历史时期，学者们从多种角度探索了人地关系的内在规律，相继形成了天命论、环境决定论、或然论、适应论、生态论、环境感知论、文化决定论、和谐论等理论。人地关系地域系统是我国著名人文与经济地理学家吴传钧先生于20世纪90年代初在充分认识人地关系的基础上提出的，被认为是人文与经济地理学乃至整个地理学开展综合性、系统性和差异性研究的重要理论基石（陆大道和郭来喜，1998；樊杰，2018）。人地关系地域系统指由地理环境和人类社会两个子系统交错构成的内部具有一定的结构和功能机制的复杂的开发的巨系统，该系统是以地球表层一定地域为基础的人地关系系统，也是人与地在特定的地域中相互联系、相互作用而形成的一种动态结构，系统中的"人"是以人类社会经济活动为主组成的系统，"地"是以人类赖以生存的自然地理环境为主组成的系统（赵明华和韩荣青，2004）。协调人地关系是人地关系地域系统的核心目标，重点研究人地关系地域系统的优化，强调将地理环境和人类社会两大系统作为一个整体，来探求系统内各要素的相互作用及系统的整体行为与调控机理。

2.2.3 突变论

事物从状态的一种形式突然跳跃到根本不同的另一种形式的不连续变化，包含着突然变化的瞬时过程，称为突变。雷内托姆（Renethom）1968年发表的《生物学中的拓扑模型》和1972年出版的《稳定性结构与形态发生学》，标志着突变论的正式诞生。后经瓦维克和齐曼等的大力改进和不断完善，使得突变论从理论研究到实际应用有了全面的进展。

突变论研究的是从一种稳定组态跃迁到另一种稳定组态的现象和规律。它指出自然界或人类社会中任何一种运动状态，都有稳定态和非稳定态之分。在微小的偶然扰动因素作用下，仍然能够保持原来状态的是稳定态，而一旦受到微扰就迅速离开原来状态的则是非稳定态，稳定态与非稳定态相互交错。非线性系统从某一个稳定态到另一个稳定态的转化，是以突变形式发生的。突变论作为研究系统序演化的有力数学工具，能较好地解说和预测自然界和社会上的突然现象。突变论的主要特点是用形象而精确的数学模型来描述和预测事物的连续性中断的质变过程。

突变论认为状态变量的数目可能很大，但并不决定可能出现的性质不同、不连续构造的数目，真正起决定性作用的是控制变量的数目，而控制变量的数目一般很小。如果控制变量的数目不大于四，那么只有七种不同类型的突变，这七种突变类型没有一种牵涉两个以上的状态变量，一般将其称为七种初等突变。其中，尖点突变、燕尾突变和蝴蝶突变因运用方便而被广泛利用。

2.2.4 冲突理论

冲突理论（conflict theory）是最早源于社会学研究，关注社会冲突在社会发展中的作用。冲突理论是在对实证主义和结构功能主义的批判中发展起来的。结构功能主义的愿景是建构一个具有稳定的要素配置、每个要素都能履行一定的社会功能，且互相协作、团结一致，从而实现运行良好的结构功能系统。冲突理论表明，现实社会总是存在经济利益、社会地位和政治权利方面的差别和纠纷，社会整合和社会秩序不可避免地依靠国家权力和一部分人对另一部分人施加强力来维持，因此不满和反抗总是存在的，社会冲突无处不在。一个完全团结协作的社会共同体不仅是不真实的，而且缺乏实际的生命力。现实世界总是存在和谐-不和谐、联合-竞争、好感-怨恨等矛盾关系。人们在现实生活中遇到问题，产生冲突，从而激发改变现状的愿望，旧的社会矛盾解决了，又会出现新的社会矛盾。

冲突理论探讨社会冲突的本质和根源，冲突的类型、预防及其在社会生活中的作用等。冲突一般可分为文化冲突、经济冲突、分配冲突；或划分为现实型冲突和非现实型冲突，前者视冲突为达到自己目的的最有效途径，后者则把冲突作为消除紧张心理或用来证实人们同感的方式（陈国强，1990）。

冲突论的鼻祖达伦多夫（Dahrendorf）在《工业社会中的阶级和阶级冲突》一书中指出："社会结构不仅会发生变化，而且会在其自身内部永久地、系统地创造出一些决定其变化的力量。在这些力量中，某些群体是至关重要的，它们之间的冲突可能导致现有价值观和制度的改变。"达伦多夫虽然承认阶级冲突是社会变革的推动因素，但否认阶级冲突必然导致社会历史的进步。在他看来，只有当阶级冲突与社会结构改良契合时，才能实施有效的制度性改革，合理地提升经济效益和社会福利，使得社会大多数人获得实实在在的利益，从而真正实现社会进步。赖克斯在《社会学理论中的关键问题》中，提出统治集团支配社会生活的各个领域，并运用强制性权力迫使社会整合。经济分配体系向不同群体分发一定量的物质生活资源；政治权力体系"防范任何破坏经济分配体系的行为发生"；终极价值体系确认"这种政治权力体系的合法性"；宗教仪式"促使人们遵从终极价值体系的功效"。这种货币→权力→价值→仪式的一体化社会结构，是为统治阶级的利益服务的。统治和被统治阶级之间的权力对比发生变化，社会就会由"统治阶段的情境"向"革命情境"转化，最终导致统治阶级被打倒。

冲突理论主张渐进的社会改良，反对乌托邦式的宏大的社会改造或社会革命的工程。冲突理论的核心概念是"社会冲突""阶级分析""治理"和"改良"。在说明与诠释、规律与规范、必然与自由、决定论与非决定论、整体与个体等关系问题上，冲突理论持一种折中立场。冲突理论否认人类历史发展的必然规律，持一种非决定论的历史观，主张我们迄今有关人类历史发展的知识是非常有限的，社会的未来总是开放的，总有新的问题要发生，不能说必定朝向某一终结目标发展。同时，冲突理论又承认在社会的结构和体制上总是存在这样那样的问题，要因地制宜，因势制导，加以改良。这种改良方案在一定的条件和具体情况下可以评估其可行性和通过实施的成效加以检验。冲突理论的一些说法显得不容易自洽。冲突理论一方面承认阶级斗争在社会历史发展中的作用，另一方面又认为阶级斗争经常是破坏性的，但对于阶级斗争的发生机制，以及什么情况下起积极的作用，什么情况下起破坏作用，不能提供明确的说明。冲突理论家在否定社会历史发展的客观规律和不承认社会的理想目标的前提下，如何还能调动广大民众参与改革，哪怕是渐进的社会改良，会打上一个很大的问号。

2.2.5 空间均衡理论

空间均衡是人与人、人与地之间各种复杂关系的反映，也指空间和空间之间的分工与协作关系。由于不同区域空间的区位条件、资源禀赋、自然环境等存在差异，在空间集聚与分散发展过程中，对经济、资源、环境、土地、政策等要素的投入和配置方面往往出现不均衡性，造成不同地区的经济社会增长方式、速度和规模各不相同，在空间开发条件较好的区域，投入强度大、取得的经济体量较大，生态环境受到不同程度的干扰和破坏，反之，生态环境得到较好的保护。这种基于区域空间差异而产生的空间均衡理论，在空间关系上表现为空间供给与需求之间相匹配、空间开发与保护之间相平衡，通过最大限度地发挥区域要素的比较优势，使各要素配置实现最优化，实现空间整体效益最大化，最终达到人口、经济、资源和环境协调的一种空间上"帕累托效率"最优状态（哈斯巴根，2013）。

空间均衡发展并不否认区域之间存在差异性，而是通过对各种资源要素进行合理的优化配置，促进区域各类空间相互之间协调发展，实现空间总体平衡和综合效益的最大化。

具体包含了两层含义：一层为数量均衡，是指各空间子系统在数量上保持着大体一致；另一层为状态均衡，是指各空间子系统均没有改变当前状态的意愿和能力，彼此之间处于一种相对稳定的均衡或平衡状态。本书中的空间均衡立足于状态均衡，与国土空间多功能相结合，就是实现农业、城镇、生态三类主导功能在空间上效益最优配置。在国土空间开发利用过程中，由于区域内空间资源要素的不均匀分布，加之不恰当的空间利用方式，空间功能失衡现象频发。因此，需要科学判断识别和处理国土空间的多功能空间之间的冲突，并通过实施用途管制和开发方式引导，来推动要素在各类空间自由流动，使空间整体分配达到状态均衡，以实现区域内国土空间开发利用综合效益的最大化。在空间资源优化配置过程中，只有将区域国土空间开发强度与资源环境承载能力相协调，让空间开发成本低、资源环境承载力高的地区承担高强度的社会经济活动，而让一些生态敏感和资源环境承载能力弱、空间开发难度较大的区域承担生态服务功能，才能够最大程度地降低空间利用的外部性，使空间整体水平处于均衡状态。

基于空间均衡理论，本书对于国土空间冲突问题的解决，以空间异质性为前提，调控不同区域国土空间的开发利用方式，根据空间单元主导功能来完成空间格局的优化配置，并从缓解空间冲突角度制定相应的优化调控策略，推动农业、城镇、生态三类功能空间协调均衡发展。

2.2.6 地域功能理论

地域功能理论思想萌芽于19世纪西方近代地理学的区域研究和区划实践中。无论是早期法国地理学的区域研究还是德国地理学的区划研究和景观研究，都表达了地球表层不同的区域应当承担不同的功能，以及在英国、荷兰等欧洲其他国家的区域划分工作中强调要与地域功能识别相结合。现代地域功能理论形成于中国国土空间开发实践过程中，学者们在继承地域分异理论、人地关系地域系统理论空间结构理论、可持续发展理论等基础上，创造性地提出了按照功能区划分来构建国土空间开发格局（陆大道等，2011）。该理论以地表空间秩序为研究对象，重点研究地域功能的形成机理、功能区之间相互作用、空间结构演变规律、区域发展均衡模型等理论分析框架，以及地域功能识别与功能区划分方法、现代区域治理体系构建等方法应用（盛科荣等，2016）。相较于人地关系地域系统理论，现代地域功能理论更加强调对地域功能分异规律的研究，认为不同地域在陆地表层人地关系系统中均发挥着不同功能，并且提出的区域发展空间均衡模型作为实现空间均衡协调发展的支撑条件，是地域功能区划方法的科学基础。

地域功能是基于自然地理本底状况和社会经济发展条件所体现出来的功能，资源环境承载力和生态可占用性的空间分异是陆地表层功能分化的自然基础，经济活动集疏和人口空间集疏是地域功能形成的直接原因（盛科荣和樊杰，2018）。此外，同一地域空间往往承担多种功能利用类型，但由于不同利用功能在空间上具有竞争性，导致每个空间单元只能够承担一类地域功能。主体功能区划的提出是现代地域功能理论的成功应用实践，其通过构建地域功能识别指标体系，对全国陆域国土空间开展地域功能适宜性评价，将地域功能类型划分为城市化区域、农产品主产区域、重点生态功能区域、自然和文化遗产保护区域，现已成为刻画我国国土空间开发与保护格局的规划蓝图。

基于地域功能理论，本书将国土空间功能划分为农业生产、城镇建设和生态保护三类功能，通过构建模型评价三类空间功能竞争力，识别空间冲突的强度及其类型，并据此将其作为国土空间利用格局优化约束条件，使国土空间格局达到最优配置状态。

2.2.7 可持续发展理论

自18世纪工业革命以来，人类对经济快速增长的盲目追求，导致了经济发展与资源环境之间的矛盾日益尖锐，引发了资源短缺、环境污染加剧和生态系统退化等一系列严峻问题，对全球经济发展产生极大制约，严重威胁到人类的生存和发展，可持续发展理论正是在此背景下应运而生。可持续发展的概念最早源于学者对生态学的研究，1962年，美国生物学家蕾切尔·卡逊（1994）在其著作《寂静的春天》中运用生态学原理分析了过度使用杀虫剂会造成严重的环境污染，最终危害人类赖以生存的自然生态系统，开启了人类对可持续发展研究的探索；1972年，罗马俱乐部发表了《增长的极限》，从生态平衡的角度指出生态系统的自我修复能力已遭到破坏，提出了可持续增长的概念，要求限制人口和经济的增长，否则将会耗尽地球上不可再生的资源，人类社会发展也将无法延续；同年，在斯德哥尔摩召开的联合国人类环境会议上通过了《联合国人类环境会议宣言》，呼吁世界各国人民保护和改善人类环境；1980年，《世界自然资源保护大纲》首次提出了"可持续发展"概念，要求研究自然的、社会的、生态的、经济的以及利用自然资源过程中的基本关系；1987年，世界环境与发展委员会发表的题为《我们共同的未来》报告，对可持续发展的概念内涵进行了比较详细的阐述："既要满足当代人的需要，又不损害后代人满足其需求能力的发展。"此定义也是目前被广为接受的表述；1992年，联合国环境与发展大会上通过了《里约环境与发展宣言》和《21世纪议程》，将可持续发展理念从理论层面推向全球化行动，在全世界范围内得到普遍认同；2000年，联合国千年首脑会议通过的《联合国千年宣言》提出了包括消除贫困、饥饿、疾病在内的联合国千年发展目标（MDGs），作为全球发展的核心和基本框架，对推动可持续发展起到了非常重要的作用。随着地球进入新纪元——人类世，为应对全球环境变化给世界各国带来的风险，由国际科学理事会和国际社会科学理事会发起，联合国教育、科学及文化组织和联合国环境规划署等组织发起了"未来地球计划"，旨在为全球可持续发展提供必要的理论知识、研究手段和方法。此外，2015年联合国可持续发展峰会通过的《变革我们的世界：2030年可持续发展议程》，提出了 17 个可持续发展目标（SDGs），以指导未来世界各国的可持续发展战略（魏彦强等，2018）。

可持续发展理论虽然源于环境保护，但在进入 21 世纪以后，随着绿色低碳循环发展理念的深入推进，可持续发展的思想体系也在不断丰富完善，已从过去单纯追求环境可持续发展，衍生至经济可持续发展、社会可持续发展和生态可持续发展。经济可持续发展主要指改变过去传统生产方式，推动产业结构转型升级，减少污染物的排放，注重追求经济发展的质量和效益。社会可持续发展主要指以提高人类生活质量为发展目标，改善人类生产生活的基础条件，提升全民科学文化素质和健康水平，注重追求公平公正的社会优良环境。生态可持续发展主要指改变过去经济发展模式，注重保护生态空间，强调经济社会发展要与生态环境的承载能力相适应，注重追求保护生态空间和提高生态环境质量。因此，可持续发展理论体现了人与人之间、人与自然之间的和谐共生理念，包括共同发展、公平发展、协调发展、高效发展和多维发展等五个方面的内容（牛文元，2012）。其中，共同发展强调地球系统的整体发展和协调发展；公平发展强调任何国家或地区的发展不能以损害其他国家或地区的发展为代价，以及当代人的发展不能以损害后代人的发展为代价；协调发展不仅强调经济、社会与生态环境保护的协调，也包括世界、国家和地区发展的协调；高效发展强调人口、经济、社会、资源和环境等协调下的高效率发展；多维发展强调走符合不同国情或区情的可持续发展道路。

2.3 多功能作用下空间冲突的发生机理与演变规律

2.3.1 空间冲突的发生机理

机理是指为实现某一系统特定功能，系统内各组成要素在一定环境条件下相互作用的过程、原理和运行规律，也指事物变化的理由与道理。空间冲突源于空间资源的稀缺性和空间功能的外溢性，是在人地关系作用过程中伴随空间资源竞争而产生的空间资源分配过程中的对立现象。

分析空间冲突的发生机理，在国土空间系统内，各要素之间存在着多层次、简单与复杂、线性与非线性等错综复杂的关系，这些要素通过不同组合方式所表达的各类功能之间发生着相互作用，推动着系统功能在冲突与协调中不断演变。前文论述中指出空间功能存在外溢性，当某一特定功能的发挥必将对其他功能产生作用，并且这种作用关系不是均衡的，既有可能产生积极的影响，也有可能产生消极的影响。

土地利用冲突源自人类需求多样性、自然子系统适宜性和稀缺性、土地利用空间外溢性。人类需求的介入是造成冲突发生的关键，协调人地关系则是解决冲突的核心途径。基于此，相关学者从冲突的类型、阶段与级别出发，分别构建了三类理论模型以指导实践应用（王蓓等，2024）。

土地的多功能性源于人类在特定时间、空间的不同使用需求，人类采用某些特定的土地利用方式后改变了土地结构，产生了不同功能类型的土地利用冲突（图2.2）。

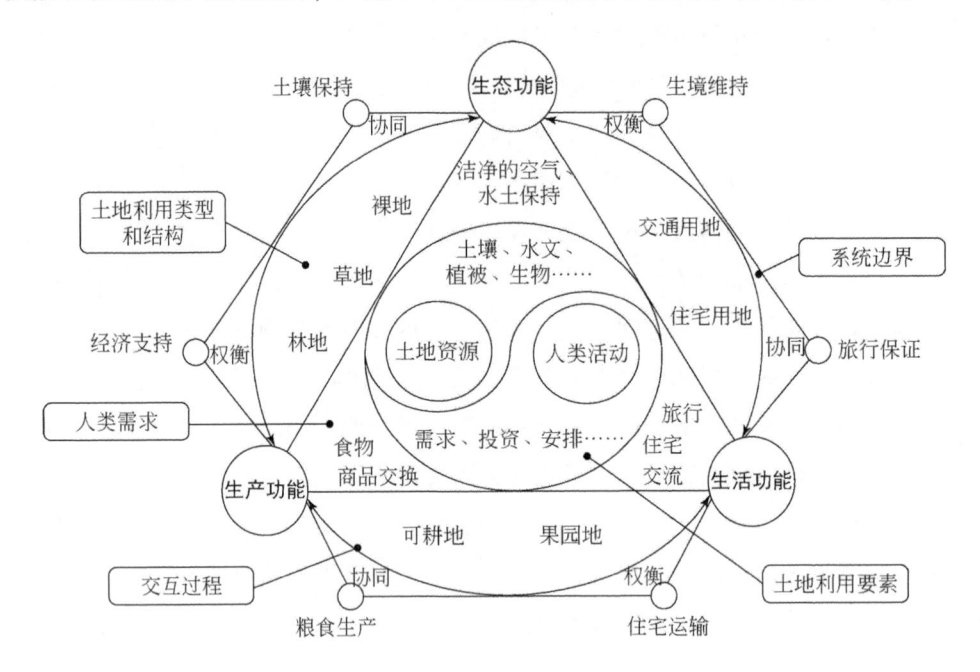

图2.2 土地利用多功能生成、评估的概念框架（王蓓等，2024）

一般来说，国土空间多功能之间的作用形式有三种（图2.3）：①拮抗作用，即某一种国土空间功能的出现或增强会对另一种功能的发挥产生抑制作用。当这种拮抗作用强度达到一定程度就表现为功能间的冲突，主要发生在具有相当价值的功能之间由于相互竞争而引致。②协同作用，即某一种国土空间功能的出现或增强会对另一种功能的发挥产生促进作用，这种协同作用也可被称为功能间的互补。③兼容作用，即国土空间多功能之间的相互作用关系微弱或者不存在作用关系。在社会发展初期，生产力水平比较低下，人类对自然界改造能力有限，一定区域尺度上的国土空间系统所表现出的功能总量较小，多功能之间的相互作用强度微弱，主要以兼容作用为主。随着生产力水平的提高，人类利用自然的能力逐渐增强，不同利益主体为满足自身发展需求，对有限的国土空间资源竞相利用，功能间的相互作用关系开始增强，当各利益主体在积极提升特定功能优势时，其他功能就会被压缩，此时国土空间多功能之间便发生冲突。随着空间冲突的不断加剧，政府通过各类空间规划和管理措施，来规范不同利益主体的空间开发行为，调节各种功能间的作用关系，以缓解区域内国土空间开发利用过程中的多功能冲突，此时，功能间的协同作用便逐渐凸显。因此，国土空间多功能的相互作用表现为"兼容—拮抗—协同—兼容—拮抗"的动态循环过程，空间冲突是国土空间多功能之间复杂作用关系中重要一环。

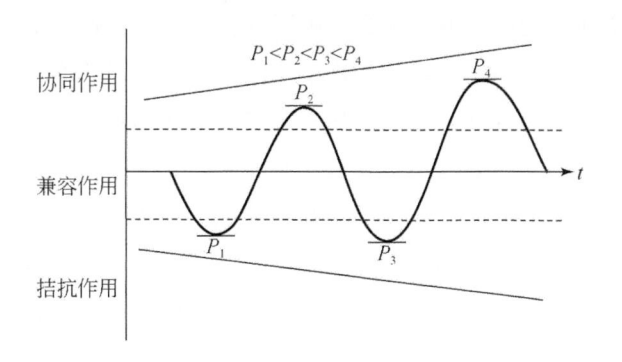

图 2.3　国土空间多功能之间相互作用关系

城镇空间、农业空间、生态空间是国土空间的三个重要功能空间，彼此之间相互联系、相互制约、相互影响。其中，城镇空间是城镇化建设的重要载体，既具有居民生活功能，也具有经济保障功能，一方面可以为农业空间提供工业和服务业产品，另一方面可以为生态空间提供经济技术支持，但城镇空间的不合理开发会造成农业空间和生态空间的丧失，其产生的大气污染、水体污染和土壤污染等问题会严重影响生态空间和农业空间的功能发挥。农业空间关系着人类生存和发展的基本条件，既具有农业生产功能，也具有一定的生态保护功能，一方面可以为城镇空间提供农产品和保障粮食安全，另一方面可以为生态空间发挥水土保持、水源涵养和生境服务等调节作用，但农业空间的不稳定会制约城镇空间的粮食供给功能和损害生态空间的服务功能。生态空间是城镇空间和农业空间健康发展的重要保障，发挥着重要的水源涵养、水土保持、防风固沙、生物多样性和气候调节等功能，通过保护生态空间、提高生态服务功能、改善区域生态环境有益于提升城镇空间居民生活品质，也有利于提高农业空间生产水平，但生态空间的系统功能退化、生态环境的日益恶化会约束城镇空间的发展规模、降低农业空间的生产质量。因此，国土空间可以被看作是上述三类功能空间的有机整体，系统内各功能空间之间为双向交互反馈关系，如果不考虑这种相互作用关系，过分强调任一功能空间的发展，都将会发生功能间的拮抗作用，最终产生空间冲突，进而引起整个国土空间开发利用与保护失衡。在绿洲这种各功能空间相互关系更加紧密的地区，单纯追求发展城镇、农业或生态任一功能类型空间，就会制约其他类型空间，从而激发空间冲突，对区域生态安全造成严重威胁。

2.3.2　空间冲突的演变规律

1. 空间供需动态变化过程

基于系统论的"要素-结构-功能"原理，不同功能空间冲突的发生必然伴随着空间结构的失衡，而空间结构失衡是由空间供需矛盾所引起，要揭示空间冲突的演变规律，必须全面解析空间供需关系的动态变化过程。随着社会经济的快速发展，人类对空间需求在不断增加，但空间资源稀缺性的存在是亘古不变的，尽管一定的空间要素流动和技术手段可以提升空间利用效率，但这并不足以从根本上解决空间稀缺性问题，空间总供给始终保持恒定不变，因此人类需求无限性和空间稀缺性将共同导致供需矛盾，不同利益相关者之间必然会产生空间竞争。人类对空间需求具有多样性，在本书中包括城镇空间需求、农业空间需求和生态空间需求，不同的社会经济发展阶段，人类对不同类型空间的需求程度在不断发生变化，相应的空间功能供给也处于变动之中，供需关系呈现出明显的阶段性改变（图2.4）。

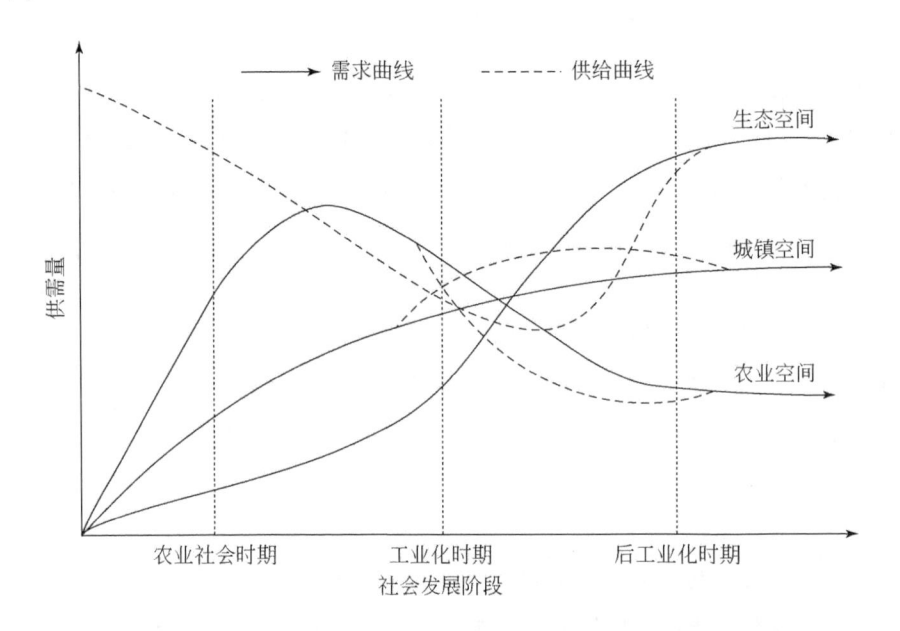

图2.4 城镇、农业、生态三类功能空间供给与需求关系变化趋势

一般来说，随着城镇化进程加快，城镇空间需求和供给都在快速增加，必然带来农业空间和生态空间的供给减少，当城镇化水平达到成熟期（城镇化率大于70%），城镇空间和农业空间的需求处于稳定，但对于生态空间的需求和供给在增加。这种类型空间需求和供给的主导地位的更替，正是空间结构演变的体现。就不同时期三种类型空间供需变化规律而言：①城镇空间的需求和供给随社会经济的发展变动轨迹在同步上升，两者变动方向一致。但在农业社会迈入工业化时期后，城镇发展处于粗放型的发展模式，严重侵占周边农业空间和生态空间，从而区域空间供给要大于空间需求，导致空间类型组合关系发生变化，产生空间结构失衡。到后工业化时期，城镇发展以集约节约为主，由城镇空间供需引起的结构失衡才逐渐转入均衡状态。②农业空间的需求和供给随社会经济的发展变动轨迹呈先上升后下降趋势，但总体上处于同方向的波动状态。在工业化时期之前，人类社会以生存需求为主，由于社会生产力水平低下，为了满足日益增长的人口基本温饱需求，不得不开垦大量的生态空间，使得农业空间的供给和需求同步增加，空间结构出现紊乱。进入

工业化时期以后，社会生产力水平得到极大提高，尽管人口的数量依然在不断增长，但是规模化的农业生产可以保障粮食的基本供给能力，同时由于这一时期快速的城镇化进程，农业空间被城镇空间开发大量占用，于是会出现供给小于需求的状况。直到进入后工业化时期，人口增长逐渐趋于稳定甚至减少，城镇化建设转向质量提升，对农业空间的压力逐步缓解，此时供给与需求趋于稳定，空间结构处于均衡状态。③生态空间的需求和供给变动轨迹明显区别于城镇空间和农业空间，随着社会经济的发展，需求轨迹一直在上升，而供给轨迹呈现先下降后上升的趋势，两者由异向变动逐渐转为同向变动。在进入农业社会以前，人类生存空间即为原始自然生态空间，人类的原始生存需求由自然生态空间供给。进入农业社会以后，人类对生态空间的需求虽然在上升，但由于城镇空间和农业空间的侵吞，生态空间的供给不断减少，总体上供给依然大于需求，但出现供需关系紧张局面。进入工业化时期以后，随着城镇空间的需求激增，导致生态空间的供给迅速下降，以至于到工业化后期，生态空间供给小于需求，出现"生态赤字"，从而产生空间结构失衡。进入后工业化时期，随着生态文明建设的持续推进，人类对生态环境保护的意识逐渐增强，一系列管控政策的深入实施，生态空间的供给得以保障，供需轨迹呈现同步上升趋势，空间结构关系得以缓解，实现可持续发展。总的来讲，随着社会经济的不断发展，不同类型空间的供需关系始终处于动态变化之中，如果不正确把握这种变化规律和特征，极易产生空间供需矛盾，出现空间结构失衡。因此，因空间供需关系变化引发的空间结构变迁，使空间冲突的发生、消亡处于动态演变之中。

2. 空间冲突动态演变过程

就冲突本身而言，它是利益各方对有限资源的竞争过程，这种竞争并不是瞬间发生的，而是伴随着不同利益体之间矛盾不断激化引发的，也就是说冲突的发生是一个过程，其发展演变具有阶段性。随着时间的推移，整个空间冲突演变过程将会随着国土空间多功能之间的作用强度而动态变化，呈现出一定的周期性。周国华和彭佳捷（2012）根据冲突的生命周期模型（或称倒U型曲线模型），按照冲突的抛物线轨迹，将空间冲突的演变过程划分为潜伏阶段、公开阶段和化解阶段，其对应的冲突可控性可以分为稳定可控、基本可控、基本失控和严重失控四个级别（图2.5）。

在空间冲突的潜伏阶段，国土空间多功能之间的相互作用强度较弱，空间结构配置有序，尚未引起功能的增强或受损，属于稳定可控级别；随着功能间相互作用强度不断增大，冲突的利益各方关系趋于紧张，发生冲突的端倪开始出现，逐渐影响国土空间开发与保护，但空间结构关系尚平衡，对区域整体发展并未造成负面效应，冲突可控级别在基本可控状态，冲突演变过程依然处于潜伏阶段，同时也是冲突调控的最关键时期，如果不采取有效措施加以控制，空间结构将会失衡；当功能间相互作用强度达到一定程度，突破基本可控级别的临界值，空间冲突就会从潜伏阶段转变为公开阶段，国土空间开发利用与生

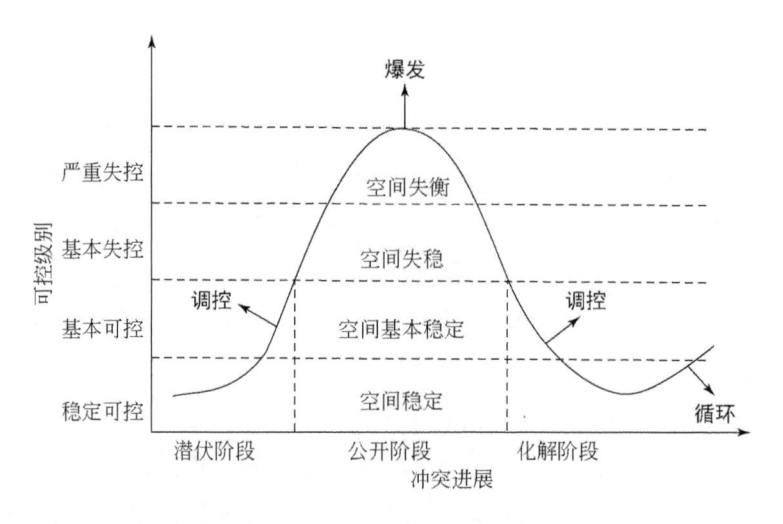

图 2.5 空间冲突的演变曲线

态保护的平衡状态被打破，冲突可控级别处于基本失控状态；随着各类空间冲突问题不断出现，空间布局配置混乱无序，空间结构比例严重失调，生态危机不断加重，生态环境问题频发，此时空间冲突完全爆发，可控级别上升为严重失控状态；当空间冲突引发的各类问题对区域可持续发展产生严重威胁时，一些空间强制调控措施开始强力介入，逐步调和空间结构关系，进而缓解空间功能相互作用强度，空间冲突演变过程转为化解阶段，使得国土空间开发秩序逐渐恢复稳定，空间冲突的可控级别调整至稳定可控状态，但这种调控往往隐藏着新一轮冲突的动因。随着国土空间资源的日趋紧张，利益相关者之间的竞争和均衡一直处于动态变化中，进而空间冲突的演变过程出现不间断的潜伏、升级、爆发、调控、化解再到升级、爆发等循环往复的周期波动曲线。同时，该波动曲线也随着调控成本的加大，曲线振幅变大，要使空间开发秩序恢复稳定，需要采取更加强有力的政策措施，本书划定城镇开发边界也正是在此背景下孕育而生。因此，基于对空间冲突演变过程的认知，为尽可能降低或延缓空间冲突的发生频率，应极力将其冲突强度控制在可控级别，也就是空间冲突发生的潜伏阶段，一旦空间冲突级别上升至失控状态，将会产生各类负面效应，并且调控和减缓的难度就会增大，整个国土空间的生态安全也将处于危机之中。

对于国土空间的任一空间功能，在与其他空间功能相互作用过程中表现出的冲突强度均存在差异，依据前述中的空间冲突演变过程，可将本书中的国土空间三类功能冲突强度划分为弱、中、强、最强四个层次（图2.6）。

在冲突发生的潜伏阶段，单一功能弱冲突逐步演变为双重功能和三重功能的弱冲突，当这种弱冲突中的任一功能冲突强度上升至中等层次，空间冲突即进入潜伏升级阶段，随之双重功能和三重功能之间的冲突强度也都出现中等程度冲突，但空间冲突的可控级别尚处于基本可控范围之内。随着三类功能空间相互作用关系不断加大，强冲突首先发生在任意单一功能，并且导致空间冲突的发生，随之冲突强度在双重功能和三重功能之间陆续升

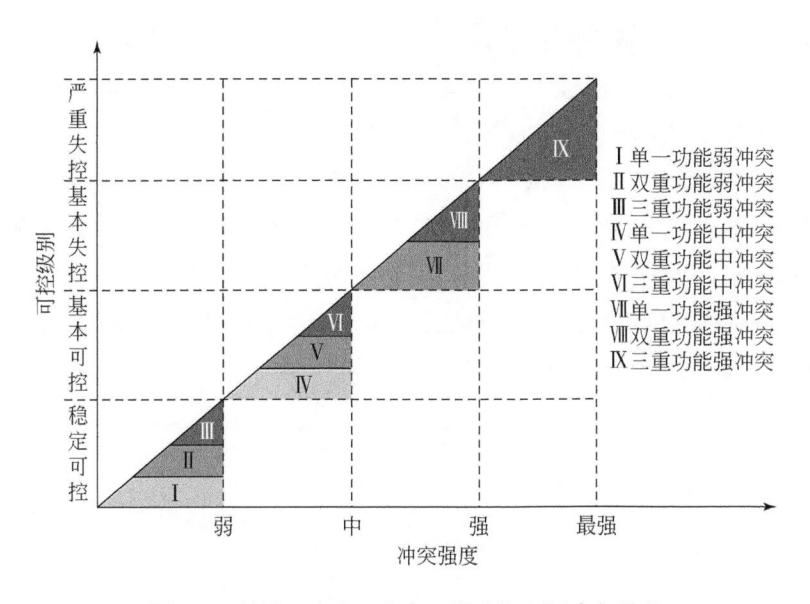

图 2.6　城镇、农业、生态三类功能空间冲突强度

级，空间冲突进入公开爆发阶段，以至于最后整个国土空间开发处于严重失控级别。总体上，随着三类功能冲突强度的不断升级，空间冲突可控级别呈现出阶梯式上升，为使其处于基本可控状态，必须将功能间的冲突强度控制在中等程度以内。因此，本书为避免空间冲突的发生，平衡国土空间开发利用与保护之间的关系，需要先研判城镇、农业、生态三类功能空间冲突强度所属等级，进一步识别空间冲突发生的潜在区域，即潜在空间冲突区域。

国土空间的农业、城镇和生态三类功能空间之间相互联系、相互制约、相互影响（图2.7）。农业空间是人类生存和发展的最基本空间，农业空间既具备生产功能，也具有一定的生态保护功能：一是为城镇空间提供粮食和农副产品保障，成为城镇兴起和成长的第一前提；二是为城镇化提供充足的剩余劳动力，成为城镇兴起和成长的第二前提；三是为城镇化提供充足的土地供给，也成为城乡空间冲突的诱因；四是可以为生态空间提供水土保持、生境服务等调节作用。农业空间功能的稳定健康发展会提升城镇空间功能和生态空间功能，功能间表现为兼容协同作用，但农业空间功能的不稳定会制约城镇空间功能的发挥，降低了生态空间的服务功能，功能间表现为拮抗作用。城镇空间是人类生产、生活的重要载体，既是一片居住空间和劳作空间，也是一片经济空间和消费空间。城镇强大的工业生产功能为农业空间供给的农副产品深加工提供了动力，诱导农业空间不断向基地化、规模化和标准化生产方向推进；强大的消费功能诱导农业空间不断向城郊农业方向转化；工业强大的服务功能不断向农业提供农业机械、化肥等生产资料，反哺农业；快速推进的城镇化为农业剩余劳动力提供了出路，但城镇空间的扩张不断挤占耕地，反过程影响农业生产功能；城镇空间功能的提升有利于修复受损的农业空间功能和生态空间功能，功能间表现为兼容协同作用，但城镇空间的不合理开发会侵占农业空间和生态空间，同时产生的大气污染、水体污染和土壤污染等问题会使农业空间和生态空间功能受损，功能间表现为拮抗作用。生态空间发挥着重要的水源涵养、防风固沙、生物多样性和气候调节等功能，为城镇空间功能和农业空间功能的正常发挥提供基础保障，通过加强生态空间保护力度，提高生态服务功能，有益于提升城镇空间居民生活功能，也有利于提高农业空间生产功能，功能间表现为兼容协同作用，但生态空间功能退化会限制城镇空间功能和农业空间功能的开发，功能间表现为拮抗作用。因此，国土空间可以被看作是上述三类空间功能的有机整体，各空间功能之间呈双向交互反馈关系，如果过分追求任一功能的发挥，均将受到其他功能相互抵制竞争的拮抗作用，最终产生空间冲突。

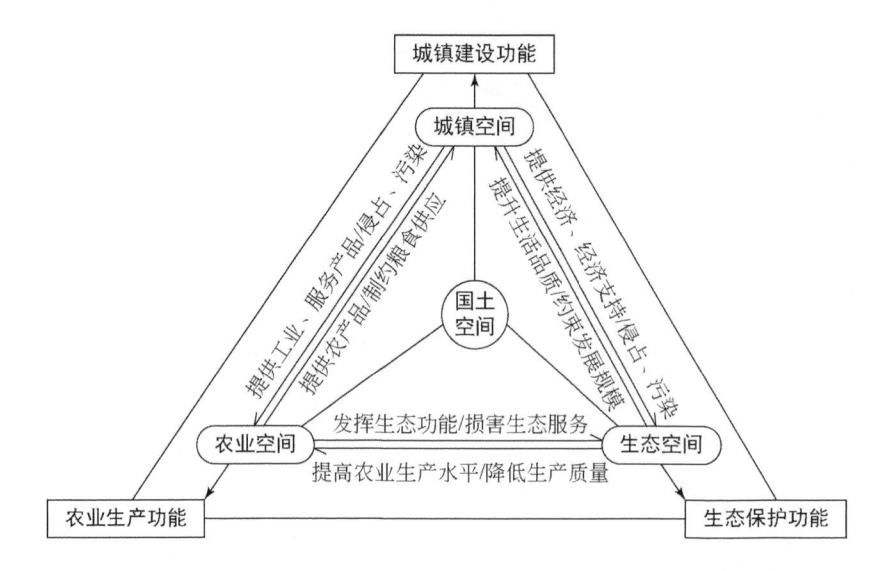

图 2.7　国土空间的城镇、农业、生态三类功能空间之间交互反馈关系

3. 空间冲突与生态安全

空间资源的开发必定引起区域空间结构发生变化，空间冲突通过改变空间结构，促使空间功能亦发生改变，空间冲突演变过程的实质是利益各方对多功能空间资源的竞争博弈结果，具体表现为一方空间功能的增强造成另一方空间功能的受损，进而导致整个国土空间系统的平衡状态被打破，改变了地球表面物质循环过程，诱发一系列生态环境问题，严重影响区域国土空间的生态安全。随着空间冲突发生的演变过程，生态安全也呈现出周期性变化，变化轨迹与其呈反向关系，即空间冲突越强烈，发生生态安全风险的可能性就越大（图 2.8）。

当空间冲突进展处于潜伏阶段，生态安全曲线处于最高点，随着空间冲突完全爆发，生态安全曲线也下降至最低点，之后一系列的空间管控措施使得空间冲突又恢复至稳定阶段，生态安全曲线也随之开始回升。但需要指出的是，受空间冲突调控难度的逐渐增大，生态安全曲线并不能完全回升至最高点，并且若国土空间所受冲突已经超过资源环境的承

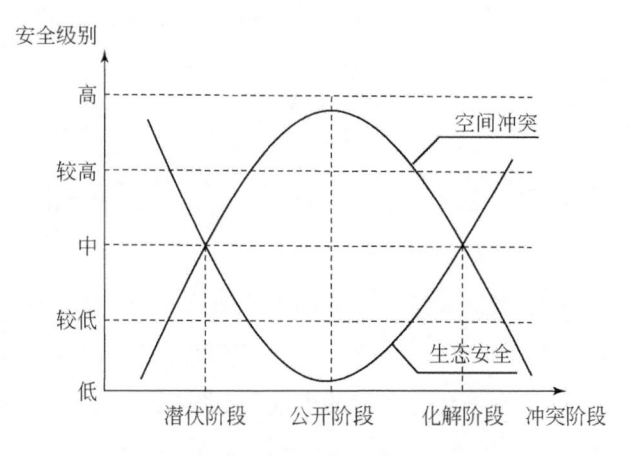

图 2.8 空间冲突与生态安全变化趋势

载能力，区域生态安全也很难恢复至理想状态，国土空间系统将面临崩溃的风险。

基于上述对空间冲突和生态安全的关系分析，本书对于国土空间的三类空间功能冲突水平的测算，可以通过区域生态安全状况来反映。空间资源开发对区域生态安全风险的影响越小，表明功能空间之间的冲突水平越低，反之亦然。因此，本书可根据该思路，借鉴景观生态学中的生态风险评价，来构建空间冲突水平测算模型，测度由空间结构变化所引发的功能空间冲突强度，以准确掌握当前绿洲地区国土空间开发利用的本底条件。

第 3 章

绿洲国土空间构成与特征

绿洲并非孤立存在的,绿洲系统强烈依赖于山地系统和荒漠系统,山地-绿洲-荒漠系统构成了一个复合的干旱区生态系统。在自然过程和人文过程的共同作用下,山地、绿洲、荒漠被内陆河串联,逐渐演化为链状的山地-绿洲-荒漠复合生态系统(MODS)、"共轭空间"和命运共同体。

3.1 绿洲的概念、特征与分类

3.1.1 概念

绿洲,又称沃洲、沃野、绿岛等。Oasis(绿洲)源于希腊语,古希腊人将利比亚沙漠中特别肥沃、富裕,可供"居住"(Oweh)和"吃喝"(Saa,科普特语)的地方称为Oasis。《辞海》将绿洲定义为"荒漠中水草丰美,树木滋生,宜于人居住的地方""一般见于河流两岸,泉井附近以及受高山冰雪融水灌注的山麓地带"。该概念强调了绿洲的生态景观和生活功能,以及空间分布位置。《地理学辞典》称绿洲为"荒漠中水源丰富,可供灌溉,土壤肥沃的地方",一般"分布在大河附近,洪积扇边缘地带,井泉附近及高山冰雪融水灌注的山麓地带,呈带状、点状分布"。该概念突显了绿洲的成因、位置和形态特征。《简明大不列颠百科全书》认为:"绿洲是沙漠中的沃土,终年水源不断。绿洲大小不一……有天然水或灌溉的土地。绿洲的水源大多来自地下;泉水和井水由沙岩含水层补给。"该界定依然强调了绿洲的成因。

随着人们对绿洲认知、研究日趋深入,对绿洲概念的界定也越来越丰富。张林源等(1995)认为:"绿洲是一种独特的地理景观,指在干旱荒漠中有水源,适于植物生长和人类居住,可供人类进行农牧业和工业生产等社会经济活动的地区……绿洲一般呈带状或点状分布在大河附近,洪积扇边缘地带、井泉附近及有高山冰雪融水灌溉的山麓地带。"陈隆亨(1995)认为:"绿洲是荒漠中水草丰美或农业发达、人类社会繁荣的地方。"韩德麟(1995)认为:"绿洲是荒原中有稳定的水源可供植物良好生长或人类聚集、繁衍的生态地理区域。"申元村等(2001)从机制和过程角度认为"绿洲是在干旱区域形成的一种地理过程与结果,是干旱地区具有稳定水源对土地的滋润或灌溉,适于植物(或作物)

良好生长，单位面积生物产量高，土壤肥力具有增强的趋势，适于人类从事各种生产及社会活动的明显区别于周围荒漠环境的独特地域"。

尽管不同的学者对绿洲的界定不同，但一般认为：从发生学角度讲，绿洲的形成是在以水文条件为主导的自然因素和社会经济因素共同作用并参与的结果（樊自立，1993；韩德林，1995）；平坦且深厚的土地、相对丰富的水资源以及适宜的光热是形成绿洲的三个基本条件（汪久文，1995）。其中，水是决定性因素，绿洲存在与发展取决于水（贾宝全，2007）；光和热有利于绿洲能量交换和物质循环；土和盐碱决定了植物群落的结构（潘伯荣，1998）。从宏观区位角度讲，绿洲一般分布在荒漠（半荒漠）地区，通常被大范围的荒漠包裹。从微观区位角度讲，通常分布在地下水溢出带、河流沿岸等。从景观角度讲，绿洲上一般发育中生、湿生或旱生天然植物，或通过人类种植形成人工植被，植被丰茂，与荒漠戈壁景观形成强烈的反差。从利用角度讲，绿洲经过人类长期开发，是灌溉农业和二三产业高度发达的地域，也是人口和居民点高密度分布的区域。

3.1.2 特点

由于研究视野和视域的不同，对绿洲特点的概括存在分歧甚至争议。王涛（2009）、赵广明和赵明（2000）等认为：①绿洲是干旱区特有的一种地理区域，它处于干旱气候控制下的沙漠或戈壁的包围之中，所以气候干旱是绿洲的显著特点之一，也是绿洲出现和存在与否的基本条件。②绿洲的存在与水源相联系。绿洲发育在水源、土壤、地貌条件组合较好的地区，一般在沿河两岸的滩地、川地、谷地，河流下游的三角洲、洪积扇缘地带，山前平原或盆地，高山冰雪融水灌溉的山麓地带。③绿洲被沙漠或戈壁包围的地域条件和依靠区外输水的特点，决定了绿洲生态系统的脆弱性和易变性。绿洲内"就地起沙"和边缘地带的流沙入侵较为普遍。人类不合理的利用（尤其是盲目开垦，滥砍滥挖等）会导致绿洲沙漠化，同时不合理的灌溉会造成绿洲耕地盐渍化，超采地下水导致地下水漏斗不断扩大，水位下降，从而造成天然植被大面积枯死。④虽然绿洲生态系统具有不稳定的特性，但绿洲内水、土、光、热资源组合和人口、技术、装备等社会经济资源配置齐全而优越，孕育着绿洲农、林、牧和城镇的高效生产。一般以为绿洲具有地域性、唯水性、相对孤立性、面积有限性、脆弱性、高效性等特征。

1）地域性

绿洲是大尺度自然地理分异的结果，一般被广阔的沙漠、戈壁包围，是干旱（半干旱区）特有的异质性景观。地球陆地表面由于水分条件的差异，存在沿海-内陆的经向地带性，形成湿润-半湿润-半干旱-干旱的干湿带地带性分异规律，或森林带-草原带-荒漠带的景观分异规律。受这种地域分异规律的底层影响，大陆内部形成以干旱缺水为基本特征、以沙漠戈壁为基本景观的"基质"，绿洲以"斑块"形式镶嵌在荒漠戈壁中，是大尺度的荒漠自然带背景上形成的以小尺度为标志的异质性景观，是一种自然地理环境"地方性分异"的结果。从全球尺度上考察，绿洲主要发育在副热带高压控制的地带和大陆内部，该区域不仅由于受下沉气流控制而降水稀少，而且由于太阳辐射强度大且蒸发力极强，所以形成了全球性的干旱带，该气候带荒漠戈壁分布广泛。从局地尺度上考察，绿洲发育在干旱区特定的空间上。无论从何种尺度上考察，绿洲都是地域分异的结果，是一种地方性的表现。

2）唯水性

"无水是荒漠，有水是绿洲"。绿洲的存在与水源密切相关，因此绿洲总是与河流、湖泊、泉水联系在一起。甚至是由外部的地表水、地下水或其径流的输入所形成。水是绿洲形成的先决条件，水量的多少、水质的优劣和水资源的时空分布格局从根本上决定了绿洲的规模和稳定性。韩德麟（1995）测算每养育 $1km^2$ 的绿洲需耗水 $54.20×10^4m^3$（包括地下水）。绿洲水源的补给主要来自河川径流补给、地下水补给等，其中河川径流补给是绿洲最重要的水分来源。受干旱环境的整体控制，几乎所有天然水来自于山地系统的大气降水，各种形式的地表水和地下水只是其存在和表现形式，山区降水的丰歉决定了河川径流的水文特征、地表水—地下水的转换过程，进而决定了绿洲的区位、规模及其稳定性。

绿洲规模因水资源大小而产生一定的限制，有限的水资源所能维持的绿洲与荒漠处在一个相对平衡的状态。绿洲规模取决于水资源量及其利用水平，由此产生了"适宜绿洲规模"的概念。据陈昌毓（1995）等的研究，酒泉、金塔、安西绿洲的实际水资源孕育现有绿洲尚有一定盈余，这些绿洲面积还可扩大，而玉门绿洲的实际水资源基本能保证现有绿洲稳定。曲耀光和樊胜岳（2000）研究表明，酒泉盆地和鸳鸯池盆地尚有余水 $0.58×10^8 \sim 3.15×10^8 m^3$，可新增绿洲面积 $10.70×10^4 hm^2$，但张掖盆地农田灌溉用水存在缺口。2010 年，黑河中游绿洲适宜规模为 $1759.12 \sim 2345.50 km^2$，适宜耕地面积为 $703.65 \sim 938.20 km^2$；2015 年，绿洲适宜规模为 $1836.26 \sim 2486.01 km^2$，适宜耕地面积为 $734.50 \sim 994.40 km^2$，预测 2030 年为 $2329.65 \sim 3153.99 km^2$。因此，目前黑河流域绿洲规模均处于超载状态，水资源难以支撑绿洲需求，为保持绿洲稳定，应该缩减绿洲规模。相反，石羊流域综合治理工程实施以来，生态输水工程的实施增加了民勤盆地绿洲可利用水资源量，因此一定程度上提升了民勤盆地适宜绿洲规模，由 2000 年的 $366.70 \sim 550.05 km^2$ 增加到了 2015 年的 $691.54 \sim 1037.31 km^2$，绿洲的稳定性也由濒临不稳定向稳定状态发展（李森等，2020）。

3）相对孤立性

绿洲是被大范围荒漠包围的异质性景观，一般呈斑块状、不连续状散布于干旱区特定的地表空间，是镶嵌在荒漠中的"绿色岛屿"，是"嵌块体"和"廊道"，具有显著的"孤岛效应"。在广袤的干旱地区，绿洲被沙漠戈壁分割成互不相连的小块。从景观生态上看，绿洲林草繁茂，生机盎然，植被盖度一般在 30% 以上，与四周的荒漠、半荒漠有着明显的界线。绿洲之间（尤其是上位绿洲和下位绿洲），往往被广袤的沙漠、戈壁分割，因此较难发生物质、能量传输，这也意味着当绿洲出现生态、经济等问题时，很难将压力传导、转嫁出去。只有使分散的绿洲网络化，才能使其有机结合起来，形成一个连片成网、结构合理的大绿洲经济系统（傅小锋，2000）。

4）面积的有限性

2020年全球绿洲面积为$1.92\times10^9 hm^2$，其中亚洲占77.3%（Cui et al.，2024）。中国绿洲主要分布在干旱区，面积仅占干旱区面积的5.0%。新疆地域广袤，土地总面积约160万km^2，其中真正供人类居住的绿洲面积只有12.80万~14.40万km^2，仅占土地总面积的8%~9%。2020年河西内陆河流域绿洲面积为30 071.71km^2，其中人工绿洲面积为17622.57km^2，约占绿洲面积的58.60%，且仅分布于河西走廊中部区域；自然绿洲面积为7278.38km^2，约占绿洲面积的24.20%，主要分布在各个流域下游河段周边及尾闾附近，以黑河下游和疏勒河下游分布居多；过渡带面积为5170.76 km^2，约占绿洲生态系统面积的17.20%，主要分布在走廊中部区域人工绿洲外围，以黑河流域和石羊河流域分布居多。（李森和颜长珍，2023）。这势必造成绿洲人类活动的高强度性，也意味着必须在狭小的空间内安排各类生产、生活、生态功能，加剧了各类功能冲突，协调的难度也加大。

5）脆弱性

脆弱性是指当系统受到内、外不利因素扰动时，系统内某一部分要素的有序结构和状态遭到破坏，形成无序的状态，子系统崩溃。由于系统间的相互作用，系统内的部分崩溃可能会引起相邻部分的崩溃，类似多米诺骨牌的连锁反应，系统的崩溃和无序如果不加以调控就会导致更大范围的崩溃。绿洲作为小尺度异质景观要与大尺度干旱基质背景相抗衡，本身就是以弱抗强，这决定了其被背景主宰的地位，受气候波动和地质作用变迁控制，结构简单，稳定性差。绿洲生态系统抗干扰能力弱，对全球气候变化敏感，时空波动性强，边缘效应显著。因不合理利用绿洲，带来绿洲机能退化的生态风险，以土壤盐渍化和土地沙化最为普遍。

6）高效性

与四周荒漠（半荒漠）相比较，绿洲土壤中的有机质处在累积之中，表现为正增长，绿洲土地肥力具有逐步提高的趋势，与荒漠化的负增长形成鲜明的对比，这也正是绿洲的本质特征。尽管绿洲在生态环境上存在着明显的脆弱性，但由于绿洲本身具有光、热、水、土诸因素的组合优势，从根本上决定了绿洲灌溉农业的立地条件，与一般农耕区相比，单位土地的产出非常高。也正由于此，绿洲成为干旱区内陆河流域的精华所在，成为人类竞相开发和争夺的"香饽饽"。从历史维度讲，高效的产出不仅给养了当地民众，而且满足了边防建设。从空间维度讲，被沙漠包裹的、呈孤岛状分布的绿洲成为东西方文化、经济、政治交流的一个个"中继站"，成为丝绸之路开通与延续的先决条件。从现代维度讲，正由于走廊绿洲的存在，成为现代交通、工业开发的重点和人口、居民点高度聚焦的空间场所。绿洲的高效性意味着开发利用的高价值性，也意味着相互争夺的激烈性和利益冲突的可能性。由于绿洲具有生态环境上的良好特性，具有水、土、气等资源的组合优势，对生命系统有较高的承载能力，因此为人类提供了较理想的生活空间。在其上，人类可以从事各种生产活动与社会活动，利用绿洲资源，繁衍后代，创造绿洲的精神与物质文明。

3.1.3 分类

绿洲有不同的分类标准和方案。申元村等（2001）等根据自然景观把绿洲划分为古绿洲、旧绿洲和新绿洲；按照自然资源和水供应的来源把绿洲分成内流式绿洲和外流式绿洲；根据地貌不同的部位，又细分为扇形地绿洲、干三角洲绿洲及湖滨三角洲绿洲。樊自立（1993）按照景观意义把绿洲分为冲积扇型绿洲、三角洲型绿洲、河谷型绿洲、湖滨平原型绿洲及冲积平原型绿洲等。韩德麟（1995）按人类活动强度和自然环境的影响程度划分为天然绿洲、半人工绿洲和人工绿洲。其中，天然绿洲是自然条件下形成的，人类活动对其无影响或影响微弱，主要分布在下游尾闾附近、河流沿岸。半人工绿洲是指人类经济活动起一定作用，或对天然绿洲进行某种加工的绿洲，如人类灌溉、放牧等。人工绿洲则是在人类开发经营活动起决定性作用下形成的，原有的自然生态系统已彻底或基本发生改变，如农田绿洲、城镇绿洲和工矿绿洲。

根据地貌类型部位、水土条件的不同，可将内流型绿洲分为扇形地型绿洲、冲积平原型绿洲和三角洲型绿洲（表3.1）。

表3.1 绿洲分类（张林源等方案）

名称	成因	特征	分布位置	典型绿洲
扇形地型绿洲	当河流或季节性洪水从山谷流入荒漠区，河床坡度骤降，流速变缓，水流分散并不断向下渗漏，挟带的大量碎屑物在出山口处堆积，形成平面形态呈扇形的洪积扇或冲积扇。洪积物以沙砾石为主，经过重力、水力分选，自扇顶至扇缘由粗而细	洪积扇上部坡度大，地表切割较深，有洪流细沟或冲沟，组成物质以砾石、粗砂为主，加之地表水大量下渗转化为地下水，故水土条件较差。洪积扇中部地面坡度变小，堆积物变细，以砂壤土为主。洪积扇下部及扇缘坡度更缓，为轻壤、中壤、重壤为主，同时地下水在扇缘溢出，成为地下水散流带	扇形地中、下部土质和水分条件最优越，多为老绿洲分布区。绿洲一般距河流出山口处不远。绿洲大多数开发历史悠久。至今仍是干旱区重要的政治、经济、文化中心和工农业生产基地	甘肃武威、张掖、酒泉、玉门和敦煌绿洲；新疆喀什、和田、阿克苏、库尔勒、玛纳斯和乌鲁木齐绿洲
冲积平原型绿洲	大河上游多为下切河道，至中下游地面坡度变小，水流变缓，沉积作用使河床淤高，以致河汊众多，摆荡不定，不塑造着沿岸的荒漠。洪水期泛流沉积作用加剧，河漫滩相细粒沉积发育，历经反复河泛冲淤，遂成大河冲积平原	平面形态一般呈带状。冲积平原绿洲地形平坦、土层深厚、土质优良、水源便利、宜于垦殖。以粉沙为主，土壤质地比较黏重，存在沼泽及盐渍化危害	分布在水量较大的大、中型内陆河两岸的阶地上	河西走廊黑河沿岸的临泽、高台绿洲，疏勒河沿岸的安西绿洲；新疆塔里木河上、中、下游段沿岸的绿洲

续表

名称	成因	特征	分布位置	典型绿洲
三角洲型绿洲	其形成方式及特点与扇形地绿洲大同小异	地势平坦，引水方便，唯水源不稳定中上游人类经济活动的影响	分布在大、中型内陆河尾闾的湖滨三角洲或散流干三角洲地区	民勤、金昌绿洲；金塔绿洲；楼兰古绿洲

资料来源：张林源等，1995

由于绿洲地貌分异、地面物质组成及水盐系统运动是绿洲坡面分异演化的基础。处在不同地貌部位的绿洲地面物质组成及气候条件各有差异，而土壤水盐运动系统决定了绿洲土壤发育的方向和水资源的利用方式（张林源等，1995），两者组合便决定了绿洲的质量和稳定度（张勃和程国栋，2003）。综合分析影响绿洲坡面分异的气候、地质构造和地貌演化、地表水和地下水水文化学性质、土壤性状和水资源供应状况等自然地理要素基础上，将绿洲划分为高位绿洲、中位绿洲和低位绿洲（表3.2）。

表 3.2 绿洲分类（张勃和程国栋方案）

名称	分布位置	基本特征	开发利用方向
高位冷凉型绿洲	分布在海拔 1700~2200m 的洪积扇上部	气候温凉，光能丰富，年均温为 5.8~2.8℃，年均太阳辐射为 5500~6093 MJ/m²，日照时数为 2592~2859h，≥10℃ 积温为 1040~2475℃，无霜期为 102~145d，年平均降水量为 192~368mm。地下水埋深大多在 100m 以上，矿化度在 0.2g/L 以下。以荒漠灰钙土、栗钙土、灌耕土为主，土层厚度多在 1.0m 以上，无盐碱危害，以中壤、轻壤为主，土壤有机质含量为 0.65%~1.77%	洪积扇上部有许多土地因水源所限尚未开发，是较好的荒地资源。该类型绿洲是最具发展潜力的一类
高位温和型绿洲	分布在海拔 1400~1700m 的洪积扇中下部	年均温在 5.8~7.0℃，年均太阳辐射为 6093~6208 MJ/m²，年日照时数为 2859~3088h，≥10℃ 积温为 2475~3225℃，无霜期为 138~149d。年均降水量为 88.0~195.0mm，年蒸发量为 923.4~246.0mm。气候温和、日照充足、辐射强、降水少、蒸发量大。土壤为荒漠灰钙土、灌耕土，土壤耕作层有机质为 1.15%~2.34%；地下水埋深 5~100m，矿化度为 0.2~1.0g/L	张掖绿洲、酒泉绿洲均属此类，是绿洲的精华所在

续表

名称	分布位置	基本特征	开发利用方向
中位绿洲	位于海拔1100~1400m的洪积扇缘泉水溢出带以下的冲积平原上	气候温暖，年均温为7.0~8.0℃，≥10℃积温为3225~3250℃，无霜期为170~180d，年降水量比高位绿洲明显减少，为60~110mm，年蒸发量增大，达2250~2540mm。地下水埋藏浅，一般小于5.0m，地下径流滞缓，在扇缘带有地下水溢出，地下水矿化度升高1~3g/L，既有水盐的水平运动，又有垂直交换，在地形低洼排水不畅的地区易发生盐渍化；以深厚暗灰灌漠土、盐化潮土、盐化土等为主，土壤质地以亚黏性和黏性为主	中游张掖盆地黑河沿岸小部分及临泽-高台盆地大部分及下游金塔盆地和鼎新盆地均属此类。该类型绿洲供水保证率较高，取水方便，易于灌溉、水热组合较理想，是开发最早的地区之一，在历史上一直是绿洲分布的重心所在，绿洲空间形态多呈带状沿河分布，易受盐渍化危害，稳定性稍差
低位绿洲	分布于河流尾闾的干三角洲及湖积平原上，海拔900~1100m	气候干旱，日照充足，热量丰富，年日照时数在3300h以上，年均温≥8.2℃，≥10℃积温为3542~3695℃，年降水量为38mm左右，年蒸发高达3506mm，是整个流域的积盐中心、高温中心和干旱中心。地下径流停滞，水盐运动以垂直交换占绝对优势，自然状态下，地下水完全靠垂直方向的蒸发、蒸腾消耗，地下水埋深1.7~5.6m，地下水矿化度为1~3g/L	绿洲灌溉水源除开采地下水外，还依赖于中游的灌溉余水，其稳定度和规模大小不仅取决于自身对水资源利用的程度，更依赖于上游来水量的多少，上游水资源开发利用的程度直接关系到它的兴亡，因此稳定性最差。这里曾经是古天然绿洲分布区，但随溯源上移，其中心地位早已不复存在，目前是以畜牧业为主的天然绿洲

资料来源：张勃和程国栋，2003

3.2 绿洲国土空间构成

3.2.1 构成

绿洲作为荒漠内部地域分异的产物，除了其所在纬度位置和海拔固有的光热条件必须满足植物（包括农作物）生长的需求外，水和土也是两个不可缺少的物质基础。一方面，由于荒漠盆地和平原是径流散失区，本身不可能产生地表径流；另一方面，就地风化物在绝大多数情况下只能是岩屑和沙，而不可能是土状物质。因此，地表水、浅层地下水和土状物质都必然以相邻山地为供给源。从山地进入平原的河流就成为这些物质最主要的供给渠道。河水、泉水、浅层地下水及细粒沉积物的结合，使一些地段植物生长繁茂、成土作用加速，形成天然绿洲。这表明，荒漠内的绿洲与干旱区山地有着依存关系，两者实际上构成了一个统一的系统。在人类活动和自然过程的共同作用下，高山、绿洲、荒漠为各个河流所串联，逐渐演化为链状的山地−荒漠−绿洲复合生态系统（任继周和侯扶江，2010）。盆地系统中物质、能量和信息流动最频繁，是生物产出量最高、承载力最大的系统。山地系统及荒漠系统不断地向绿洲系统输入物质、能量和信息，并且经过一系列物理过程、化学过程及生物过程得到转化（王让会，2001）。绿洲不仅得到了山地系统的水分的滋润，还得到荒漠（沙漠、戈壁）增温效应的热量熏陶（张凤华和赖先齐，2004），使山地−绿洲−荒漠之间具备了物质、能量、信息的联系，但彼此间又有明显的差异，从而构成一个特殊的系统（张凤华，2011）（图3.1）。

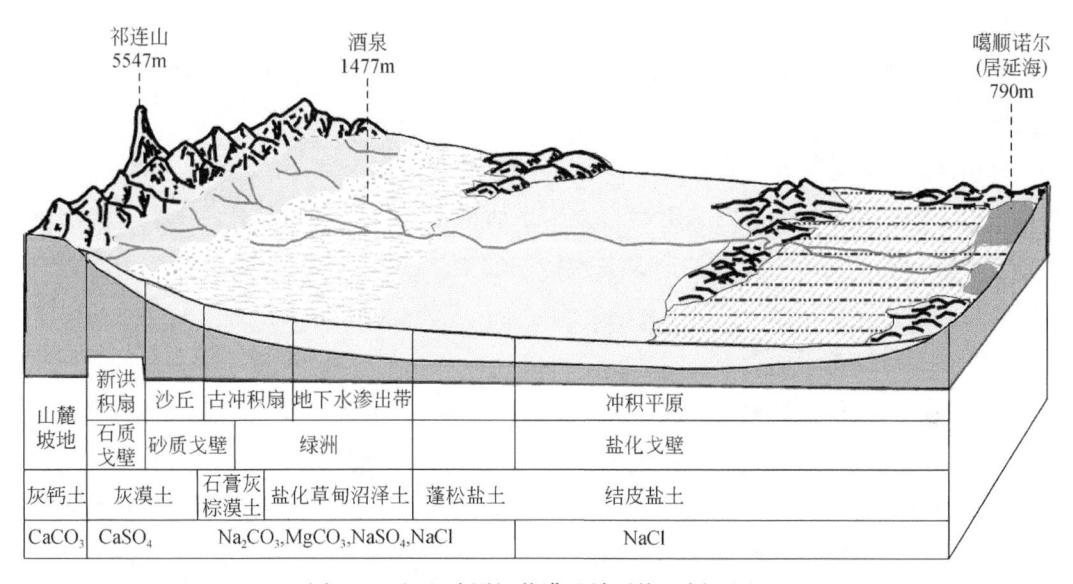

图3.1　山地−绿洲−荒漠地域系统（剖面图）

黑河流域自南向北分为祁连山山地、中部走廊平原、合黎山山地三大地形区。南部祁连山地海拔为3500~5547m，山体高大雄伟，山脉连绵，沟谷纵横。海拔4800m以上终年积雪，冰川发育；4300m以下林丰草茂，广布大片原始森林和天然牧场。中部走廊平原海拔为1260~2500m，地势由东南向西北逐渐倾斜，开阔平坦，土地肥沃，为绿洲农业区。北部合黎山系海拔为1600~3000m，山势大部低矮，南陡北缓，岩石裸露，植被稀疏（张志纯和何成才，2007）。

1. 南部祁连山山地系统

中国绝大部分绿洲的形成都与干旱区的山地有关。没有山地，就很难发育绿洲。山地对绿洲的发育的巨大影响之处，不外乎地质构造复杂和地貌类型多样，气温因"趋冷"而偏低，降水量因"趋湿"而偏多，垂直景观分异明显（申元村等，2001）。山地对绿洲形成的作用主要表现在以下几个方面：一是向盆地平原输送地表水和地下水，绿洲的水源，无论是地表水还是地下水，都来自盆地边缘山地。因此，绿洲是整个盆地地域系统中与山地关系最密切和最直接的地域系统。二是作为侵蚀区向盆地平原提供极为丰富的细粒土状物质即绿洲土壤的成土母质。土、水结合有利于植物生长，导致天然绿洲的发育（申元村等，2001）。三是地域屏障、分隔作用。高大、绵亘不绝的山地，对北方冷气流的南下起着屏障作用；地域间隔作用使所有近东西走向的高大山系都成为高级自然区域间的界山。河西走廊南山故为蒙新干旱区与青藏高寒区的分布线，北山则是河西走廊西端温带与暖温带的分界。即使是同一山系中的部分重要山脉，也具有典型的地理分隔作用，正由于此，形成干旱区典型的、相对独立的内陆河流域，各流域内的绿洲呈分散、孤立状态。干旱区内陆河水系，由源头到尾闾都要流经山区、山前洪积-冲积倾斜平原、冲积或冲积湖积平原、沙漠等地貌单元。

祁连山山地由几条大体平行的山脉组成，山、谷相间，地貌类型有高山、中低山和山间盆地。

高山区：主要分布在肃南、民乐和山丹县境内，面积14 046km^2。自东向西由冷龙岭、走廊南山、托勒山、托勒南山等山系组成，是加里东运动期褶皱上升成山后，经海西运动、燕山运动和喜马拉雅运动，形成强烈切割的褶皱断块上升的高山地形。山巅常年积雪，北坡陡峻，南坡较缓。是各主要河流的发源地，也是河西走廊地表水资源的主要产流区，是河西走廊灌溉农业之本。

中低山区：主要指榆木山、东、西牛毛山，大黄山、九条岭及盖掌大坂地区和祁连山前山地带，总面积为7672km^2，主要分布在肃南、高台、张掖、民乐、山丹县境。是由加里东运动褶皱上升，后经中、新生代历次构造运动加强形成。山体走向大体呈北东南西向。祁连山前山带海拔一般2000～3800m。中低山域以浅低山和中山为主，局部为浅低山和高丘陵。浅低山围绕中山分布，山势高峻，山体绵延，峰高林密，适宜林牧业生产。但受人类活动影响较大。

山间盆地：总面积2783km^2，气候温凉，土地肥沃，水草丰茂，是最佳的天然牧场。

西北干旱区第四纪盆地主要是在中、新生代盆地基础上发展而成，形成盆地系统，般可分为前山带山间断拗盆地和山前断拗盆地两大类，前者规模较小，后者规模较大，居主导地位。盆地构造主要受区域深大断裂和新构造作用控制，具有明显的方向性和规律性。每条河流一般要流经2～3个盆地，形成由盆地系统构成的一个统一的水文系统（表3.3）。全流域的水循环系统和水资源系统，均受盆地系统的制约（陈梦熊，1997）。

2. 中部绿洲平原系统

中部绿洲平原又称河西走廊平原，海拔1284～2500m，面积11447km^2，由张掖盆地、马营盆地和盆地南北两侧山前冲积洪积戈壁平原、冲积洪积细土平原、冲积细土平原组成，并以1.4‰的地形坡度由东向西垂降。地势平坦，土质肥沃，温差变化大，光热充足，水资源丰富。

表 3.3 黑河流域祁连山山间盆地

名称	位置	面积/km²	平均海拔/m	成因	特点	利用
黑河—珠龙关盆地	黑河、洪水坝河、珠龙关河上游	1549	3480m~4145m	南部由陶勒山山前断裂沉降、北部由走廊南山山前断裂沉降后经黑河、洪水坝河、珠龙关河冲刷、移动堆积面成	谷地东部宽阔平坦,以10%的坡度向东倾斜;中部呈楔形,东端开阔,西端收敛,以11%的坡度向西倾斜;西部狭窄,宽约2km~4km,以10.7%的坡度向西倾斜。谷地内第四系厚50m~150m,由卵砾石和亚砂土组成	由于谷地地势海拔较高,降水较多,气候阴凉,多数地区属于长年冻土区,夏季融冻形成高山沼泽。谷地水源充足,牧草丰茂,是良好的天然牧场和畜牧业基地
陶勒河谷地	位于陶勒河上游	937	3400m~3800m	第四纪以来,受谷地南、北两侧高角度逆断层影响,断块沉陷形成	约4~6km,基底为下古生界变质岩,第四系厚一般300~500m,由砂砾卵石、亚砂土和冰水湖积物组成。谷地东高西低,以3‰的坡度由东向西倾斜。在高大的陶勒南山隆升的影响下,谷地南侧山前地带形成坡度陡峻的洪积扇裙带,以17‰的坡度向北倾斜	谷地内气候冷凉湿润,降水较多,河谷密布,水草丰茂,是天然牧场和畜牧业基地
皇城河流谷地	位于东大河中游	295	2620~3200	由斜河和石桥河在皇城以南地区交汇形成河流冲积三角洲	是斜河和石桥河在皇城以南地区交汇形成的河流冲积三角洲。盆地第四系厚30m~100m。由沙砾卵石及亚砂土组成。地势平坦,南高北低,西高东低,地形以5%的坡度向北倾斜	气候温凉湿润,降水较多,水源充足,牧草丛生,为兴牧佳地

资料来源:张志纯,2007

(1) 山前冲积洪积戈壁平原:分布在张掖盆地南部祁连山前的石岗墩、柴岗墩、甘浚堡和龙首山前、榆木山前及红崖子、元山子一带,面积 5166km²。由洪水形成的山前洪积扇和黑河、梨园河、山丹河、马营河等较大河流出祁连山后形成的Ⅳ—Ⅶ级阶地组成,海拔 1450~2200m。北部龙首山山前地形坡度变化较大,一般为 58‰~87‰。

(2) 山前洪积细土平原:主要分布在山丹、马营盆地和民乐地区,海拔 2550~

3050m，以23‰的地形坡度向北倾斜，面积1231km²。土质肥沃，气候温凉湿润，降水丰富，植被茂密，杂草丛生，是优良牧场。

（3）走廊冲积细土绿洲平原：主要分布在黑河流域的张掖、临泽、高台等地，面积5050km²，海拔1300~1600m。由河流冲积的Ⅰ—Ⅲ级阶地组成。

干旱区内陆河流域的核心在于水，核心区域在于绿洲。正如家庭是构成社会的基本单位一样，灌区是构成整个绿洲的最基本单元。如果说天然绿洲是天然水系分布格局孕育的结果，那么现代绿洲则是人工水系定向控制的产物。也就是说，"水"的实际使用单位是"灌区"，而不是绿洲整体。也可以说，正是具有复杂互赖关系的一个个灌区，经过空间整合后，才形成了现代绿洲。灌区的面积决定了绿洲的规模，灌区的分布位置与空间组织关系决定了绿洲的分布格局与范围。要深入理解现代绿洲，就必须从宏观尺度转到灌区微观尺度上。

尽管在绿洲中，地表水与地下水存在着多次重复转换关系，以致用水量大于供水量，但总体而言，以"水"定"土"是基本格局，由于水资源供给弹性与土地供给弹性的不匹配，因此水资源的丰度和水系分布格局总体上控制了土地开发强度和开发方向。在人工灌渠系统的强烈控制与引导下，渠系的供水量（实际上是配水量）决定了灌溉面积的大小；灌渠延伸的方向也引导了灌区的拓展方向。从理论上讲，在自然潜力相同的情况下，灌区面积的大小决定了土地的产出能力，也就是决定着对人类的给养能力，进而影响聚落的规模与分布态势。因此，水-土-人-经济-居民系统是存在着高度的相互依存性和共生性。其中，一个因素超出合理的范围，都会深刻影响到系统的协调性与稳定性以及演替方向。

黑河流域现有13个大型灌区，其中甘州区有六个（西浚、大满、盈科、上秦、甘浚、乌江），临泽县有四个（平川、蓼泉、板桥、鸭暖），高台县有三个（友联、罗城、六坝）（表3.4）。

表3.4 张掖绿洲灌区类型

灌区类型	所属区县	灌区名称	依托河流
梨园河灌区	临泽县	梨园河灌区	梨园河
	民乐县	童子坝灌区、大堵麻灌区、酥油口灌区	童子坝河、大堵麻河等
	山丹县	马营灌区、寺沟河灌区、老军河灌区	马营河
沿山灌区	甘州区	花寨子灌区、安阳灌区	—
	高台县	新坝灌区	
	肃南裕固族自治县	明花灌区、大泉沟灌区、皇城灌区	
黑河灌区	甘州区	大满灌区、盈科灌区、上三灌区、西浚灌区	黑河
	临泽县	板桥灌区、平川灌区、沙河灌区、蓼泉灌区、鸭暖灌区	
	高台县	友联灌区、罗城灌区、六坝灌区	

由于这些灌区所依托的自然水系不同，又总体上可划分为黑河灌区、梨园河灌区和沿山灌区，因此各灌区除了面积、位置存在着差异外，灌区的串并联关系也不同。一般来说，沿山灌区由于依托相对独立的水系，水资源相对较少，因此灌区面积相对较少，结构相对简单，分布位置相对较高。而典型的黑河灌区，由于依托的是黑河干流，受总干渠、干渠、支渠的导引，各灌区之间存在着复杂的串、并联关系，对土地、人口和聚落的分布格局具有更复杂和深刻的影响。

3. 荒漠系统

绿洲形成的条件绿洲是荒漠、半荒漠地区在一定条件下形成的自然综合体。例如，黑河流域主要涉及巴丹吉林沙漠和腾格里沙漠。

3.2.2 耦合关系

系统的功能取决于系统结构。自然因素（气候、水文、资源、地形地貌等）与人文因素（经济、政治、人口、文化等）多要素在有限的地域关联耦合在一起，形成具有复杂关联的有机反馈的统一整体。以绿洲环境为物质基础，人类社会尺度为驱动，与环境不断进行物质能量交换、互相影响作用并适应成新的复杂巨系统（Gunderson and Holling，2001）。其结构和功能随着社会变化不断更新变化，大尺度自然层次与相对小尺度社会层次嵌套的复合体。绿洲并非孤立存在的，绿洲系统强烈依赖于山地系统和荒漠系统，山地-绿洲-荒漠系统构成了一个复合的干旱区生态系统（陈曦和罗格平，2008）。

系统耦合可以多途径解放系统中的自由能而增加系统的生产力（任继周和万长贵，1994）。系统耦合过程中，既有正向催化作用（正反馈），又有负向催化作用（负反馈）；任何系统，非平衡态是绝对的，平衡态是相对的、偶存的。从系统发生学的观点来看，系统之间的亲缘关系越远，其位差潜势越大。复杂系统比简单系统总体功能较为稳定。从超循环的系统耦合理论看，整体的稳定正是由于多种局部的不稳定成分的不断变化、调节形成的。不同等级的系统耦合，产生不同等级的耦合系统，形成等级系统。它既有其等级结构特性，也有其调控特性。高一层的调控，可以有选择地忽略下级系统的某些细节，以施行较为简约的控制。

作为"山地水库""生态半岛""气候湿岛"的祁连山，通过石羊河、黑河、北大河、疏勒河、党河等水系将祁连山山地系统与河西走廊绿洲系统链接起来，共同构成了祁连山-河西走廊"生态地理综合体"。祁连山山地系统和河西走廊绿洲系统在空间功能上耦合，在空间结构上嵌套，是一个具有明确互补性的复合地域单元。河流水系一头连着祁连山牧区，一头连着河西走廊农区，通过生态系统服务流作为"纽带"构成了一个典型的"共轭空间"（乔斌等，2023）。

高大山体众多，形成了明显的垂直地带分异性。5000m以上的山体储存有大量的固态水体（积雪与冰川），不仅为广大西北干旱地区提供了局部改变干旱状况的稳定水源，同时也为改变西部地区地表沉积物特征及地貌特征起着重要作用，成为内陆冲积平原、三角洲、山前洪积平原及细粒沉积物的主要塑造者与携带者，对我国西部地区绿洲的形成与发展起着关键的作用。

干旱内流盆地水资源有其独特的形成演化模式，主要形成于山区、耗散于平原。水资源以降水、冰雪融水、地表水径流、地下水等多种形式存在。由于第四纪以来祁连山等地槽褶皱带的强烈隆起，形成海拔4000~6000m的高山带，不仅拦截了可贵的水汽，还形成丰富的降水，成为干旱区极为难得的"山地水库""生态半岛"和"气候湿岛"。这是中游绿洲得以存在的根基。山区的湿岛作用一方面得益于降水较多，另一方面也得益于山区草地、森林的涵养水源，保证了河流的相对稳定性。然而，随着山区人口的快速增长→牲畜等的急剧发展→草地严重退化（牧草生长量减少40%~60%）→水源涵养功能下降→水土流失严重等一系列的恶性循环，其水源涵养能力下降。

山地系统是盆地径流的产流区，山地向盆地内部的绿洲和荒漠系统输送了大量的地表水和地下水，各种矿物质被从山地运移到盆地内部，成为陆地表面物质循环的一部分。同时山地-盆地体系内的能量流动和信息传递也不断进行。这些物质流、能量流和信息流的传输与交换，使得绿洲得以形成、维持和发展。河西走廊山区的河川径流量约占全区水资源总量的93%，也反映出平原地区降水等其他补给来源的微不足道。

山地系统以林地和草地为主，绿洲系统以耕地和建设用地为主，荒漠系统以未利用地为主，山地系统以草地转耕地为主，绿洲系统和荒漠系统以未利用地转耕地为主（姚礼堂等，2022）。

山地系统中，地形位是形成山地结构和功能以及各种生态现象和过程的最根本因素，它通过改变位地条件（光、热、水、土、肥等生态因子）而发生作用。丰富多样的地形是形成环境异质性和生物多样性的基础。海拔引起的环境梯度，不仅使不同生态位的物种能够共存，也蕴藏着物种分化的基础。山地景观的形成过程和空间结构的垂直地带性变化，导致地表水、热状况发生明显分异，形成不同的自然景观，成为物质和能量的来源。

山地为盆地内的绿洲系统和荒漠系统提供了土壤成土的粒状物质，风化的岩石在地球重力、风动力及水动力的搬运下，被不断地运移到盆地内，从而形成盆地内土壤的成土母质。在干旱区内陆河流域，第四纪堆积呈明显的分带性，在山前槽状断拗带堆积巨厚的洪积相卵、砾石层，形成山前扇状倾斜平原或称戈壁平原；洪积相粗颗粒沉积逐渐过渡到砂砾与亚砂土互层组成的冲积-洪积或冲积层，形成地势平缓的冲积平原，由于该地段是主要耕地所在，或称绿洲平原；盆地基底由深槽逐渐变为平缓的斜坡，第四系也由厚变薄，冲积层逐渐过渡到冲-湖积或湖积相细颗粒堆积，形成以盐土为主的低平原，或称细土平原；第四系逐渐尖灭，或与第三系成断层接触。水文地质条件也相应呈现水平分带规律：

戈壁带（地下水补给带）→绿洲带（地下水溢出带，形成泉集河）→低平原细土带（地下径流带）→低平原盐土带（蒸发排泄带）（陈梦熊，1997）。

生态水文过程是联动各个系统的主线（图3.2和图3.3）。水是自然环境综合体中最活跃的因素，是自然界物质和能量转化的主要介质。西北内流盆地地表水与地下水同出一源，主要形成于周边山区，地表水与地下水相互转化强烈，最终耗散于盆地平原区（李文鹏，2022）。一般情况下，河西走廊的水资源，从祁连山中高山形成区到下游盆地湖积平原的消失区，地表水与地下水之间都要经过以下五个不同地带的转化。形成完整统一的"山区地下水—地表水—南盆地地下水—地表水（泉水）—北盆地地下水"水资源循环系统。

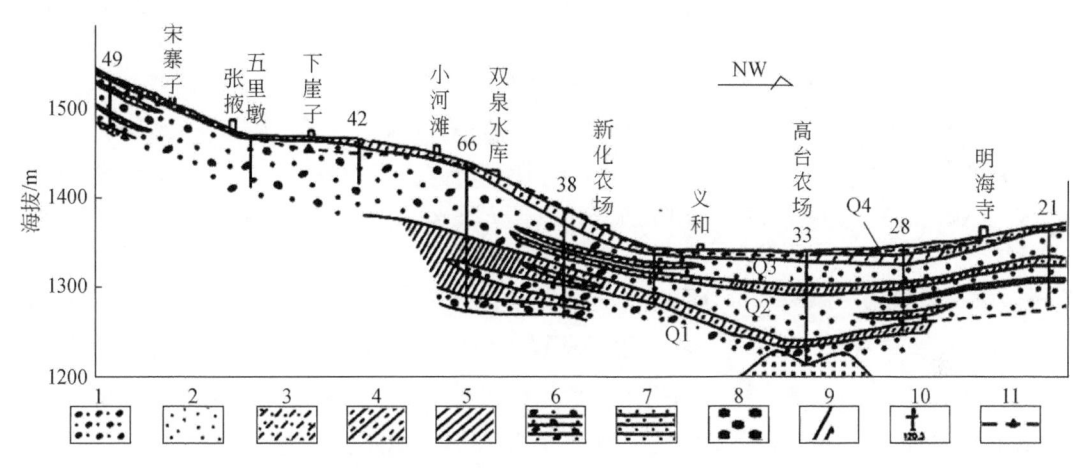

图 3.2 黑河中游水文地质剖面（聂振龙，2003）

1. 砂砾石；2. 砂石；3. 亚砂石；4. 亚黏石；5. 黏土；6. 砂砾岩；7. 砂岩；8. 花岗岩；
9. 断层；10. 钻孔编号及孔深（m）；11. 地下水位

地表水与地下水相互转化是西北干旱内流盆地水循环的显著特征。在天然状态下，自山区流入盆地的地表径流，其中80%~90%在流经山前戈壁带时渗入地下，转化为地下水；在戈壁带前缘，60%~80%的地下水溢出地表，形成泉集河流入绿洲，成为绿洲的主要灌溉水源，另一部分形成地下径流流入低平原，并通过潜水蒸发排泄。在绿洲，灌溉用水一部分回渗地下，形成回归水，可重复利用（祁晓凡等，2022）。每条河流自上游至下游，一般要流经2~3个相互连通、但被岩石峡谷分割的盆地，形成一个完整的水文系统。上游盆地的河流流入量经人为消耗以后，其剩余部分流入下游盆地，并重复由戈壁带至绿洲带端湖，形成上、中、下游各盆地共同组成的水循环系统。上、中、下游盆地，由于新构造运动的差异性，其强度由强到弱，因此盆地结构和水文地质特征也显著不同。上游盆地属山间盆地，新构造作用最强，山前戈壁带相对较宽，倾斜度很大，潜水位埋藏深；绿洲带相对较窄，地下水几乎全部在戈壁带溢出地表，转化为地表径流。中游盆地新构造作用较强，一般属山前断拗带所形成的主盆地，戈壁带、绿洲带及低平原带分布较宽，盆地

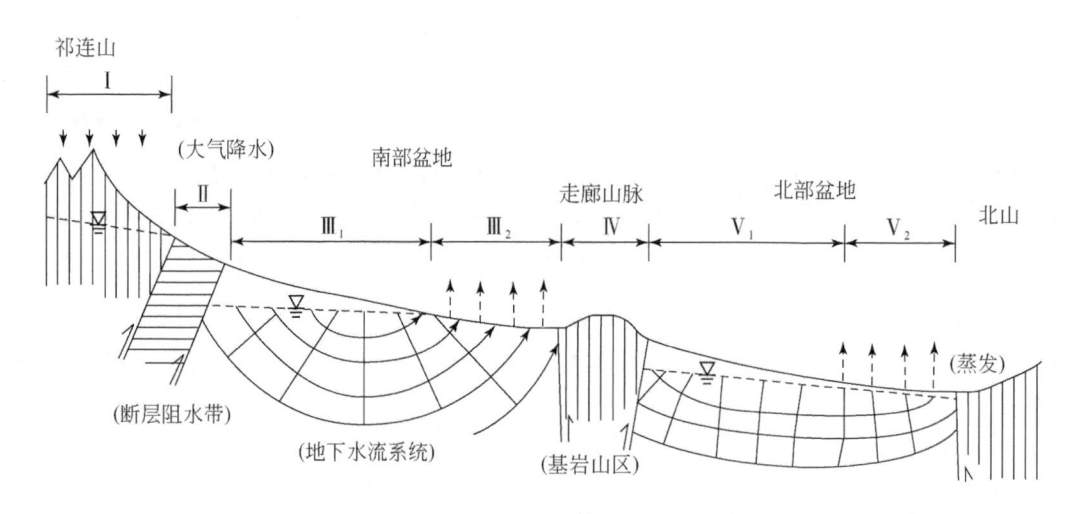

图 3.3 河西走廊地下水与地表水相互转化示意（丁宏伟和张举，2005）

Ⅰ. 中高山：地下水沿河（沟）谷大量排泄转化为河水；Ⅱ. 山麓丘陵：阻滞地下径流；Ⅲ. 南部盆地；Ⅲ$_1$. 洪积扇群带：河水大量渗漏转化为地下水；Ⅲ$_2$. 细土平原：地下水大量溢出转化为河水（泉水）；Ⅳ. 走廊山脉：阻隔地下径流；Ⅴ. 北部盆地；Ⅴ$_1$. 洪积扇：河水（泉水）再度渗漏转化为地下水；Ⅴ$_2$. 湖积平原：地下水蒸腾、蒸发消耗殆尽

规模较大，常被第三系断褶带分割成次一级盆地，或被隐伏断裂割切成隐伏盆地。山区河流90%左右渗入地下，绝大部分在戈壁带前缘溢出地表，形成泉集河。下游盆地新构造作用较弱，洪积扇发育较差，扇前溢出带泉流量相对较小，绿洲带的范围也相应较小；盐土平原则分布甚广，河流或地下径流最后流入封闭性的终端湖，成为全流域的主要排泄带。许多地区盐土平原形成地面粗糙不平的盐壳，或过渡到沙漠带（图3.4）。

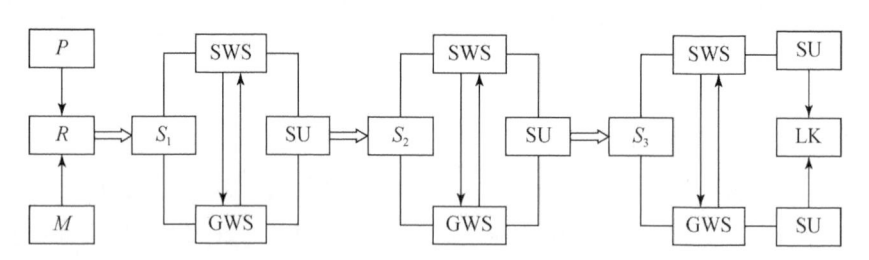

图 3.4 上、中、下游盆地水文系统示意图（陈梦熊，1997）

P 降水；R 山区地表径流；M 冰雪融水；S_1、S_2、S_3 各盆地河流流入量；SWS 地表水系统；GWS 地下水系统；SU 余水量；LK 湖泊排泄量

干旱区山前平原地下水具有典型的形成和分布规律，地下水与地表水之间存在着极为密切的相互转化关系，"径流与泉水、蒸发"相平衡的区域水均衡特点，河水、地下水、泉水三位一体的"河流—含水层"体系，地下水水文地球化学的分带性以及水资源的重复性。

山地是盆地径流的产流区，山地向盆地内部的绿洲和荒漠系统输送了大量的地表水和地下水，各种矿物质被从山地运移到盆地内部，成为陆地表面物质循环的一部分。同时，山地-盆地体系内的能量流动和信息传递也不断进行。这些物质流、能量流和信息流的传输与交换，使得绿洲得以形成、维持和发展。

黑河流域各河流进入河西走廊的地表径流中，约64.3%的地表水在第一循环带通过河渠渗漏转化为地下水，而这部分地下水的54.7%在盆地中下部又以泉水形式溢出，成为地表水流入河流，这部分水量约占进入第二循环带地表水的86.1%，进入金塔和鼎新盆地的地表水有21.3%转化为地下水；从鼎新盆地出口进入第三循环带，地表径流仅有9.28亿m^3，44.9%转化为下游盆地的地下水（丁文晖，2006）。

山地-盆地内，水分、盐分和固体悬移与推移物质从山地输入盆地。水分除部分通过河、湖、沼泽、地面蒸发与植物蒸腾返回大气层外，其余均可积存于盆地。盐分大量积累在盆地内，成为一种积盐环境，使全局性土壤含盐量偏高，局部出现盐生草甸、盐湖乃至盐漠。山地-盆地绿洲地域系统面积辽阔，纬向热量差异显著，热量特征的悬殊差异必然导致地带性植物种属、区系成分不同，作物种类及其熟制也相应不同。

黑河流域南部的祁连山区，地下水接受降水的渗入补给，自分水岭向谷地运动，在山区深切水文网的强烈排泄作用下，绝大部分就近排泄于河谷而以地表径流的形式流出山区。鹰落峡出山口的河流以河水及渠系水的形式大量渗漏补给地下水，由于洪积扇在山前地带表面均为粗颗粒物质，同时这一地带地下水埋深在100m以上，巨大的势能差及有利的入渗条件，使洪积扇带成为盆地最主要的补给区。张掖盆地的地下水在接收到补给后，在水平面方向以西北—北的方式进行径流。童子坝河山前民乐地区，由于土壤河流的水流量小，沉积物中细微颗粒性化学物质增加，影响了土壤内部含水层的渗透性，地下水的水力倾斜坡度可高达6‰~8‰，黑河-梨园河洪积扇区，含水层分选性好，渗透性能良好，补给量大，为盆地主要的补给区，水力坡度仅为3‰。地下水径流至洪积扇前缘，以泉水溢出，为盆地主要的排泄方式，集中排泄造成地下水水力坡度增大4‰~5‰。地下水径流至高台附近，含水层渗透性能降低，受泉水排泄及蒸发共同作用，水力坡度达6‰。由于上游祁连山区地下水补给量的减少，影响了中游盆地的地下水动态变化，多年水位动态趋势呈下降趋势。

山区河川径流量基本代表全流域的总水资源。由河流串联而形成的盆地系统，也是一个统一的水资源系统。因此，上、中、下游之间和农业、工业及城市生活用水，必须实行水资源的合理分配和科学管理，协调好水资源开发与生态环境和国民经济持续发展之间的关系，防止生态环境恶化。地表水与地下水是相互转化、不可分割的一个整体，必须充分利用两者相互转化的特点，统一规划、联合调度、综合开发、合理利用。农业灌溉用水实行泉灌、河灌、渠灌、井灌相结合的方针，因地制宜，建立合理的灌溉系统。严格控制修建地表水库，充分利用山前戈壁带天然地下水库的调节作用。

受径流蒸发和溶滤作用的控制，地下水水化学最重要的特征是自补给区至排泄区具有典型的水平分带性和垂直倒置分异规律（白福和杨小荟，2007）。从祁连山山前洪积扇顶部到冲积、洪积细土平原北部的盐沼（盐地），表层地下水的矿化度随着径流长度的增加而增高，由淡水过渡为咸水并达到卤水阶段，化学组分亦相应地由 HCO_3^--Na^+-Ga^{2+} 递变为 SO_4^{2-}-HCO_3^--Na^+-Ga^{2+} 型、SO_4^{2-}-Cl^--Na^+-Ga^{2+} 型直到 Cl^--SO_4^{2-}-Na^+ 型、Cl^--Na^+ 型，每个水化学带与一定的地貌单元相联系。垂向上在淡承压水分布的区域，上部潜水矿化度 $0.5 \sim 4.0 g/L$，下部承压水矿化度小于 $1.0 g/L$，且随着深度的增加矿化度降低（图3.5和表3.5）。

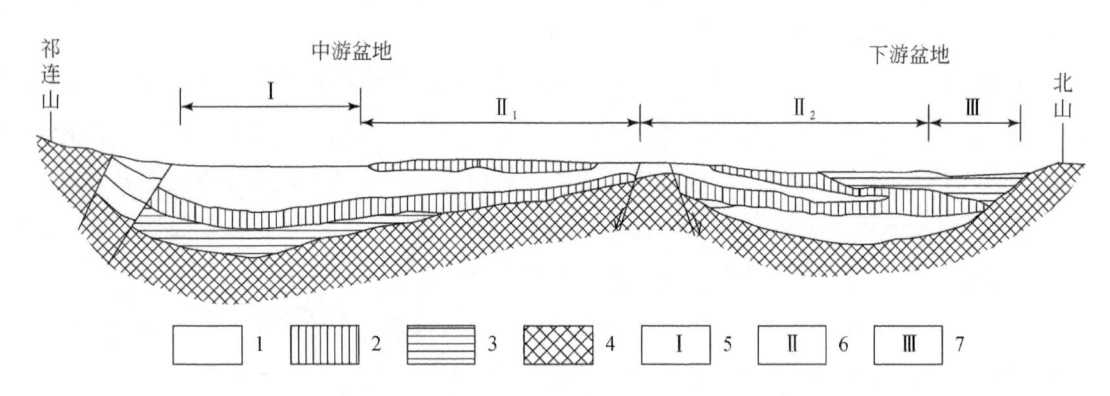

图 3.5 河西走廊水文地球化学分带模型图（丁宏伟和张举，2005）

1. 淡水；2. 微咸水–咸水；3. 咸水–卤水；4. 前中生界；5. 淡水带；6. 咸水覆盖下的淡水–微淡水带；7. 咸水带

表 3.5 河西走廊三大内陆河河水矿化度与水化学类型

河流		矿化度（g/L）	水化学类型
石羊河	上游	0.50~0.75	HCO_3^--$Ga^{2+}\cdot Mg^{2+}$
	下游（红崖山水库）	0.45~1.20	HCO_3^--$Ga^{2+}\cdot Mg^{2+}$，SO_4^{2-}-$Ga^{2+}\cdot Mg^{2+}$
黑河	上游	0.16~0.30	HCO_3^--$Ga^{2+}\cdot Mg^{2+}$，SO_4^{2-}-$Ga^{2+}\cdot Mg^{2+}$
	中游（正义峡）	0.58~0.74	HCO_3^--$Ga^{2+}\cdot Mg^{2+}$，SO_4^{2-}
疏勒河	上游（党河）	0.40~0.50	HCO_3^--$Ga^{2+}\cdot Mg^{2+}$，SO_4^{2-}-$Ga^{2+} Mg^{2+}$-Na^+
	下游（安西水库）	2.80~3.00	SO_4^{2-}-$Ga^{2+} Mg^{2+} Cl^-$-Na^+

资料来源：邬银梁等，2011

灌区上游至灌区下游，土壤含盐量逐渐增大。黑河中游灌区地表水与地下水主要水化学类型从东南向西北都经过了 HCO_3^--SO_4^{2-} 型向 SO_4^{2-}-HCO_3^- 型水，再向 SO_4^{2-}-Cl^- 型水演化的过程。主要支流山丹河与梨园河水化学特征不同，北山高矿化度水汇入，也部分影响着河流及地下水化学组成。地表水与地下水主要离子沿流程都不断增加，从而引起矿化度的增大。地下水矿化度最小值（小屯灌区 292.2mg/L）和最大值（宣化灌区 3448.3mg/L）表明了不同的运移规律和补给来源。SO_4^{2-}、Na^+ 是决定地下水盐化作用的主要变量，地下水在灌区运移的过程中，主要的水化学作用由溶滤作用为主转变为蒸发浓缩作用为主（邬银梁等，2011）。地表水的矿化度逐渐增大，在大满–小满–甘浚等河灌起始地段矿化度较小平均为 0.3g/L，是良好的淡水，Ca^{2+} 在阳离子的含量中达到 50% 以上，HCO_3^- 在阴离子的含量中也在 50% 左右，故而甘浚–乌江–新华水化学类型主要为 Ca^{2+}-Mg^{2+}-HCO_3^--SO_4^{2-} 型。在蓼泉灌区、平川灌区一带水化学类型因 Mg^{2+}、Na^+ 的比例增加而发生变化，水化学类型转变为 Mg^{2+}-Ca^{2+}-Na^+-HCO_3^--SO_4^{2-} 型水，矿化度达到 0.8g/L 以上；在接近正义峡的黑泉、罗城、盐池一带矿化度均超过了 1.0g/L 且逐步增大，达到 2.2g/L，转变为微咸水，水化学类型转变为 Na^+-Mg^{2+}-Ca^{2+}-Cl^--HCO_3^- 型。在石羊河流域的民勤灌区中，湖区灌区土壤含盐量明显高于坝区灌区和泉山灌区，泉山灌区又比坝区灌区更高（陈德文，2022）。土壤盐渍化程度由上游至下游递增。

水质还随着绿洲开发时间的长短，水资源利用方式的不同而变化。一般说，绿洲开发的时间越长，土壤次生盐渍化越严重。水源若用来改造盐渍化土壤（如洗盐、压盐），然后又将渗出的灌溉水排入河道，这无疑将使河水矿化度明显增高，水质变劣。

绿洲与荒漠相伴而存在，没有荒漠与半荒漠也就没有绿洲。干旱区山地–绿洲–荒漠系统（MODs）的耦合关系，通过系统之间以及要素之间界面的过程表现出来。物质、能量和信息流相互渗透和相互作用、相互反馈作用中，孤立、封闭、自流、无序和退化状态被打破，朝有序进化，总熵增加。

绿洲生态系统在 MODs 系统中处在核心地位，绿洲虽然只是处在大片荒漠基质中的斑块体，但却是三大系统中最为活跃的。三大系统都存在着有机、无机和生命的共存与相互转化，但绿洲系统中物质流、能量流、信息流最频繁，关系最复杂，变化幅度也最快最大。

山地系统与荒漠系统中的大量物质、能量都被绿洲系统所吸收转化，绿洲系统的发展演变直接影响到山地系统和平原荒漠系统的运行，甚至起着决定性的作用。绿洲系统与山地系统、荒漠系统相辅相成，其中绿洲系统起着主导作用，原因在于绿洲系统中有人这个最积极最活跃的主宰因素。然而，绿洲系统也必须依赖于山地系统和荒漠系统，要以山地系统为依托，以荒漠系统为屏障和后备基地。

沙漠系统是一个干旱缺水、生态脆弱、盐分聚集的区域。荒漠生态系统相对绿洲和山地系统具有结构简单、稳定性差、生产力低的特点。荒漠生态系统中，植被种类比较少、物种的结构和功能都很简单、生物作用微弱、气候干燥、降水稀少、蒸发强烈、植被贫乏，同时地面温度变化很大、物理风化强烈、风力作用活跃、地表水极端缺乏、多盐碱土，生境条件严酷。

MODs 系统界面上物质、能量与信息的分布特点、变化特征、作用方式与相互关系，直接制约着 MODs 的结构与功能（王让会等，2004）。山地–绿洲生态系统的界面主要反映在山前冲、洪积扇与绿洲和山地交错的外围区域。存在于空间的一切物质和能量都在不断地变化和运动着，随着时间的变化，所获取的事物的动态信息，可以反映物质和能量的形态、结构、状态和特征。内陆河有时充当着绿洲系统与荒漠系统之间交界面的角色，界面上水资源时空格局的变化以及水质的劣变，不利于一系列生态过程的正常进行，最终导致了系统的不稳定性，加重了干旱环境的严酷性（王让会等，2004）。在 MODs 中，水是联系及沟通它们之间关系的最直接、最明显、最有生态价值的要素。各种水分的赋存形式，包括大气水、地表水、地下水、土壤水、植物需水等，其相互转化过程中，存在着极其复杂的关系。在转化过程中，不仅是水分要素本身量的变化，更重要的是相关物质及能量与信息的传递及转化。系统中生物与环境通过水分要素的调节，极力维持着各自的结构，保障功能的发挥及彼此间的协调。

山地-绿洲-荒漠系统的结构不仅构成了河流上、中、下游的热量、降水、光照等气候资源的带状分异规律，同时还构成土壤资源的带状分异规律，并且资源分异的规律性也是比较一致的。组成系统的不同资源相互耦合，产生不同功能的耦合系统。即在不同生态资源（光、热、水、土等）的组合中伴随着能量物质的相互作用，导致生态功能的放大，这是一种初级阶段耦合效应的反应。当然这些初级特色资源必须与技术、市场特色结合，才能将自然优势真正地转变成经济优势。

通过系统耦合将三个复杂的生态地理区域构成耦合系统，绿洲子系统居于系统的中心，成为该系统的能量集中和交换的中心，它不仅表现了本身较高的生产力，还可大幅度提高周围荒漠子系统和相邻山地子系统的生产力。

绿洲是山盆系统中生态优良、生产功能最强的生态-生产-生活系统，随着科学技术的输入，绿洲区农业生态系统格局和效益日趋合理与完善，干旱区农业经济的体现最终是绿洲农业的体现。同样，人为不合理的干扰，导致绿洲生态系统趋于退化，如何保护生态又要发展经济是目前绿洲农业发展面临的现实问题。

3.3 绿洲国土空间演化与冲突

不同的空间对人的生产、生活适宜性和限制性不同，导致人对其赋予了多重功能和价值取向，由此形成了不同的功能空间。国土空间功能的概念基于人的需求、认知和感知而形成，无法独立存在。如人们对森林的认知过程一样，从最初的狩猎场所到后来的生态屏障和生态源地，空间价值和功能的转换，既蕴含了人的认知，也折射出不同时期人的需求。

自然原生空间是人类生存和发展的物质基础，她与人类社会共同形成了一个生命共同体。自然原生空间作为一切生命活动的本底空间，是整个循环系统动力的策源地，所以保护自然原生空间是国土空间规划的根本所在。

人类社会经历了原始社会、奴隶社会、封建社会、工业社会以及当代社会的变迁历程，不同社会阶段的形成是社会生产力与人地关系不断发展成熟的结果。随着社会生产力的发展和人类对自然原生空间的深度认识，人与自然原生空间的关系经历了依存、开发、掠夺、和谐四个阶段：①依存关系，在生产力水平极低的原始社会，人和自然是一种依存的关系，人依附于自然；②开发关系，随着生产力水平的提高，青铜器、铁器的使用及至农业、畜牧业出现后，人类开始开发利用自然资源，改变自然，使得这种关系进入了开发阶段；③掠夺关系，随着科技进步和生产力水平的进一步提高，近现代大工业生产出现后，人类的自信心和对生存环境的不满足感，驱使他们去"征服自然""统治自然"，毫无节制地向大自然索取、掠夺，在这一时期，掠夺性地开发资源，一方面对大自然造成破坏性的灾难，另一方面也导致大自然对人类的报复与惩罚；④和谐关系，人类终究是有理性的，当这种掠夺式的开发难以为继时，人与自然的关系进入了一个新的境界——人与自然和谐相处。

在人与自然原生空间交互过程中，人根据自身的不同需求逐步开发利用自然，基本过程是从初始单一需求下形成的单一空间，通过需求赋能后，单一空间裂变为多维、多功能空间，形成丰富多元的不同内涵的空间结构。

人对自然基底的认知随着知识结构、审美和社会需求的不同而具有差异。在生产力水平极其低下的原始社会，复杂多变的自然环境对人的生存是巨大的挑战，食物充足、危险较少的区域是当时人们最倚重的空间。国土空间基本由自然空间组成，自然属性具有决定性，人只是被动地接纳和依附。随着畜牧业、手工业与农业的分离，人类从原始社会步入传统农业社会，固定、半固定的居民点（或是城市雏形）形成，导致生活、生产方式发生了根本性变化，人对空间有了定向选择性。灌溉和取水方便、光热水土组合较佳、宜于原始农耕的河谷、台地、川盆等成为人们青睐之地，人对自然生态空间不再是单纯地索取和依赖，而是按照人的需求不断改造与调适。这一时期自然原始空间受到挤压，生产和生活空间不断拓展。由于传统农耕业的广域性、周期性特征和自然再生产与社会再生产的统一性，大量的生产空间以连续或间断的斑块形态"侵入"到生态空间中，而生活空间则以非常有限的点状形态"镶嵌"在生产空间中。囿于生产力水平、社会需求和认知水平，自然生态空间的胁迫性和限制性更加强大，生产和生活空间的脆变性更突出，促成了人类早期的自然崇拜和原始信仰，人类除了对自然的生活、生产空间非常珍视外，还存在着典型的神山、圣湖崇拜。

工业社会时期，随着社会分工的进一步深化和细化，人类不仅创造了极其强大的物质财富，而且创造了辉煌灿烂的精神财富。无论生产力水平和社会需求、还是认知能力都远远超过了传统的农业社会。自然生态环境蕴藏的各种资源被人类开发出来，纳入生产领域（尤其是工业生产领域），从而彻底地改变了不同空间的赋存、组织状态。工业生产空间迅速向生态空间侵入，这种侵入不仅表现在地表空间，而且以更复杂的结构和形态深入地下空间。正是这一革命性的变化，导致资源开发地、工业加工地的生态要素结构、功能和运行方式发生了巨大的变化，绝大多数的自然生态空间不再是纯粹的自然体，而是被打上了人类开发利用的烙印。即使是人类尚未涉足的"荒野"，也由于工业污染的扩散，浸染了人类活动的痕迹。农业文明时期的青山绿水可能由于矿产资源的开采而变得满目疮痍、污水横流，既不适宜生物栖息，也不适宜人类生活。

进入后工业化社会，人们开始反思传统工业社会时期的种种弊端，重新认知"三生空间"的功能与价值，重新确立人与自然环境的关系。当需求不再单纯地导向人的社会需求，而必须兼顾生态与自然需求时，生态空间所蕴含的功能和价值判断、耦合互动作用机制便会相应地发生变化。

传统农业社会，人口自发地在绿洲范围内聚集，此时乡村的聚集分布呈现分散、斑点状，社会功能和地域结构呈现分散、无组织的状态。工业化时代，随着人口的增加、城市化进程的加快、社会对资源环境需求的增加，天然绿洲经过人的利用和改造使该地域原本的空间地域形态发生变化。原有的大面积天然绿洲逐渐向人工绿洲转换，天然绿洲大面积缩减、人工绿洲的快速增加，此时生态系统和社会系统的主要矛盾是人工绿洲和天然绿洲之间的转换。

随着社会的发展，绿洲系统逐渐打破原有地域空间限制，公路、铁路的建设亦加强了绿洲系统的开放程度，网络信息等加速了城镇间的资源配置。但是城镇间在资源分配，如绿洲系统的矿产资源、社会经济、教育卫生等在时间和空间上呈现不均匀的特性，系统内部存在很多竞争和协同，资源的竞争、人员科技的竞争乃至城镇扩张土地的竞争都会导致地域空间的不均衡性。这个过程中系统内要素出现碰撞和涨落，涨落变化是在一定的限度内，超过这个限度就会产生临界相变。

3.3.1 一般绿洲的发展过程

绿洲演变发展过程，具有从低级到高级，从简单到复杂的特征。地质时期形成的天然绿洲受人类活动扰动微弱，大多为自然植被所覆盖，随着人类农牧业活动的增加，对绿洲的改造利用程度显著提高，特别是农业垦殖在绿洲广泛开展后，大面积的人工栽培作物取代原始植被，绿洲的开发利用方向发生了质的变化。根据我国实际情况，绿洲的发展大体经历了原始绿洲阶段、古绿洲阶段、老绿洲阶段和新绿洲阶段（张林源等，1995；周兴佳等，1994）。

原始绿洲阶段：绿洲发生在自然条件严酷的荒漠地区，最初的绿洲都是天然绿洲。原始绿洲基本上保留了天然绿洲的面貌，人类活动以适应和简单利用为主，仅限于早期先民的狩猎或捕鱼活动，生产活动规模小、水平低，不足以对绿洲的原生结构产生实质性影响。在典型的洪积扇前缘、大河沿岸、下游三角洲等区域均发育了不同规模的天然绿洲。

古绿洲阶段：当人类活动从居无定所的狩猎、采集为主的原始农业过渡到农耕业时，人类对绿洲的影响开始显现并逐步加强。其表征为以灌溉农业为主的绿洲发展过程，对原始绿洲样貌、结构和功能，甚至区位均生产了极为深远的影响。引导天然绿洲向天然-半人工绿洲转型，绿洲面积扩大，由单纯的"以人就水"发展到"以水就人"。尤其是自西汉王朝建立以后，随着中国地缘政治、地缘经济和地缘民族的系统性、结构性变化，对古绿洲的形成与发展产生了重大而深远的影响。

旧绿洲（老绿洲）阶段：它与古绿洲没有一个明确的分界年限，一般将1921~1949年时段开垦出来的绿洲称为旧（老）绿洲。绿洲面积迅速扩大，天然绿洲迅速演变为人工、半人工绿洲，人为因素对绿洲的演变与发展产生了深刻的影响。

新绿洲阶段：指新中国成立以后开垦的绿洲。新绿洲的开发与建设有着明显的特征，一般先勘测规划，后按计划逐步实施，经营方向、目标较明确，因此基本上避免了盲目性。新绿洲的建设基本上做到了库坝（上游控制性水库）-林（农田防护林）-渠（灌溉渠系）-田（水浇地）-路（各级路网）-电-村（或农场）配套建设，布局大体合理，在一定程度上避免了对生态环境的严重破坏。由于新绿洲建设大多为政府有计划、有组织的建设行动，新绿洲开垦中的一个重要特征是"以水就地"。

3.3.2 绿洲的演替过程

就陆表过程而言，干旱区的演化过程和结果可表征为两个相互对立并互为消长的陆表过程——绿洲化和荒漠化（申元村等，2001；杨发相等，2006；王涛和刘树林，2013；韩德麟，2016；贾珍珍，2016）。绿洲化是以人类活动为主导，致使人工绿洲不断扩张的过程（王涛，2009）；荒漠化是由于气候变化和人类活动等因素造成的绿洲退化。历史时期以来我国干旱区历经了绿洲化与荒漠化的相互转化，是一种逆转性更迭（贾铁飞，2003）。

绿洲是干旱生态系统的重要组成部分，是干旱荒漠地区人类赖以生存与发展的基础。随着社会经济的发展和人类对自然资源的过度开发，绿洲的发展改变了水资源的时空分配和消耗方式，使得人工绿洲与沙漠同时扩大，而处于两者之间的自然水域、林地、草地面积和野生动物数量减少，形成沙漠危逼绿洲的态势。土地荒漠化极大地改变了陆地表面的物理特征，破坏了地表辐射收支平衡，从而导致气候和环境变化。而气候和环境变化的反馈作用又将进一步影响地表荒漠化的进程，如此循环往复，进而对地球环境产生深远的影响。

1. 荒漠化

荒漠化（沙漠化）的概念在学界尚存在争议，但主要指干旱区土地在热力作用下的风化剥蚀、风力作用下的土壤侵蚀（风蚀、地表砾质化和沙质化、片状流沙的堆积与移动及沙丘形态的变化与发展）和土壤盐碱化、地表流水侵蚀（水土流失、地表裸露、沟谷切割）等综合作用下的退化。其本质是土地肥力明显递减，生产潜力衰退，单位面积上的生物产量降低，环境及生态系统遭受破坏。

从历史维度讲，干旱区内陆河流域一直存在着荒漠化过程。河西走廊历史上明显的沙漠化过程主要发生在汉代后期、唐代中后期、明清时期，与三次大规模土地开发相匹配（李并成，1998；程弘毅，2007）（图 3.6 和表 3.6）。

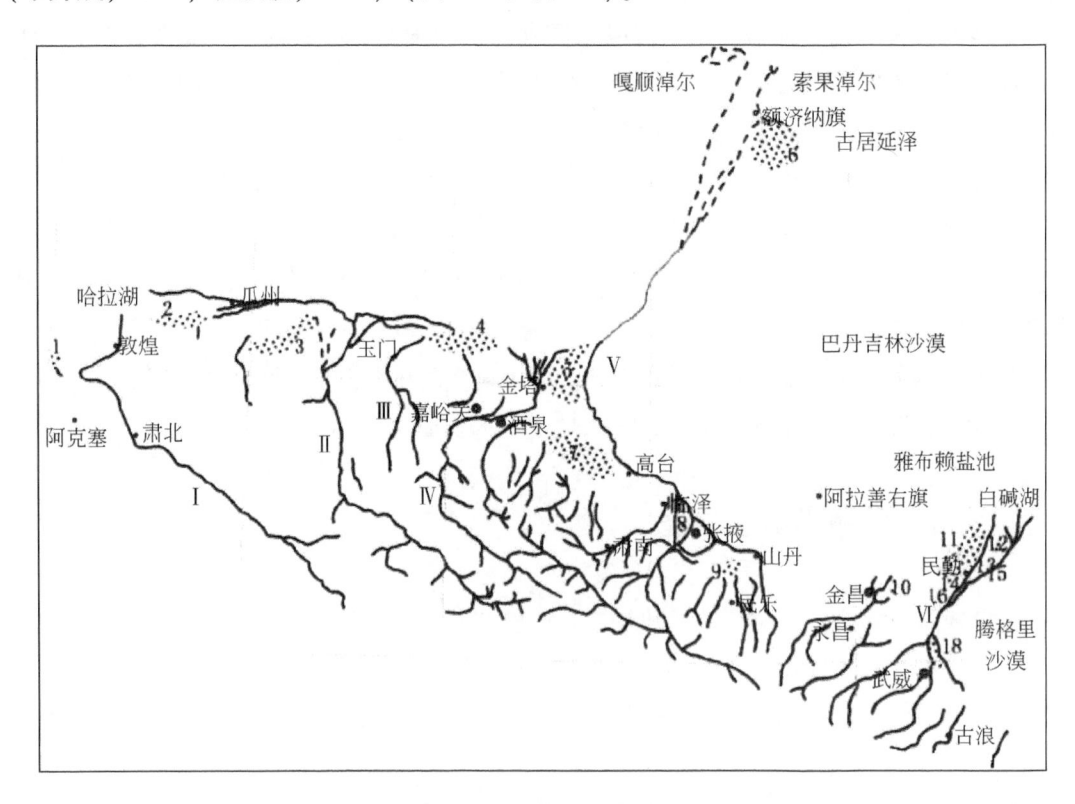

图 3.6 河西地区历史时期沙漠化地区分布图（程弘毅，2007）

1. 南湖古董滩；2. 西城湾-西沙窝；3. 镇阳城-长沙岭；4. 花海比家滩；5. 金塔东沙窝；6. 居延古绿洲；7. 明海沙漠；8. 西城驿沙窝；9. 李寨菊花地；10. 双湾-昌宁古绿洲；11. 民勤西沙窝；12. 端字号沙窝；13. 红沙堡沙；14. 青松堡沙窝；15. 高家-胡马沙窝；16. 黑山堡沙窝；17. 古城梁；18. 二十里大沙

表 3.6 河西走廊汉唐古绿洲沙漠化

沙漠化区域	景观特征	分布位置
民勤西沙窝	南北斜长 75km，东西宽 10~18km，古绿洲总面积约为 1000km²。地表景观为成片分布的半固定白刺灌丛沙堆，沙堆高为 2~3m，白刺覆盖度为 30%~40%，其间散布少许新月形沙垄	今绿洲的西部
民乐李寨菊花地	东西斜长约为 21km，南北宽 8~10km，总面积约为 180km²。风蚀弃耕遗迹成片分布，白刺灌丛沙堆和片状流沙地零散分布于古耕地间	大（小）堵麻河、海潮坝河、洪水河、童子坝河尾闾
张掖"黑水国"（西城驿沙窝）	平地积沙一般厚 0.5m，南部多见新月形沙丘、盾状沙丘，北部则多有雅丹地貌（风蚀古耕地），风蚀垄槽比高约 1m	黑河中游绿洲，又名西城驿沙窝
古居延绿洲	连片风蚀古耕地遗迹（光板硬地面）和吹扬灌丛沙堆，流动沙丘相间分布，古耕地上渠堤、阡陌残迹清晰	黑河尾闾

续表

沙漠化区域	景观特征	分布位置
马营河、摆浪河下游	下游古绿洲分布在高台骆驼城-明海乡五个疙瘩井之间，南北延伸10~20km，东西长约为35km，总面积约为450km²。连片的裸露新月形沙梁、片状流沙地及半固定白刺灌丛沙堆相间分布，白刺覆盖度为20%~40%。古耕地清晰。马营河、摆浪河干涸的古河道贯穿其间	属黑河支流马营河、摆浪河下游
金塔东沙窝	南北纵长约40km，东西宽10~20km，总面积约为650km²。遍布半固定白刺灌丛沙堆和柽柳灌丛沙堆，沙堆高2~4m，并间有新月形沙丘和流动沙丘分布。古耕地成片出露，遗迹清晰，渠道、阡陌的残迹依稀可辨	现代绿洲东部，北大河（即讨赖河，黑河支流）下游
玉门花海比家滩	南北宽10~15km，东西长约为40km，古绿洲总面积约为480km²（含终端湖面积）。风蚀光板弃耕地，多见废弃的阡陌、渠堤遗迹，其间多有吹扬灌丛沙堆分布，沙堆高0.5~3.5m	北石河（疏勒河支流）南岸
昌马河洪积冲积扇西缘	成片的风蚀古耕地，尤以锁阳城一带最为集中连片，风蚀垄槽比高一般为0.8~1.8m。古渠道遗址亦十分清晰	疏勒河的上游河段
芦草沟下游	成片的弃耕地，伴有疏密不等分布的吹扬灌丛沙堆，风蚀垄槽比高为0.8~2.5m。河道、堰坝、渠系遗迹明显	芦草沟下游
古阳关绿洲	新月形沙丘带，沙丘链呈东北—西南向排列，一般高3~8m。丘间地宽50m许，大片风蚀古耕地，其田垄阡陌遗迹清晰	今南湖绿洲之西
红沙堡沙窝	以新月形沙丘和沙丘链为主，沙丘高约1m。丘间为风蚀劣地，可见古耕地遗迹。古河道纵贯其间	石羊河下游
黑山堡古绿洲	以白刺灌丛沙丘、柽柳灌丛沙丘为主，丘间地面较平坦，耕地痕迹明显	石羊河下游
青松堡古绿洲	半固定白刺灌丛沙丘、柽柳灌丛沙丘以及流动沙丘为主，丘间耕地痕迹明显。近年来多已被重新垦为耕地	石羊河下游
高家-胡马沙窝	新月形沙丘和流动沙垄为主，沙丘高约1m，丘间耕地痕迹明显	石羊河下游
民勤昌宁-金昌金川双湾地区	双湾黑沙窝景观以流动沙丘为主。昌宁四方墩一带以风蚀劣地为主，间有流动沙丘分布。风蚀劣地地表残破，垄槽比高0.5~1.0m	石羊河下游，东大河下游

疏勒河流域沙漠化过程主要发生在洪积冲积扇西缘（锁阳城—肖家地古城一带）、瓜州至敦煌交界的芦草沟下游、敦煌古阳关等。

汉代大规模的屯田，大量水资源用于农垦区生产生活，导致原有绿洲水资源空间分布失去平衡。随着开发过程的推进，河流下游一些地区水量枯竭，加之地处风沙侵袭的前沿，古绿洲率先荒漠化（表3.7）。进入隋唐时期，实施屯防、屯粮、屯牧等政策，中部平原地区垦殖规模进一步加大（李并成，1997；1998），导致下游水量越来越少。疏勒河洪积冲积扇西缘古绿洲东部、芦草沟下游南部和东部、古阳关绿洲等地形成沙漠化。明清时期河西走廊迁移了大量兵民，大兴水利，屯垦土地，使得水土利用矛盾凸显。疏勒河洪积冲积扇西缘西部等地均出现沙漠化。

表 3.7 疏勒河流域不同时期沙漠化

时期	沙漠化区域	绿洲范围	沙漠化范围	沙漠化致因
汉代	瓜州-敦煌交界的芦草沟下游（北部、西部）	整个芦草沟古绿洲面积约为362km²	汉至北朝时期为垦区，尤为北部巴州古城、西部五棵树井古城一带为古耕地，渠道最为集中。这一时期废弃垦区约170km²，约占整个古绿洲面积的47%	自然因素：以强烈风蚀为主，且"三山夹两川"（马鬃山、截山子-三危山、祁连山所夹峙的南北高平原）形成"狭管"效应，增强风势。人为因素：薪柴、饲料、肥料等需求导致沙、旱生植被破坏。且中游绿洲屯田用水增加，下游水量减少
	敦煌古阳关	有两处：一处在今南湖绿洲之西，即古董滩区域，另一处在今绿洲东北，即南湖破城与山水沟之间的区域。总面积为50km²	—	—
唐代	疏勒河洪积冲积扇西缘古绿洲东部	疏勒河洪积冲积扇西缘古绿洲	归义军后期至北宋前期，沙漠化分布于旱湖脑城、肖家地古城、半个城等周围，面积约为100km²，约占锁阳城古绿洲面积的40%	自然因素：北无山体遮挡，易受流沙侵入；人为因素：回鹘将其作为牧场，农田、渠系等遭到破坏
唐代	芦草沟下游南部和东部	为原汉垦区的南部和东部，占汉绿洲面积的53%	唐至五代沙漠化主要分布于六工破城（唐五代常乐县）、沟北古城、阶亭驿、悬泉驿周围	自然因素：风蚀加剧，流沙活动频繁；人为因素：吐蕃占领时期农田弃耕，渠系破损。回鹘、党项等民族占领，进一步加剧了其沙漠化
唐代	古阳关绿洲	古董滩、东古董滩和古董滩西小绿洲三处，面积约40km²	五代至宋初，寿昌城及整个古阳关绿洲全面被沙漠化	自然因素：人为山水沟和西头沟泥沙往返搬运，导致绿洲两侧沙漠化。环处沙海，绿洲面积小，生态极为脆弱，以及流沙入侵；人为因素：回鹘、党项等民族长期动乱，绿洲农田废弃

续表

时期	沙漠化区域	绿洲范围	沙漠化范围	沙漠化致因
清代	锁阳城一带古绿洲的沙漠化	疏勒河洪积冲积扇西缘古绿洲的西部,即锁阳城为主的古绿洲,约300km²,约占整个古绿洲的60%。疏勒河洪积冲积扇扇缘东部和北部绿洲拓垦	明正德以后至清代前期逐渐演变为沙漠化地区,清代前期完全沙漠化	人为因素:明嘉峪关外采取弃置政策,城池残破绿洲荒败。清前期疏勒河开发地域转移。《重修肃州新志·靖逆卫》"逼水东流,分为靖逆东和西两渠"、《甘肃通志稿·安西县采访录》使昌马口原向西分流流向锁阳城一带的古河道断流

资料来源:李并成,1997,1998,2001;程弘毅,2007

像其他平原河流一样,疏勒河干流自昌马峡出山后,其中下游河道在地形平坦的河西走廊西部地区极易发生变迁,从而引起湖泊的消长、绿洲的盈缩(图 3.7)。谭其骧(1982,2005)认为,汉唐时期疏勒河中游河道自昌马峡出山后径直向北,在北山山前冲积平原一带形成冥泽,为疏勒河的终端湖,其位置与清代的布鲁湖大体吻合;经过历代劳动人民的不断开凿,逐渐形成了双塔以西的下游河道,并于清代延伸到哈拉湖。冯绳武(1981b)认为地质时代疏勒河出山后流向东北,经花海子东北缺口汇入黑河支流北大河,继续向东北成为古黑龙江的源头;同时,党河向西流入罗布泊,形成了党河谷地。后疏勒河向西改道,汉唐时代主道沿玉门—踏实盆地西北缘经芦草沟口与党河汇合,其下游在清初仍可流至今敦煌西湖国家保护区一带。李并成(1997,2001)认为,汉唐疏勒河中游分为两道,主道即沿今日之疏勒河河道西流至罗布泊,另有一道即汉唐史籍中所提到之"冥水"西北流,在北截山以南的芦草沟口—踏实—三道沟一带形成以湖泊、沼泽为主要景观的"冥泽"或"大泽",其位置与清代布鲁湖相去甚远。张景平(2010)认为,在康熙五十八年(1719年)以前,疏勒河与昌马河实为一种合而复分的关系,即昌马河在今昌马盆地注入疏勒河,在昌马峡中共享一段河道,出昌马峡口后昌马河向北、疏勒河向东北。昌马河从左岸注入疏勒河,却同样从左岸分出。在中游扇缘沿"潜水—泉水"流动的垂直

图 3.7 疏勒河不同时期绿洲环境变迁图(冯斌等,2020)

方向修建多道引水渠，在截引泉水的同时把地表径流不断分散到东南—西北方向的自然沟道（疏勒河故道或泉水河下游）中；伴随着中游不断截引布鲁湖补给水源，下游河道的水量与流长都出现过增加趋势，疏勒河在人工疏导下与党河合流，哈拉湖终成为疏勒河的终端湖，但并不稳定。随着灌溉用水的增加，疏勒河在今瓜州以下至迟在19世纪上半叶已成为季节性河道。祁韵士《万里行程记》云："（安西）城东尚有水草，出北门五里许，过一涸河（即疏勒河），即入沙碛。"林则徐《荷戈纪程》云："（九月）十五日庚申，晴，辰刻行，出（安西）北门，约十里过疏勒河，水甚干涸。"可见疏勒河下游早已成为季节性河流。

从现代维度上讲，荒漠化持续存在，但与历史时期相比，可控性大大增强。韩兰英等（2013）发现：2008年的甘肃省河西地区荒漠化土地面积比2002年减少了6431.64km²，非荒漠化土地和轻度荒漠化土地面积分别增加了2.55%和0.26%；中度、重度和极重度荒漠化土地分别减小了1.40%、1.09%和0.31%。荒漠化趋势整体逆转，局部发展。降水和风速对沙漠化的逆转起主要作用。荒漠化土地主要分布在沙漠边缘的绿洲及内陆河中、下游沿岸。由绿洲中心向四周，荒漠化程度逐渐加重，呈环状发展模式。人为樵采活动破坏了沙漠边缘半固定、固定沙丘上的植被，而河流中、下游的沙漠化与河流上、中游过度利用水资源有关。20世纪90年代与20世纪80年代中期相比，下游额济纳旗沙漠化土地面积增加29.10%，中游地区沙漠化发展速率相对较慢，1990年比1949年增加约9.40%，年增长速率为0.27%（刘蔚等，2009）。20世纪80年代以来石羊河流域沙漠化景观呈"扩张—退缩—扩张—退缩"进程，半固定沙地变化幅度最大，扩张加速。沙漠化景观集中分布于流域中、下游，由相对聚集分布、均匀分布向分散分布转化，破碎化程度加强（齐宇涵，2023）。石羊河流域下游地区荒漠化面积占民勤县总面积的90%以上，绿洲零星分布在大面积荒漠化土地中，以中度荒漠化为主，占全县总面积的70%以上；1995~2018年，民勤县荒漠化面积整体呈减少趋势，年均减少了22.06km²，荒漠化总体处于稳定状态，未发生大面积并且趋势较为明显的荒漠化过程（魏伟等，2021）。

2. 绿洲化

绿洲化是干旱区由于人与自然因素共同作用所引起的由荒漠向绿洲转变的过程，其结果是人工绿洲面积的扩大和土地生产能力的提高；当环境趋于改善，植被盖度增大，生物量（包括土壤微生物）增多，生物种群趋于丰富多样，土地肥力递增，都可视为绿洲化。绿洲是绿洲化的结果，但具有绿洲化的地域（或地段）不一定就能被称为绿洲。

绿洲化是全球普遍存在的现象。全球绿洲面积从1995年的1.8326亿hm²增加到2020年的1.9191亿hm²，年均增加了33万hm²。耕地和草地是绿洲的主要土地利用类型，1995年分别占绿洲总面积的54.86%和23.12%，2020年分别占绿洲总面积的55.20%和23.32%。1995~2020年，2208万hm²沙漠转化为绿洲，其中耕地和草地占比最高，分别达 44.37% 和 37.44%。与此同时，也有相当一部分耕地和草地退化为沙漠，共计 1343 万 hm^2，分别占 34.60% 和 36.11%。绿洲面积净增加 865 万 hm^2。全球绿洲中城镇面积扩展最快，耕地是转化为城镇建设用地最多的类型。1995~2020 年，全球绿洲呈每五年一次扩张的趋势，2010~2015 年为扩张最快的时期，2015~2020 年是沙漠转化为绿洲的面积最大的时期（Cui et al., 2024）。

绿洲化在空间上有两个特点：一是由河流下游向上游发展，即溯源迁移；二是由河岸向高阶地发展，即由沿河纵向绿洲向横向绿洲群发展（赵松乔，1998）。在西汉、唐、清前期曾出现过三次明显的绿洲扩张，但新中国成立后绿洲扩张最快，干旱区绿洲面积从 20 世纪 50 年代后期的 2.5 万 km^2 扩大到 21 世纪初的 10.4 万 km^2（王涛，2009）。绿洲扩张/退缩主要体现在荒漠、人工绿洲、自然绿洲和过渡带的相互转化中，而绿洲内部结构的变化则主要表现在土地覆被类型的转变，如建设用地侵占耕地、草地开垦为耕地、耕地的撂荒等。

历史时期的绿洲化过程，就是人类不断垦殖的过程。黑河流域在汉、晋、唐、元、明、清和民国七个主要时期，垦殖绿洲面积分别为 $1703km^2$、$1115km^2$、$629km^2$、$614km^2$、$964km^2$、$1205km^2$、$1917km^2$，数量上经历了先减后增的演变过程（汪桂生，2014）。在空间区位上，自汉代以来沿河逐步向中上游转移，最终主要稳定分布在中游平原地区。汉、晋之际，垦殖绿洲在中下游地区均有分布且以下游居多；之后河流尾闾地区的垦殖规模逐渐减少，重心往中游地区转移。明清及民国时期，绿洲主要分布在中游地区，以河道为中心向外扩展，绿洲范围从中部平原延伸到南部祁连山山前冲积扇一带。径流量较大的沿河地区，绿洲长期稳定存在，而河流终端地区的绿洲变化频繁且多在开发后遭到废弃。

不同地域的绿洲的时空变化过程差异显著。山丹—民乐、甘（州）—临（泽）—高（台）、酒泉、金塔等冲积平原绿洲（即中位绿洲）和鼎新等沿河绿洲自汉代到元代逐渐减少，明代以来逐渐增加，其规模显著大于汉、晋等早期的绿洲，呈扩展趋势变化。马营河等小支流的绿洲（即上位绿洲）规模在汉到元代逐渐缩小直到废弃，明代以来在河流中段逐渐恢复，但其规模小于汉、晋等较早时期，呈衰退趋势。绿洲在形成、发展过程中，经历了面积由小到大、古代到现代、自然到人工、沿河由下游转移到中上游，绿洲演变过程具有明显的时间变迁性和空间迁移性（唐霞，2016）。纵观河西走廊绿洲演变的历史轨迹，可以看出是各民族之间对绿洲生存空间的争夺。

汉代第一次在黑河流域大规模地发展了灌溉农业，开启了农业开发的序幕，原始的天然绿洲大规模地转化为垦殖绿洲，其范围遍及黑河流域中段和终端地区，干流中游的觻得县（黑水国，今甘肃省张掖市）、终端居延、一级支流讨赖河的中游福禄县及下游会水县周围、马营河和摆浪河下游，丰乐河中下游及酒泉东南部小河冲积扇的总寨一带均出现了大规模的垦殖绿洲。山丹河和洪水河等主要河道周围出现了零散的小规模绿洲，西汉末到东汉时期，因战乱、交通地位衰落，绿洲开始有局部废弃（汪桂生，2014）。

唐代黑河流域绿洲总面积为629km²,集中分布在酒泉城、丰乐河终端的下河清(福禄)、马营河和摆浪河下游的骆驼城(建康军),下游大同城(宁寇军)一带也有小型垦殖绿洲。黑河流域唐代绿洲集中分布在郡县治周围,为该时期绿洲核心区,下游居延绿洲显著缩小(汪桂生,2014)。

元代黑河流域绿洲垦殖面积约为614km²,除甘州/肃州周围的主要垦区外,下游垦区面积有所扩大,规模达178km²,亦集乃路是元代流域中重要的人类活动地区之一,与黑城及绿城的繁荣密切相关。自元贞元年(1295年)至元末(1367年),随着农业衰落,绿洲垦殖规模大面积萎缩(汪桂生,2014)。

明代黑河流域绿洲面积为964km²,中游绿洲相比元代有了显著扩展,呈沿河流线性扩展趋势,主体绿洲自甘州南部向北延伸至长城边墙的正义峡口。东南部的山前冲积扇、中部的支流沿岸也开始再次出现垦殖绿洲(汪桂生,2014)。黑河中游干流沿河一带绿洲向南北两侧大面积扩展,范围突破镇夷峡(即今正义峡)口并延展到金塔和鼎新一带,南部祁连山山前绿洲面积显著增长;马营河等支流沿岸中段绿洲进一步扩大,下游无恢复迹象。由于中上游地区灌溉用水增加,下游来水量缩减,加之河流改道,西夏、元时期开发的古绿洲完全废弃。

清代、民国时期自马营河自上游至下游分别包括屯升、清水两个子灌区。该灌区始建于清雍正十年(1732年),时称九家窑屯田,是清代河西走廊屯田的重点区域之一,一度于此设肃州州判一员。该灌区的核心工程是一条名为"千人坝"的大型干渠,工程主持人童华为获得有利引水高程,将渠首修建于马营河出山口以上15华里(1华里=500m)的峡谷之中,并开凿总长千余丈的隧道群将河水引至山外,工程完工时可灌溉的屯田面积即超过万亩。这一工程经过不断扩修,在19世纪中期臻于全盛,同治二年(1863年)可灌溉农田71 815亩(1亩≈666.7m²),灌区人口数超过17 000人。然而,仅仅两年后,因战乱该灌区人口损失严重,大量耕地抛荒,至同治十二年战乱平息,该灌区的人口与耕地面积缓慢恢复,但距离极盛时相距甚远。

从空间变化看,汉代时垦殖绿洲在中下游都有大面积分布,且下游甚至超过中游。魏晋时期,垦殖规模大幅度萎缩,特别是下游地区更明显,上游的民乐绿洲也开始废弃,中游的金塔、高台骆驼城等绿洲开始出现荒漠化。隋唐时期,额济纳垦殖绿洲进一步萎缩,而且发生了向西南部的迁移。中游地区只在张掖和酒泉的沿河地带保持小规模绿洲,高台骆驼城古绿洲规模较大,金塔和民乐地区则完全废弃。宋元时期,黑河流域绿洲缩减至最小范围,下游额济纳地区垦殖绿洲则更为分散,规模极小,中游高台骆驼城绿洲废弃并沙漠化,仅在张掖和酒泉的沿河地区保持一定规模,酒泉东南部的尾闾绿洲废弃(汪桂生,2014)。

从现代角度讲,绿洲化过程持续进程,并伴随着荒漠化。1975~2020年,河西内陆河流域绿洲整体上呈增加趋势,由1975年的28 293.55km²增加到2020年的30 071.71km²,

年均增加39.51km²，其中2000~2005年和2010~2015年两时段增长较快。人工绿洲扩张速度略高于绿洲整体变化，由1975年的13 986.21km²增加到了2020年的17 622.57km²，年均增加80.81km²；自然绿洲的变化速度明显低于人工绿洲和绿洲-荒漠过渡带的变化速度。与人工绿洲的持续扩张和绿洲-荒漠过渡带的持续萎缩不同，自然绿洲的变化以2010年为拐点，2010年以前呈萎缩趋势，年均减少8.75km²，2010年以后呈恢复趋势，年均增加19.91km²（李森和颜长珍，2023）。绿洲扩张主要集中于1963~1968年、1977~1999年和2002~2013年三个时段（颉耀文等，2014）。绿洲扩张主要发生在绿洲主体外围以及内部破碎的斑块之间，扩张的方式以内部填充和外围延展为主。绿洲退缩区主要分布于绿洲-荒漠交错地带。绿洲退缩与扩张相互作用的剧烈区域位于流域中部冲积平原的前缘。

与荒漠化相比，绿洲化具有以下显著特征（申元村等，2001）。

（1）过程发生的局部性。由于绿洲是干旱区特殊的地域景观类型，是地域分异的结果，其形成的发展受制于干旱环境，绿洲化过程（尤其是历史时期的绿洲化过程）是在干旱区荒漠化过程的大背景下进行的，因此其规模、范围都远小于荒漠化过程，空间上只发生于局部地域。虽然与荒漠化过程存在本质的区别，但绿洲化过程毕竟依托于荒漠化过程而存在，因而绿洲化过程相对于荒漠化过程而言，只能认为是在特定条件下局部地域的一种逆转（图3.8）。

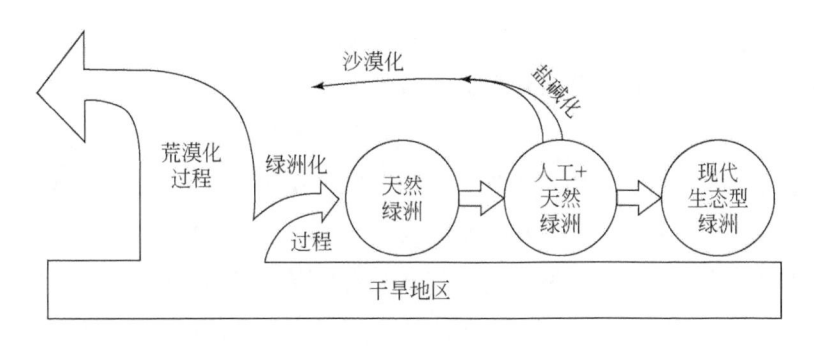

图3.8　荒漠化过程与绿洲化过程关系示意

（2）不稳定性（脆弱性）。决定绿洲化过程的关键性因素是水源的保证程度和土地条件的适宜程度。与土地资源相比（尤其是位置的固定性），水资源具有典型的流动性和时空易变性，正由于此，天然河道的改道不仅影响天然绿洲发育的空间区位，而且深刻影响后期人工垦殖绿洲的区位选择。在天然水存在的前提下，人类才能借助合适的地势开凿渠系，进行自流灌溉；在干旱区水资源总量有限性的条件下（即资源型缺水），上中游地区大量地消耗水资源势必影响下游地区的来水量和用水保证程度，一旦超出合理的阈值，必然导致下游地区垦殖绿洲规模的缩减，甚至消亡。在干旱区内陆河流域，尽管地表水—地下水存在着多次转换，引致水资源利用率很高（可突破100%），但在干旱环境背景下，水盐运动也存在着上游—中游—下游的运移、累积规律，导致水质型缺水和土地盐碱化，当盐分积累超出天然（人工）植被的生理机能时，也可能导致绿洲萎缩甚至消亡，荒漠化加剧。

（3）过程的逆转性。主要表现为原有系统的快速解体并被新的系统所替代。尤其是在绿洲向荒漠的转化中，原有的绿洲系统在强大的干扰作用下迅速解体，取而代之的是荒漠系统的建立与发展。如石羊河下游西沙窝古绿洲的东部即为今天的民勤绿洲，其东北10km左右为石羊河古终端湖——猪野泽的遗迹，现代绿洲恰是在汉唐绿洲废弃后自元代以来渐次发展起来的，其面积比汉唐绿洲还要大出约1/4。早在汉代河西走廊第一次大规模农业开发不久，由于绿洲天然水资源被大量纳入人工农田灌溉系统，改变了绿洲自然状态下水流分布格局，使得远离水源地的绿洲最北部西沙窝三角城一带即因水源不足以及绿洲边缘固沙植被的破坏而出现沙漠化过程。但其沙漠化范围较小，仅局限于最北部一隅，未能对整个西沙窝绿洲构成大的威胁。唐代前期石羊河流域开发的地域主要集中在中游平原，下游绿洲地区则经历了强烈沙漠化过程。下游绿洲盛唐以来的沙漠化过程，实际上是一种绿洲向中游地区的转移过程。

（4）机制的脆弱性。由于绿洲系统与荒漠系统均为简单的"浅薄"型系统，抵御外界干扰的能力很弱，因此其变化的机制就表现出较强的脆弱性，即使在外力较小的干扰下，两个系统也会发生逆转性演替。

（5）驱动因素的复合性。绿洲化-荒漠化演变是在人地复合系统的驱动下进行的，但由于人类对自然变化感知的滞后性以及人类行为决策的随意性，往往导致人地复合系统的不和谐，进而使绿洲化-荒漠化演变的驱动机制变得更为复杂。自然因素与人为因素叠加与相互间的响应使复合性的特点更为加剧。绿洲化过程与荒漠化过程是一对根本对立的基本地理过程。绿洲化过程指以具有稳定水源为基本条件，以强化生物过程、提高单位面积生物产量与土地生产力为中心的所有自然因素及人为因素综合作用的整体过程。绿洲化过程的结果是导致绿洲的发生、发展和稳定。这一过程通常又包括草甸化过程、沼泽化过程与土地熟化过程等。绿洲化是干旱区人与自然因素共同作用下荒漠向绿洲转变的过程，因此可以被视为是人工干预下自然生态系统（天然绿洲、荒漠及其过渡带）转变为人工生态系统的过程（王涛和刘树林，2013）。绿洲化过程不仅伴随着景观的变化，而且引发生物、土壤、气象水文等环境要素的变化。这些要素的变化幅度和速度受人类活动和气候变化共同影响。

干旱区为两个既相互对立又彼此制约的地理过程所控制，这就是荒漠化过程与绿洲化过程。一个地区荒漠化过程的削弱，就意味着该地区绿洲化过程的加强；反之亦反。一般地讲，影响这种过程变化的因素主要是自然因素，大气候的变化是构成大范围荒漠化或绿洲化变化的基础。但人类活动的介入，常常会在一个较小的区域内诱发某种过程的加强或削弱，尤其是当人类频繁而深刻的经济社会活动大规模展开后，这种因素的活跃性与深刻性就表现得更为突出了。

沙漠化过程的发生并不一定意味着流域绿洲总面积的缩小，在很大程度上表现为一种绿洲的转移。由于绿洲水资源的移动和重新分布而引起的绿洲的转移过程，并非绿洲的不断缩小或消失；伴随着这种迁移过程，造成原有绿洲的荒废和新的绿洲的出现，此处发生沙漠化，彼处可能又有新的绿洲的形成（李并成，2001）。例如，唐代敦煌绿洲的范围不仅没能超出今天的绿洲，而且还较今稍小；今南湖绿洲较唐代寿昌绿洲亦有所扩大。这种沙漠化过程仅限于局部地段，并未对整个敦煌绿洲的格局造成根本性改变。

在干旱区，有限的水资源所能维持的绿洲与荒漠处在一个相对平衡的状态。但是由于人类活动的影响，打破了原有的生态平衡，容易造成绿洲规模急速扩大的同时原有绿洲也可能会发生萎缩和迁移（杨发相等，2006）。绿洲扩张是以人类活动为主导致使人工绿洲不断扩张的过程；绿洲退缩是由于气候变异和人类活动在内的种种因素造成的绿洲退化（王涛，2009）。

从人地复合系统的角度讲，绿洲化-荒漠化演变始终伴随着水土资源开发，表征为灌溉渠系的不断开通和垦区的发展。山地-绿洲-荒漠环境下，山前洪积扇前缘、中游冲积平原和下游尾闾湖等特定区域，均发育了适宜开发的细土平原。因此，当这些地区获得了较充足的水分条件后（地表径流或地下潜流），人类就可以直接利用水资源或通过人工开凿灌溉渠系（或挖井）间接利用水资源，形成水土共生体和共生互利效应，出现绿洲化过程。这些绿洲又将随其形成条件稳定性的增强或减弱而发生变化，当其形成条件逐步消失的时候，绿洲化过程就会逐渐减弱，直至绿洲最终消失。特别是当人类开始利用绿洲后，其影响的深度、范围与速度都得到了极大的加强。这种影响的结果，始终都存在着两种方向相反、性质截然不同的过程：绿洲化过程加强，绿洲得以持续发展；绿洲化过程削弱，最终回归荒漠化，使人类自身的生存条件恶化。绿洲的发展除在自然状态下水、土、光、温等条件得到补充与延续，使绿洲的功能得以充分发挥外，人类的介入和对绿洲的利用也使绿洲得以迅速发展与变化。但这种介入与影响在很大程度上受到人类自身的生产水平、社会政治环境的需要及科学技术水平的制约。

例如，《史记·河渠书》载："朔方、西河、河西、酒泉皆引河及川谷以溉田。"[1] 为了适应当时农田水利兴起的需要，汉王朝专门组织了灌田的"田卒"和修渠的"河渠卒"，以及管理农田水利的"田管"和"农都尉"。汉居延水利，不仅有渠，而且有井，"居延农延水卅井甲渠殄北泉塞"[2] "井五十步，阔二丈，立泉二尺五，上可治田"[3]。《汉书·地理志》注："千金渠西至乐涫（今酒泉市皇城遗址，位于丰乐河下游），入泽中，羌谷水出羌中，东北至居延入海，过郡二，行二千二百里。"齐陈骏（1998）认为千金渠即"觻得渠"。自汉武帝置河西四郡，农田水利兴起后，张掖成为政治、经济中心，至东

---

[1] 《史记·河渠书》。
[2] 《居延汉简》石印本卷一。
[3] 《居延汉简甲编》。

汉明帝时，河西走廊地区开始遭到北匈奴的累次侵犯，农田水利开始衰落（王致中，1996）。西晋灭亡后，河西走廊地区长期陷入分裂割据的局面，汉、氐、鲜卑、匈奴等先后在河西建立了五个独立的政权。五凉时流民避乱西迁，水利大兴。隋末唐初，因战乱不已，河西走廊农田水利遭到破坏。唐朝时，国力强盛，河西水利建设进入一个新高潮。武则天时，陈子昂曾写道："甘州诸屯，皆因水利，浊河溉灌，良沃不待天时，四十余屯，并为沃壤，故每收获，常不减二十万"①，郭元振都督凉州时，"又令甘州刺史李汉通开置屯田，尽水陆之利"②。唐代在张掖南部修建了盈科、大满、小满、大官及加官五渠。

3.3.3 绿洲功能冲突

张掖绿洲和酒泉绿洲是黑河流域人口、产业最集中，工业化和城镇化水平最高，经济社会发展速度最快的重点地区，工业用水和城镇用水将进一步增加，如果仅扩大或压缩绿洲面积而脱离流域及各单元尺度的水资源承载力，或仅考虑农业结构性节水而脱离城镇对人口和水资源的转移的核心作用，那么结构滞后、人口滞留、水资源短缺等一系列问题将难以彻底解决。这是因为在现行的土地承包和用水制度下，农村家庭人口与农村土地的一一对应关系受到法律的保护，其结果导致土地小块分散经营，阻碍了农业产业化的发展，使得农村生产效率和效益低下，农村非农要素扩展空间不足，影响了农民收入水平的提高，使农民进城的阻力加大（城镇门槛实际被抬高）。如果农村人口不能从土地中转移出来进入城镇，那么水资源分散、低效利用的状态就不可能改变，城乡用水的矛盾也难以根除。因此，必须从水-土-城-人-经的空间耦合角度、人口-产业-资源协同角度，将人口转移、产业转化、土地流转、水资源转移和城镇化统一起来考虑，在空间过程、空间机制、空间格局的耦合关系中探讨城镇体系发展与水资源的承载力问题。关键是要解决不同城乡经济发展状态和不同环境演变条件下，水资源在城乡间、产业间、生态与经济间、流域上中下游间的最大有效可转移量及其承载力。

"三生"空间冲突实质上是土地利用冲突，表现为同一区位上由于人地关系的作用而产生对于空间资源的竞争与博弈的现象。其内涵是以土地利用空间冲突为缩影的各种利益矛盾和多种土地利用类型（功能）演变。不同的区域，主体功能不同，冲突强度不同。

从"三生"空间分布、结构和功能演变来看，绿洲农业区主要为其他生态、农业生产、林草水生态和农村生活空间，并呈现"核心-边缘"分布模式。1990~2020年，生产和生活空间持续扩张、生态空间总体减少，其中外围乡镇以生态空间为主，内部乡镇农业生产空间面积占比多年稳定在50.0%以上；空间结构从单一农业功能向多元复合功能转

---

① 《陈伯玉文集》卷六。
② 《资治通鉴》卷207。

变。在这一转换过程中，生态环境效应总体为正，但历经先恶化、后改善的过程；农业生产空间过度扩张引起的生态环境负向效应。人口增加、经济增长和植被覆盖度是关键因子，降水量、土地开发强度、耕地面积占比和水资源量是核心因子；因子之间相互作用使农业生产空间增加，生态用水压缩引起土地退化。2006~2016年，黑河流域的总体多功能性增加了35.0%，经济、社会和环境三大主要土地功能分别增长了61.4%、47.8%和6.4%；土地的经济功能中，农业与生产、经济发展和运输服务业分别增长了22.8%、145.5%和9.7%；土地的社会功能方面，居住供给、社会保障和就业支持分别增长了10.6%、125.5%和30.8%；土地的环境功能中资源供给增幅最大，达到了35.9%（Meng et al.，2022）。土地多功能性呈现出不同的空间格局，中心城区和县城的土地多功能性最高，经济功能和社会功能的协同关系保持稳定，环境功能与经济功能之间的权衡关系略有减弱，生态功能与社会功能之间的权衡关系略有加强。

生产空间决定生活空间，继而影响生态空间，在以农业生产为主的绿洲地区，农业生产空间对于整个系统而言是串联多种空间形态和社会组织的纽带，也是决定干旱绿洲生态环境质量的关键。绿洲内的物质循环与能量流动的相互作用使系统具有自我维持和调节能力，但系统的这种稳态机制是有限的，当人口和经济发展干扰超过系统可调节或可承载能力范围时，系统平衡将被破坏，在干旱气候影响和计划用水制度下，水资源作为绿洲生产、生活与生态的关键纽带，其总量是固定的，水资源利用必须控制在系统韧性范围之内，不断扩张的耕地和生活空间已经造成地下水普遍过度开采，如沙井镇、明永镇、新墩镇、小满镇、大满镇、长安镇、梁家墩镇、党寨镇、碱滩镇、上秦镇、甘浚镇、三闸镇12个乡镇及张掖市工业园区，共超采水量7499.24万 m^3（数据来源于甘州区水务局），出现植被退化、土地沙化和荒漠化现象，危及区域粮食安全和生态安全，制约经济社会的可持续发展和生态环境的良性循环。对干旱绿洲来说，以水资源为约束条件，科学评估人口和耕地适宜规模、精准测算三生空间的最佳面积比例，注重农业经济和生态保护协调发展应成为未来决策部门关注和科学研究的重点。

城镇化过程是城乡人口转换和空间聚集的过程，在这一过程中，必然伴随着产业结构的转换。1995年，张掖市城镇化水平达14.6%，2002年上升到29.5%，三次产业结构由1990年的53∶20∶27调整到2002的36∶31∶33，相应的生活、工业、农业、生态用水结构调整到2.2∶2.8∶87.7∶7.4。亦即87%的水资源用在农业上，换取的是36%的社会财富；而工业以3%的水资源产出了31%的社会财富，单位水的产出效益是农业的30倍，说明城镇化发展和产业结构调整并没有形成水资源利用效率的转换。关键的原因在于产业转换与人口迁移之间存在着相位差，人口的空间聚集滞后于产业转换，土地对农业劳动力的束缚仍非常明显。因此，通过积极的土地流转制度实现土地由分散、小块经营格局向规模化、产业化经营格局的转变。一方面，通过单位面积土地上经济效益与水效益的双重提升来实现农民收入机会和人口迁移机会的增加，借以增加生态用地和生态用水；另一方面，通过产业化经营实现非农要素的积累，加速实现乡村人口向城镇转移的进程。因此，要在"土地流转–水资源利用–结构转换–人口转移"的耦合链条上找到均衡点。以水资源供需平衡为基础，综合考虑不同时序、不同尺度条件下水资源的单元和产业分配和有效转移方案，以及不同环境演变和社会经济发展条件下的水资源承载力。

干旱绿洲区是以绿洲为依托，在干旱荒漠条件下形成的一种地域类型，具有典型的山地–绿洲–荒漠自然地理景观格局，山地荒漠区多由剥蚀中低山、砾面戈壁和堆积物地貌构成，并不适宜人类居住和开展社会经济活动，而绿洲区地势平坦，水、土资源丰富，适宜于国土空间的农业生产、城镇建设、生态保护等多种功能，是人类从事生产、生活的主要承载区域，国土空间的多功能开发利用方式在此区域高度集结，对绿洲稀缺的发展空间和资源进行争夺时，就会极易产生空间冲突。水是干旱区最为稀缺的自然资源，也是绿洲形成和发展的根本要素，"有水则为绿洲、无水则为荒漠"是其真实写照（张强和胡隐樵，2002）。绿洲水资源的丰度与配置格局控制着开发强度与利用方向，"以水定土"是其国土空间开发的基本原则，存在着高度的共生性与依存性（王录仓和高静，2014）。

水资源总量的稀缺性、空间分布的不平衡性直接引发了工农业争水、城乡争水、"三生"争水、地区间争水、上中下游争水等一系列矛盾行为，进一步加剧了国土空间结构比例失衡与冲突程度。此外，山地–绿洲–荒漠景观格局是一个以水资源、水生态为纽带的复合生态系统，水资源是影响该生态系统稳定性的主导因素，水资源的短缺使得绿洲区域生态环境本底条件十分脆弱，生态系统结构稳定性差，生态承载力有限，对人类活动的干扰敏感性强，在外力作用下容易产生不同类型的空间冲突。由此来看，自然资源因素的限制作用是国土空间冲突产生的客观原因。

随着绿洲城市人口、经济规模的快速增长及城镇化水平的持续提升，人类对空间资源的需求和消耗不断增加，不同利益主体从各自利益角度出发，竞相利用绿洲稀缺的水土资源。在此背景下，作为集农业、城镇与生态功能高度集中的绿洲区域，人口集聚和经济发展驱动着多种功能需求不断增长，使得各利益主体进一步加剧了对有限资源的争夺，从而产生不同形式的空间冲突。其中，对于国土空间的城镇功能需求不断增长，导致城镇建设空间大量侵占农用地与生态用地，便会在绿洲核心区的城镇周边发生基于城镇功能需求的城镇空间与农业空间的冲突、城镇空间与生态空间的冲突；对于国土空间的农业功能需求不断增长，导致农业生产空间大量侵占生态用地，便会在绿洲边缘发生基于农业功能需求的农业空间与生态空间的冲突；而随着水土资源不合理开发与利用，致使生态环境日益恶化，此时对于国土空间的生态功能需求不断增长，便会在整个绿洲区域发生基于生态功能需求的生态空间与农业空间的冲突；当多元化社会经济对绿洲局部优势生存空间同时进行开发与争夺时，便会发生基于三类功能需求的农业空间、城镇空间与生态空间三者之间的冲突。就黑河流域中游甘州区而言，为满足快速城镇化带来的城镇生活、生产需求，城镇空间不断向外扩张，大量非建设空间转化为城镇建设用地。而为满足人口增加带来的农业生产需求，利用荒草地、河滩地和戈壁进行了大规模的农田开垦，由于增加的耕地需要更多的农业灌溉用水，使得水资源供需矛盾异常尖锐，许多已开垦耕地因得不到灌溉而逐渐弃耕，造成生态环境质量日益下降。同时，由于城市吸纳农村剩余劳动力能力有限，2020年户籍城镇化率仅为43.85%，大量农村人口依然滞留在农村和农业上，在经济利益激励下，又广泛进行着耕地开垦行为，使其处于"开垦—荒废—再开垦"的恶性循环中，空间冲突不断加剧。由此来看，社会经济因素的驱动作用引是国土空间冲突产生的根本原因。

随着绿洲国土空间冲突不断加剧，政府通过实施相关政策制度与规划管理对空间冲突进行了有效调控，包括实行关井压田、生态退耕、设立自然保护区、划定基本农田保护区等政策，以及提出打造多中心、组团式、飞地式的空间结构，引导区域内农业、城镇、生态三类空间科学布局，规范各利益主体的空间开发行为，在缓解空间冲突上起到一定的积极作用，但冲突调控政策的失效或者缺失也会进一步加剧对空间资源的剥夺，造成空间结构比例严重失衡，从而加剧空间冲突。

受绿洲环境（尤其是水环境）的深刻影响，生态基底脆弱、约束力强，城市扩展与绿洲生境质量矛盾尖锐。由于绿洲的空间有限性、孤立性、分异性、生态基底的脆弱性、矛盾的集中性、限制性因素（水）的突出性等，其生境结构和功能显著区别于一般区域，城市扩张对绿洲生境质量的影响更显著，两者之间的交互胁迫作用更突出。以水定地、以水定人、以水定城的压力比一般区域严酷得多。

绿洲城市在干旱区地表空间中所占面积与比例非常小，具有典型的"狭域性"（小尺度）特征，且一般在属地范围内扩展（属地化），但对流动性因素（人口经济聚散、水土资源配置等）的作用范围往往超出行政边界（市区、市域）和经济边界（灌区），甚至流域边界（大尺度、广域性）。人口和经济要素在向小尺度城市聚集、引致城市扩张的同时，伴随着非城市地区要素的外流和压力释放，从而从更宏观的尺度、更底层的基质上影响绿洲生境的结构、功能与质量，影响绿洲水–土–人–经–生的组织关系。绿洲城市也具有规模等级性，不同层次的城市占据的实体空间不同，城市场强和场域不同，城市–区域共轭关系不同，导致不同扩张模式、扩张强度条件下的城市边界（人文边界）与绿洲生态边界（自然边界）形成不同的演化过程与结果，不同边界（尺度）内各种要素的流动和空间配置及其耦合关系更加错综复杂。因此，一个迫切需要研究的课题是：不同区位、不同阶序的城市扩张究竟对那些尺度上的绿洲空间施加更大的影响？对不同尺度上的绿洲生境质量有何影响？不同尺度上的城市扩张与绿洲生境质量之间究竟存在哪些共性和个性的耦合关系？又是如何决定未来城市和绿洲生境质量的走向？

就黑河流域中游甘州区而言，张掖市在2002年撤区设市之后，提出了"工业强市、产业富民、加快城镇化进程"的战略决策，城镇空间扩张速度加快，大量耕地被快速转化为建设用地。为了遏制祁连山生态环境恶化，自2000年以后，实施了生态移民搬迁政策，将生活在南部祁连山区和北部合黎山区的居民搬迁到绿洲核心区，并在过去20年，实施了近140个土地开发整理项目,新增耕地面积达41.51km²,且搬迁移民为了增加生计资本和收入,自主开发荒地,使得迁入地耕地面积不断增加,耕地资源的规模开发,使政府又满足了城镇空间开发对补充耕地的政策性要求,两者呈现出相互促进的正相关关系无疑又催生了空间冲突。面对城镇化带来的城镇空间快速扩张问题,政府通过在城镇周边划定基本农田保护范围、设立湿地自然保护区和湿地公园,来阻止城镇开发建设无序蔓延,化解了城镇空间与农业空间、生态空间的冲突。同时,甘州区实施了三北防护林、退耕还林还草、退牧还草等生态建设工程,使得大量耕地转变为林地、草地,一定程度上也缓解了农业空间与生态空间的冲突程度。为了遏制黑河下游生态环境恶化趋势,2000年国家正式实施了黑河水量的统一调度(黑河"97"分水方案),期望通过减少中游地区水资源利用量,来增加下游水资源数量并改善生态环境。于是,为保障黑河分水方案的顺利实施和黑河流域综合治理规划目标的实现,政府制定了"三禁三压三扩"政策①,严格禁止移民开荒,压减耕地规模,增加林草地面积,并于2002年在张掖市启动了全国第一个节水型社会建设试点,建立了以水权为中心的水资源分配制度,推行用水总量控制、定额管理,调整产业结构和农业种植结构,实施灌区节水改造等措施,以调节黑河分水后中游地区紧张的水土资源矛盾,有效缓解了空间冲突。但是,当前黑河中游地区的水权制度并不够完善,定额管理执行不严格,尤其是在地下水管理中,受水源(机井)分散难以控制、负外部性等影响,导致地下水配额制度很难去实施,加之对于剩余水量回购定价过低,若将其用于开垦耕地,可获得的收益数倍于回购水价,阻碍了水权交易(张军连,2007;石敏俊等,2011)。因此,黑河分水方案实施以后,为保证农业灌溉用水,中游地区机井数量迅速增加,依靠超采地下水,进一步扩大了耕地开垦面积,使得农业空间与生态空间的冲突程度不断加剧,造成地下水水位持续下降,对该地区生态环境构成严重威胁。由此来看,政策规划因素的调节作用是国土空间冲突发生与否的重要原因。

  总体来看,在特殊的自然地理环境下,国土空间的各类开发利用活动高度集聚在绿洲区,有限的水土资源使其成为各类矛盾冲突爆发的集中地,农业空间、城镇空间、生态空间之间存在着十分激烈的空间竞争与冲突。其中,水土资源的稀缺性、空间利用的多宜性和生态环境的脆弱性等自然资源因素直接限制着三类空间开发的功能供给,构成了空间冲突产生的内生动力;人口规模扩大、经济快速发展等社会经济因素又驱动着三类空间开发的功能需求,构成了空间冲突产生的外生动力,两者供需矛盾直接催生了各利益主体开始争夺空间资源,形成的三类功能之间相互竞争产生了不同表现形式空间冲突。针对供需矛盾引发的各类空间冲突问题,生态移民、退耕还林、分水方案等政策规划因素对空间冲突进行了强有力的调控,通过对内生动力因素和外生动力因素分别进行干预调节,在各利益

---

① 即禁止新开荒地,禁止移民,禁止新上高耗水作物;全面压缩耕地面积,压缩粮食作物种植面积,压缩高耗水作物种植面积;扩大林草面积,扩大经济作物面积,扩大低耗水作物面积。

主体之间寻求发展平衡，一定程度上缓解了空间冲突，但调控不当也会进一步加剧空间冲突。总之，内生动力、外生动力和调控力三者共同影响着绿洲区域国土空间冲突的产生与演变（图3.9）。

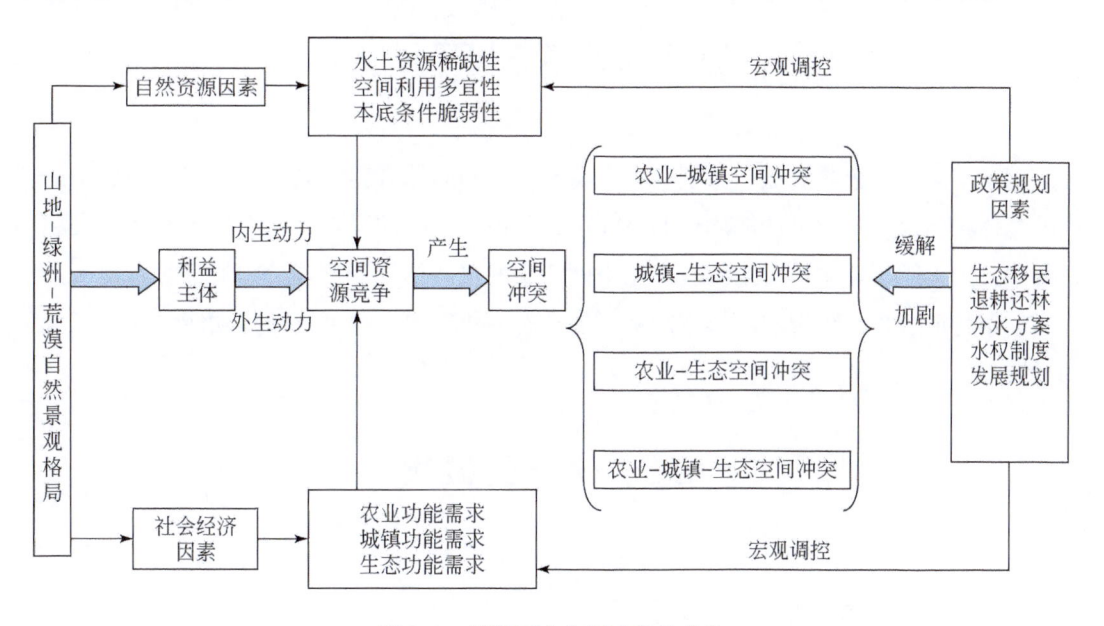

图 3.9 绿洲国土空间冲突的产生

第 4 章

绿洲国土空间利用特征

国土空间是一个集农业、城镇和生态的多功能空间综合体，国土空间格局是各功能空间的总体布局及不同类型功能用地的空间位置关系。空间冲突是人类在国土空间开发利用过程中，因不同利益主体对空间资源竞争而产生的空间格局变化现象。通过对甘州区国土空间利用特征分析，可揭示国土空间格局的动态变化趋势，也可反映多功能空间相互竞争的冲突程度。

4.1 研究区概况

4.1.1 地理区位

甘州区位于河西走廊中部黑河流域中游，地处祁连山北麓、巴丹吉林漠南部边缘，介于 38°32′N ~ 39°24′N、100°06′E ~ 100°52′E，东西长 65km，南北宽 98km，东邻山丹县，西连临泽县，南靠肃南裕固族自治县和民乐县，北与内蒙古自治区的阿拉善右旗接壤。甘州区是张掖市委、市政府所在地，是甘肃省华夏文明传承创新区——丝绸之路文化发展带的重要节点，也是"一带一路"甘肃省黄金段，陇海—兰新经济带上的重要节点城市和新亚欧大陆桥的战略要地，具有"坐中连四"的区位优势。兰新铁路、兰新铁路二线（高铁）、G30、G312、G227、S213 贯穿全境，交通条件便利。中国第二大内陆河——黑河横穿全境，形成了张掖绿洲，素有"塞上江南""金张掖"之美誉。全区辖 13 镇、5 乡、5 个街道办事处、1 个国家级经济技术开发区，245 个行政村，2001 个村民小组。2022 年总人口为 51.71 万人，有回族、裕固族、藏族、蒙古族、满族等 24 个少数民族（图 4.1）。

4.1.2 自然资源概况

1. 地形地貌

甘州区地形上位于中国第二阶梯，属青藏高原与内蒙古高原的过渡地带。地势南北高、中间低，由东南向西北倾斜，海拔为 1410 ~ 3633m，南部为祁连山地、中部为走廊平

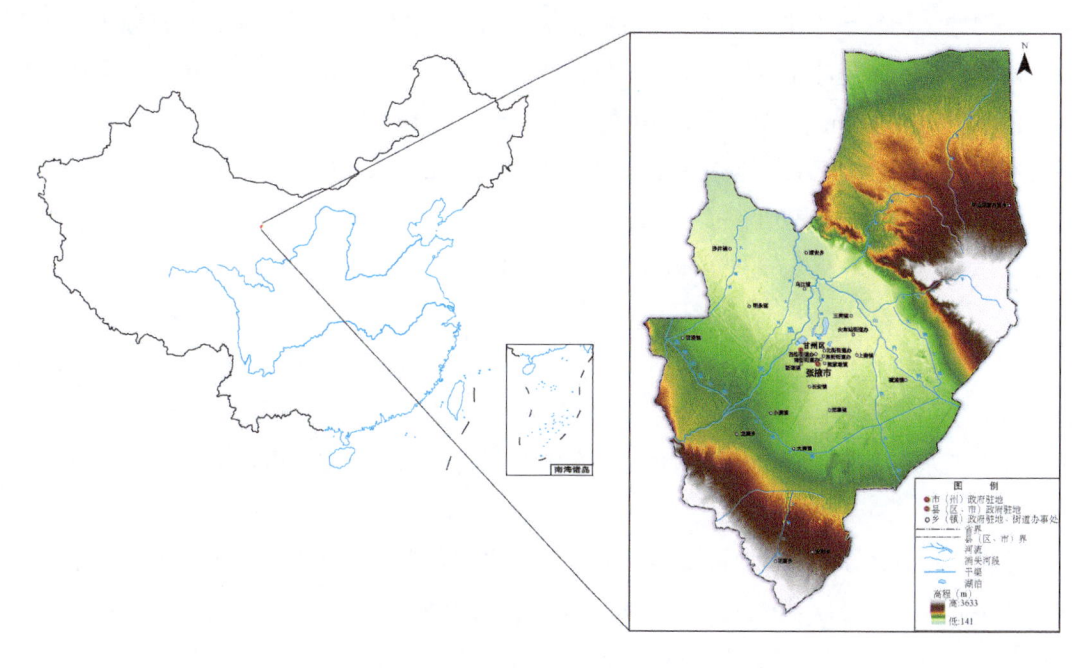

图4.1 研究区区位图

原、北部为合黎山地及荒漠区，具有独特的走廊地形和荒漠绿洲景象。南部祁连山地是祁连山的浅山地带，海拔为1900~3100m，是张掖绿洲重要的水源涵养地；中部走廊平原为冲洪积扇形成的张掖绿洲盆地，呈扇形，由东南向西北敞开，依据地貌形态分为冲洪积细土平原、堆积和剥蚀戈壁平原、冲积土质荒漠、风积沙漠，海拔为1410~2230m，地势平坦，是主要的农作物种植区；北部合黎山地系天山余脉，山体大部低矮，属剥蚀中山，岩石裸露，山间比较平坦，海拔为1600~3200m，是抵御风沙侵袭的重要屏障区。按地貌基本形态及其土壤属性、农业生产可划分为南部沿山农牧区、走廊平原农林果牧副渔业区、北部荒漠草原牧区、东大山天然林资源保护区。

2. 气候条件

甘州区气候上受青藏高原影响，属典型的温带大陆性气候，全年降水稀少，蒸发强烈，气候干燥，日照时间长，昼夜温差大，主要的灾害性天气有干旱、大风、沙尘暴、干热风、霜冻等。年平均降水量为132.6mm，蒸发量高达2047.0mm，降水量年内时空分配不均，降水主要集中在6~9月，约占全年降水量的75%，多年平均气温为7.8℃，极端最高气温为39.8℃，极端最低气温为-28.7℃，无霜期为138~179d，日照时数为3085h，平均风速为1.8m/s，冻土层厚度达100~120cm。

3. 水文和水资源

甘州区境内主要的河流有黑河、山丹河、酥油口河、洪水河、大野口河、大堵麻河、大磁窑河等，均发源于祁连山区带，流向多为由南向北流入走廊区。地表水资源主要源于大气降水、高山冰川冻土带的融水、中低山季节性冰雪融水、永久积雪补给等。全区境内流域面积为3663.8km^2，可供开发利用的河流有5条，季节性小沟小河有26条，多年平均天然径流量为16.51亿m^3，其中黑河为15.80亿m^3，酥油口河为0.33亿m^3，大野口河为0.14亿m^3，大磁窑河为0.08m^3，山丹河为0.13亿m^3，其他小沟小河为0.03亿m^3。可利用水资源量为12.76亿m^3，其中地表水为9.33亿m^3，泉水为1.02亿m^3，地下水为2.41亿m^3。

甘州区水资源总量为19.6659亿m^3，其中入境水资源量为16.5325亿m^3，地下水净补给量为3.1334亿m^3。2020年地表水资源量为0.1200亿m^3，地下水资源量为3.7500亿m^3，不重复地下水资源量为0.4800亿m^3。现有中型水库1座，中型水电站1座，机电井共有3756眼。

全区自产地表水资源为0.0724亿m^3，其中北山九条小沟、小河及山前三角地带，产流面积为458km^2，自产径流量为0.0398亿m^3；南山北麓17条小沟小河及三角地带，产流面积为4km^2，自产径流量为0.0003亿m^3，全部散流于山前地带，无利用价值。

全区入境水资源量为16.5325亿m^3，主要来源于黑河水系的黑河干流、酥油口河和大野口河，沿途还有大、小磁窑河等的汇入。黑河是河西走廊最大的内陆河，干流全长851km，流域面积为13万km^2，最大年径流量为22.2000亿m^3，最小年径流量为11.1000亿m^3，多年平均入境径流量为15.8000亿m^3。酥油口河发源于肃南裕固族自治县雪大板，流域面积为166km^2，多年平均径流量为0.4350亿m^3，除民乐县引水0.1125亿m^{3}外，其余0.3375亿m^{3}流入安阳灌区。在出山口已建成酥油口水库，设计库容为370万m^3，自1972年建成以来，多年蓄水量在170万~330万m^3。大野口河发源于肃南裕固族自治县青大板，流域面积为99.1km^2，多年平均径流量为0.1480亿m^3，在出山口已建成大野口水库，设计库容为370万m^3，多年蓄水量在870万~1300万m^3。大磁窑河年径流量为0.1320亿m^3，除肃南裕固族自治县引水0.0330亿m^{3}外，入境总量为0.0990亿m^3。由临泽县梨园河输入甘州区小泉渠水量为0.1082亿m^3。全区出境水资源量为10.8851亿m^3，其中黑河高崖站多年平均出境水量为10.4500亿m^3；通过沙河渠输入临泽县0.4351亿m^3。甘州区地下水资源拥具有天然、良好的地下水存储条件，含水层以第四系冲洪积层为主，广泛分布于张掖盆地，第四系中上更新统（Q2-3）是张掖盆地地下水的主要含水层，厚度可达50~300m，水位埋深3~200m，富水性较好，一般单井出水量为2000~5000m^3/d，大部分地区的开采条件较好。地下水补给来源主要由祁连山、合黎山的谷间潜流、侧向径流、水库渗漏，以及河道、渠系、田间、雨洪渗漏补给等。地下水总补给量为8.2900亿m^3，净补给量为3.1334亿m^3，允许开采量为2.2264亿m^3。黑河作为甘州区的地表水源，进入走廊平原后大量渗漏补给地下水，地下水受阻以泉水形式溢出地面，变成地表水，形成了地表水—地下水—地表水多次转换的特征。

全区共建成万亩以上灌区8处（其中大型灌区3处），由9个水管所、31个乡水管站、50个渠系管理站管辖，设计灌溉面积为8.73万hm²，实际有效灌溉面积为7.26万hm²。现有渠道13 947条7390km，高标准衬砌渠道2298条2632km，衬砌率为36%（其中干渠32条270km，衬砌率为68%；支渠225条665km，衬砌率为70%；斗渠678条952km，衬砌率为51%；农毛渠1775条972km，衬砌率为22%），发展高效节水面积共2.3万hm²，田间配套4.55万hm²。泵站共16处，机电井共3131眼。有大野口水库、二坝水库、酥油口水库3座小（一）型水库，总库容为1020万m³。

全区共有湿地137.37km²，占土地总面积的3.24%，分为河流湿地、沼泽湿地、人工湿地。其中，河流湿地面积为24.31km²，占全区湿地总面积的17.70%；沼泽湿地面积为111.30km²，占全区湿地总面积的81.1%；人工湿地面积为1.75km²，约占全区湿地总面积的1.3%。

4. 土壤植被

甘州区土壤共划分11个土类、26个亚类、36个土属、75个土种，主要的土壤类型有绿洲灌淤土、潮土、风沙土、灰棕漠土、栗钙土、灰钙土、沼泽土、草甸土、盐土等，其中主要以灌淤土、潮土、灰棕漠土、风沙土为主。灰棕漠土占全区面积的47.1%，土壤有机质含量高，是全国重要的商品粮、瓜果蔬菜和制种生产基地的主要土壤类型。灌淤土为甘州区主要的耕作土壤，其次为潮土和风沙土。土壤养分含量为中钾、中有机质、低氮、缺磷，土壤中微量元素铁含量丰富，硼、锰、铜充足，锌、钼缺乏，相当于全国养分分级标准的中等或中上水平。

主要的植被类型有青海云杉林、高山柳灌丛、木紫菀、泡泡刺、荒漠蒿草、薹草亚高山草甸等。主要的湿地植物有芦苇、泽泻、慈姑等，植物群系主要以广布性的湿生、盐生和水生植物为主。随着不同生态地域、地理成分，甘州区形成了平原和山地的森林、荒漠灌丛草原、草甸和沼泽等不同植被类型。

耕地资源。根据第三次全国国土调查数据，甘州区现有耕地为104 190.14hm²，其中水田为139.22hm²，占0.13%；水浇地为103189.57hm²，占99.04%；旱地为861.35hm²占0.83%。耕地主要分布在沙井镇，占12.66%。坡度≤2°的耕地为91967.81hm²，占全区耕地的88.27%；坡度2°~6°（含）的耕地为11678.59hm²（17.52万亩），占11.21%；6°~15°坡度的耕地为538.47hm²，占0.52%；15°~25°坡度的耕地为5.27hm²，占0.01%。依据《耕地质量调查监测与评价办法》（农业部令2016年第2号）和《耕地质量等级》（GB/T33469—2016），以第三次全国国土调查数据耕地为基数，选取养分状况、土壤健康状况等方面的指标对耕地质量进行综合评价。全区耕地平均等级为2.10。

5. 矿产资源

甘州区矿产资源相对贫乏，以能源、非金属类矿产类为主，金属类矿产资源短缺。主要的矿产资源主要有煤、锰铁、铅、锌、钨、石膏、冶金用石英岩、水泥用灰岩、砖瓦用黏土、建筑用砂石等。已查明资源储量矿产13种，占全区已发现矿种数的100%，已发现矿产地66处，均为小型矿床。重点矿区为平山湖煤矿重点矿区，面积为164.24km²。

6. 旅游资源

甘州区历史悠久，文化旅游资源丰富，拥有黑水古城、汉代墓群、隋代木塔、明代钟鼓楼、西夏大佛寺等著名的历史文物古迹，是中国历史文化名城和中国优秀旅游城市，也是甘肃省华夏文明传承创新区——丝绸之路文化发展带的重要节点。境内有张掖大佛寺景区、张掖平山湖大峡谷景区、张掖国家湿地公园、张掖玉水苑景区四处4A级旅游景区。碱滩镇古城村、平山湖蒙古族乡平山湖村、甘浚镇速展村、安阳乡苗家堡村、长安镇前进村、碱滩镇普家庄村、新墩镇双塔村为省级乡村旅游示范村。全区获评省级乡村旅游示范县区、全国旅游标准化试点城市，2020年接待游客1146.37万人次、实现旅游综合收入64.51亿元。

4.1.3 社会经济概况

甘州区是张掖市政治、经济、文化中心，截至2020年末，甘州区常住人口为51.91万人，其中城镇人口为27.81万人，农村人口为24.10万人，城镇化水平达到53.57%。2020年实现地区生产总值202.20亿元，其中第一产业增加值为44.62亿元；第二产业增加值为33.57亿元；第三产业增加值为124.00亿元（图4.2）。2020年实现工业总产值为82.74亿元，十大生态产业增加值为50.88亿元，固定资产投资增长9.03%，一般公共财

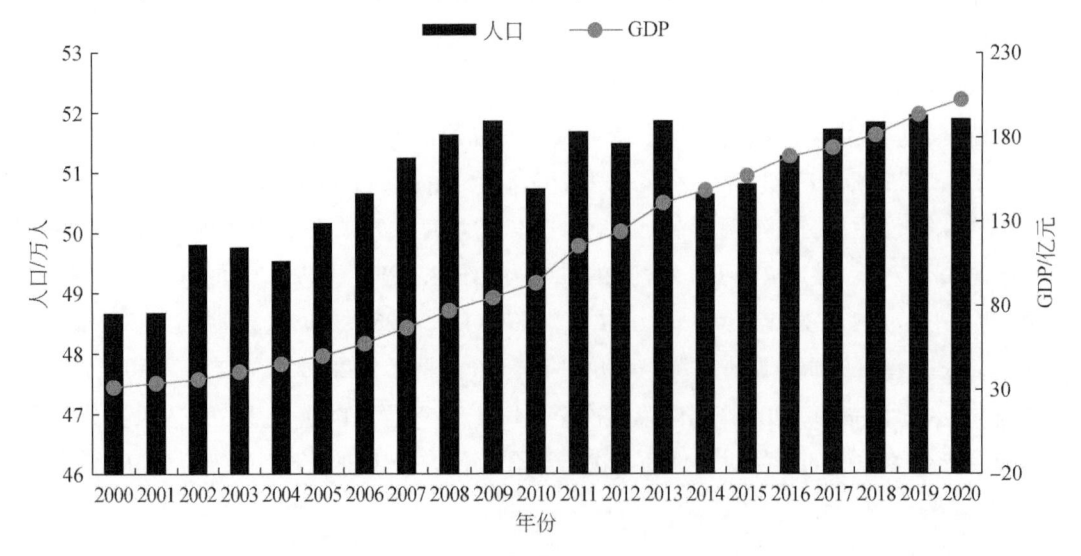

图4.2　2000~2020年甘州区人口、经济变化情况

政预算收入为8.64亿元，城镇居民人均可支配收入为29 685元，农村居民人均可支配收入为16 843元，实现社会消费品零售总额为111.40亿元，外贸进出口总额为35 645万元，三次产业结构调整为22.1∶16.6∶61.3，综合经济实力不断增强。2020年全区总用水量为6.81亿 m^3。其中，农业用水为6.14亿 m^3，工业用水为0.07亿 m^3，生活用水为0.24亿 m^3，生态用水为0.36亿 m^3，万元国内生产总值用水量为366.24m^3，万元工业增加值用水量为33.51m^3。2020年农作物播种面积为116.27万亩，粮食作物播种面积为94.07万亩，制种玉米种植面积为57.66万亩，蔬菜种植面积为16.22万亩，油料种植面积为0.94万亩，粮食总产量为491685t，肉产量为42380t，大牲畜存栏为22.54万头。

4.2 土地利用类型时空变化特征

4.2.1 用地结构变化

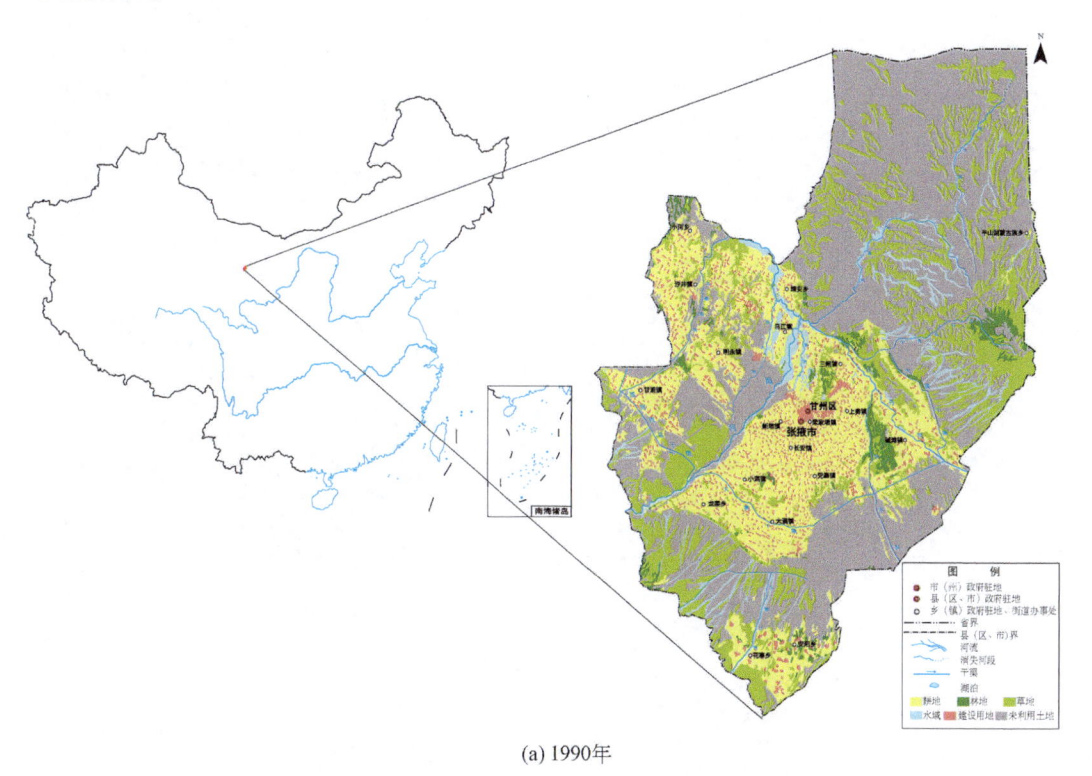

基于甘州区1990年、2000年、2010年、2020年土地利用类型分布图（图4.3），运用ArcGIS 10.2软件对其进行统计分析，得到以上四个时期的甘州区各土地利用类型的面积和所占比例（表4.1），以及不同时期土地利用数量变化图（图4.4），分析土地利用类型变化特征。

(a) 1990年

(b) 2000年

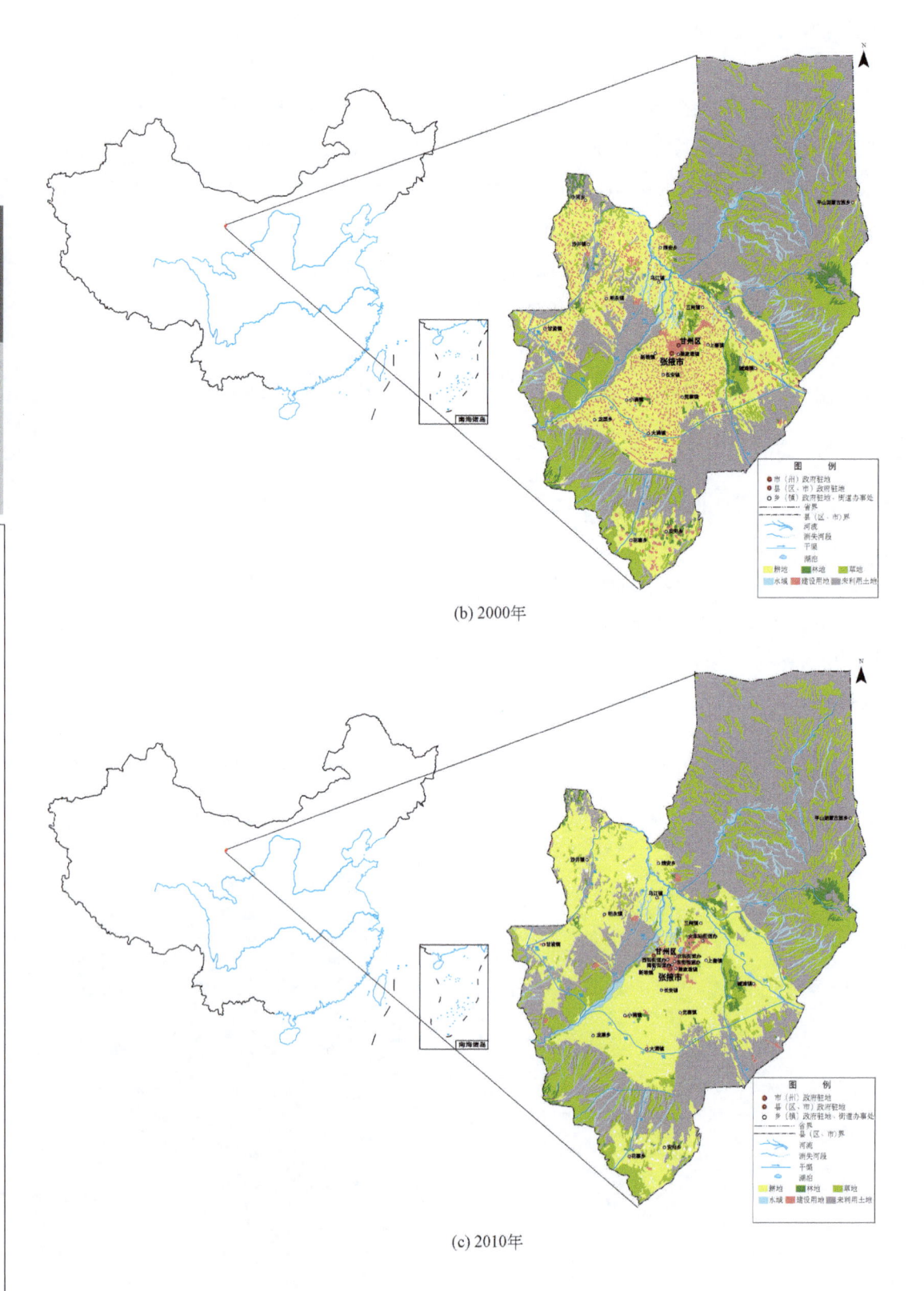

(c) 2010年

(d) 2020年

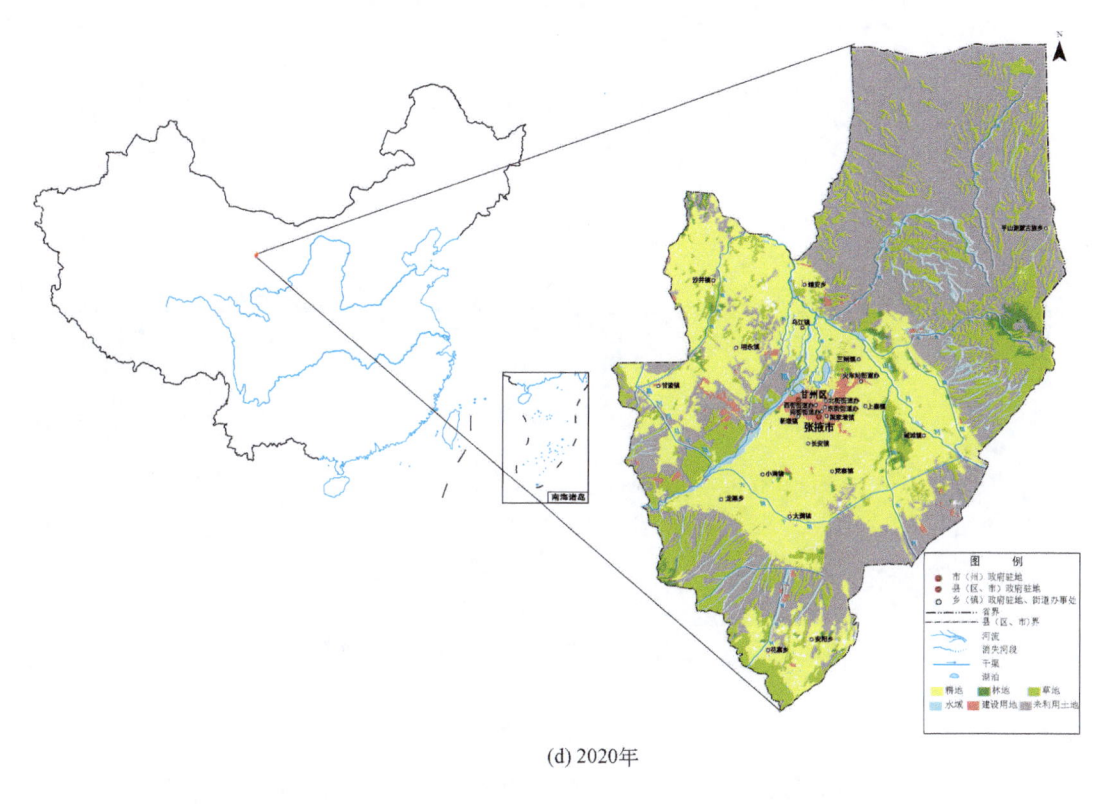

图4.3　1990年、2000年、2010年、2020年甘州区土地利用类型现状

表4.1　1990年、2000年、2010年、2020年甘州区土地利用类型面积和比例

土地利用类型	1990年 面积/hm²	比例/%	2000年 面积/hm²	比例/%	2010年 面积/hm²	比例/%	2020年 面积/hm²	比例/%
耕地	90 886.71	24.73	101 236.65	27.55	111 534.36	30.35	116 838.10	31.80
林地	8 248.94	2.24	6 842.31	1.86	5 869.48	1.60	6 072.43	1.65
草地	78 904.21	21.47	70 642.93	19.22	68 745.11	18.71	72 582.09	19.75
水域	13 599.21	3.70	11 608.00	3.16	12 045.25	3.28	12 592.96	3.43
建设用地	10 055.66	2.74	10 814.32	2.94	12 262.29	3.34	15 933.31	4.34
未利用土地	165 775.93	45.11	166 326.45	45.26	157 014.17	42.73	143 451.77	39.04

甘州区土地利用类型以未利用土地和耕地为主，二者约合占国土总面积的70%。从历时性角度考察，各类用地的增减不一致。1990~2000年，耕地、建设用地和未利用地的面积分别增加了10 349.94hm²、758.66hm²、550.52hm²，增幅分别为11.39%、7.54%、0.33%，所占比例分别提高了2.82%、0.20%、0.15%，而林地、草地和水域分别减少了1406.63hm²、8261.28hm²、1991.21hm²，减幅分别为17.05%、10.47%、14.64%，所占比例分别降低了0.38%、2.25%、0.54%。2000~2010年，耕地、建设用地和水域面积

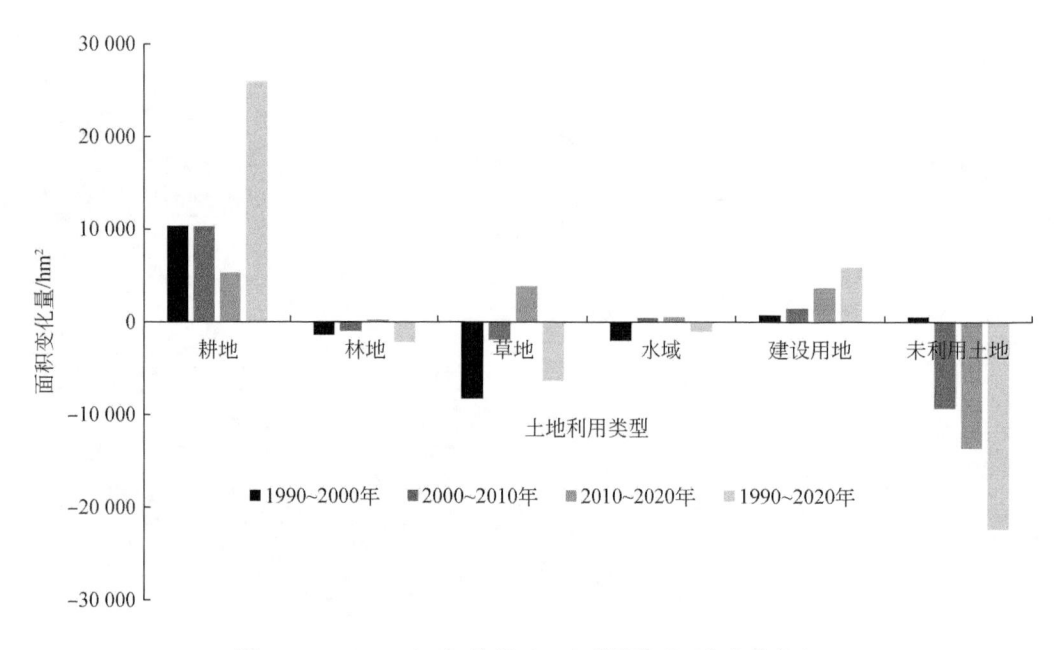

图 4.4 1990～2020年甘州区土地利用类型面积变化情况

分别增加了10297.71hm²、1447.97hm²、437.25hm²，增幅分别为10.17%、13.39%、3.77%，所占比例分别提高了2.80%、0.40%、0.12%，而林地、草地、未利用土地分别减少了972.83hm²、1897.82hm²、9312.28hm²，减幅分别为14.22%、2.69%、5.60%，所占比例分别降低了0.26%、0.51%、2.53%。2010～2020年，耕地、林地、草地、水域、建设用地面积均有所增加，分别增加了5303.74hm²、202.95hm²、3836.98hm²、547.71hm²、3671.02hm²，增幅分别为4.76%、3.46%、5.58%、4.55%、29.94%，所占比例分别提高了1.45%、0.05%、1.04%、0.15%、1.00%，而未利用土地减少了13562.40hm²，减幅达8.64%，所占比例降低了3.69%。可以明显地看出，基本以2010年为界表现出不同的变化趋势，耕地在2010年之前明显增加，但在2010年之后增幅放缓；林地和草地在2010年之前一直处于减少态势，但在2010年之后开始增加；水域和建设用地在2010年之前缓慢增长，但在2010年之后明显增加；未利用土地在2010年之后减少幅度开始加大。

总体来看，1990～2020年，甘州区土地利用结构发生了较大变化。耕地和建设用地面积持续增加，分别增加了25951.39hm²、5877.65hm²，年均增加865.05hm²、195.92hm²，其占比分别提高了7.07%、1.60%，甚至建设用地占比（4.34%）已经超过了水域占比（3.43%）。究其原因，主要是随着甘州区社会经济的快速发展和城镇化水平的不断提高，对农业生产功能空间与城镇建设功能空间的用地需求日益增大，只能挤占其他用地类型。因此林地、草地、水域和未利用土地面积呈波动式变化，但总体上持续减少，分别减少了2176.51hm²、6322.12hm²、1006.25hm²、22324.16hm²，年均分别减少72.55hm²、210.74hm²、

$33.54hm^2$、$744.14hm^2$，其占比分别降低了 0.59%、1.72%、0.27%、6.07%。林地、草地和水域经历了持续减少、短暂增加的变化过程，而未利用土地基本以持续减少为主。

4.2.2 土地利用动态度变化

动态度模型可以反映土地利用类型的变化速度。运用土地利用单一动态度和综合动态度指标，得到甘州区1990~2020年的土地利用动态度变化情况（表4.2）。

表4.2　1990~2020年不同时期甘州区土地利用类型动态度　　（单位：%）

时间	单一动态度						综合动态度
	耕地	林地	草地	水域	建设用地	未利用土地	
1990~2000年	1.14	−1.71	−1.05	−1.46	0.75	0.03	1.03
2000~2010年	1.02	−1.42	−0.27	0.38	1.34	−0.56	0.89
2010~2020年	0.48	0.35	0.56	0.45	2.99	−0.86	1.55
1990~2020年	0.95	−0.87	−0.26	−0.24	1.94	−0.45	0.76

1990~2020年，甘州区各类用地中，建设用地（1.94%）和耕地（0.95%）均呈正向变化态势，而林地（−0.87%）、草地（−0.26%）、水域（−0.24%）均呈负向变化态势，即生产和生活功能用地与生态功能用地呈反向变化态势，城镇建设用地增长最突出，林地减少最明显。分时段来看，1990~2000年，林地、水域、耕地和草地的单一动态度较大，而建设用地和未利用土地单一动态度较小，其中林地、水域和草地面积分别以年变化率1.71%、1.46%、1.05%减少，而耕地面积以年变化率1.14%增加。这说明耕地的剧烈扩张严重挤占了水域。2000~2010年，林地、建设用地和耕地的单一动态度较大，而草地、水域和未利用土地单一动态度较小，其中建设用地和耕地面积分别以年变化率1.34%、1.02%增加，而林地面积以年变化率1.42%减少，说明城镇建设和耕地扩张挤占了林地。2010~2020年，建设用地单一动态度最大，其面积以年变化率2.99%增加，而其他土地利用类型动态度均较小，其中未利用土地面积以年变化率0.86%减少。对比分析三个研究时段土地利用动态度，耕地单一动态度呈持续下降，说明耕地面积增加速度逐渐降低；建设用地单一动态度呈持续上升，说明建设用地面积一直保持较快的增加速度；林地和草地的单一动态度在2010年以前小于0，面积减少年变化速率逐渐降低，但在2010年以后发生了转变，二者单一动态度均大于0，面积增加年变化速率较低；同样，水域和未利用土地的单一动态度在2000年以后发生了转变，其中水域面积增加和未利用土地面积减少年变化速率均逐渐加快。

综合动态度经历了先减小后增加的变化过程，但在整体上仍呈增加趋势，由1990~2000年的1.03%增加到了2010~2020年的1.55%，表明甘州区土地利用一直处于调整状态，人类活动对土地利用变化干扰程度正在逐渐加大，尤其是 2000 年以后，受黑河分水、节水型社会建设、退耕还林还草工程、加快城镇化进程等政策措施的影响，土地利用类型变化速度明显加快。

4.2.3 土地利用类型转移

土地利用转移矩阵可以反映一定时期内土地利用转换类型、转移数量及转移比例。运用 ArcGIS 10.2 软件，对甘州区 1990~2020 年四期土地利用遥感解译图进行空间叠加，统计各土地利用类型转移面积，得到 1990~2000 年、2000~2010 年、2010~2020 年三个研究时段不同土地利用类型转移矩阵（表 4.3~表 4.5）和转移概率图（图 4.5~图 4.7），分析土地利用类型转移特征。

表 4.3　1990~2000 年甘州区土地利用类型转移矩阵　　　（单位：hm^2）

1990 年土地利用类型	2000 年土地利用类型						总计	转出面积
	耕地	林地	草地	水域	建设用地	未利用土地		
耕地	89 719.02	—	363.17	45.86	758.66	—	90 886.71	1 167.69
林地	258.97	6 634.66	1 294.29	—	—	61.02	8 248.94	1 614.28
草地	8 435.04	207.65	68 985.47	—	—	1 276.05	78 904.21	9 918.74
水域	2 037.07	—	—	11 562.14	—	—	13 599.21	2 037.07
建设用地	—	—	—	—	10 055.66	—	10 055.66	—
未利用土地	786.55	—	—	—	—	164 989.38	165 775.93	786.55
总计	101 236.65	6 842.31	70 642.93	11 608.00	10 814.32	166 326.45	36 7470.66	15 524.33
转入面积	11 517.63	207.65	1 657.46	45.86	758.66	1 337.07	15 524.33	—

表 4.4　2000~2010 年甘州区土地利用类型转移矩阵　　　（单位：hm^2）

2000 年土地利用类型	2010 年土地利用类型						总计	转出面积
	耕地	林地	草地	水域	建设用地	未利用土地		
耕地	99 758.42	106.51	214.77		820.00	336.95	101 236.65	1 478.23
林地	972.24	5 600.09			269.98		6 842.31	1 242.22
草地	3 176.49		66 615.41	62.59	432.88	355.56	70 642.93	4 027.52
水域	119.90			11 488.10			11 608.00	119.90
建设用地	182.92				10 631.40		10 814.32	182.92
未利用土地	7324.39	162.88	1 914.93	494.56	108.05	156 321.64	166 326.45	10 004.81
总计	111 534.36	5 869.48	68 745.11	12 045.25	12 262.31	157 014.15	367 470.66	17 055.6
转入面积	11 775.94	269.39	2 129.70	557.15	1 630.91	692.51	17 055.60	

表4.5 2010~2020年甘州区土地利用类型转移矩阵　　　　　　（单位：hm²）

2010年土地利用类型	2020年土地利用类型						总计	转出面积
	耕地	林地	草地	水域	建设用地	未利用土地		
耕地	105 159.99	308.84	2 810.13	205.27	1 585.86	1 464.27	111 534.36	6 374.37
林地	101.94	5 580.81	—	150.29	36.44	—	5 869.48	288.67
草地	813.65	—	67 174.81	123.49	466.96	166.20	68 745.11	1 570.30
水域	—	—	261.84	11 578.96	—	204.45	12 045.25	466.29
建设用地	263.47	—	—	—	11 998.84	—	12 262.31	263.47
未利用土地	10 499.05	182.78	2 335.31	534.95	1 845.21	141 616.85	157 014.15	15 397.30
总计	116 838.10	6 072.43	72 582.09	12 592.96	15 933.31	143 451.77	367 470.66	24 360.40
转入面积	11 678.11	491.62	5 407.28	1 014.00	3 934.47	1 834.92	24 360.40	—

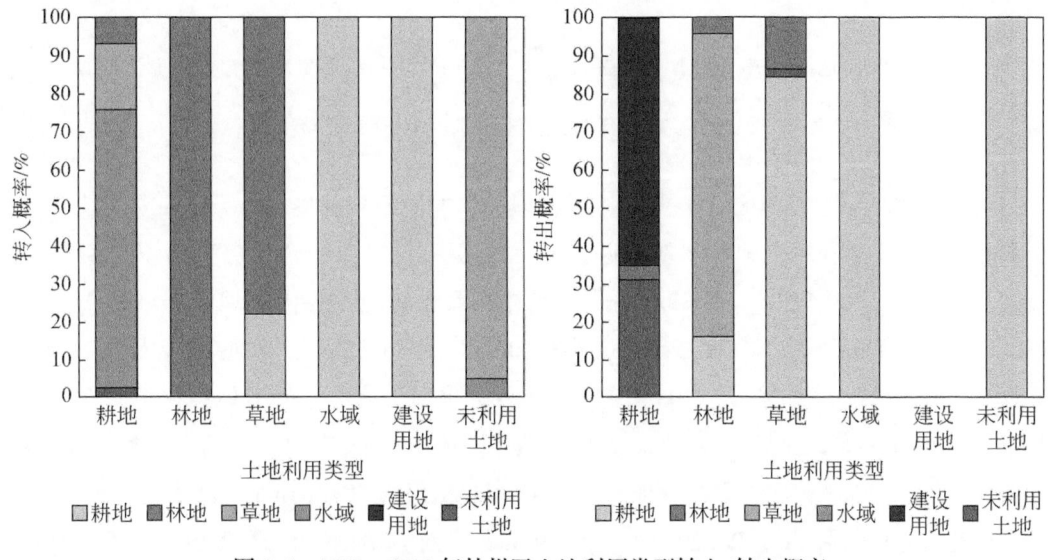

图4.5 1990~2000年甘州区土地利用类型转入/转出概率

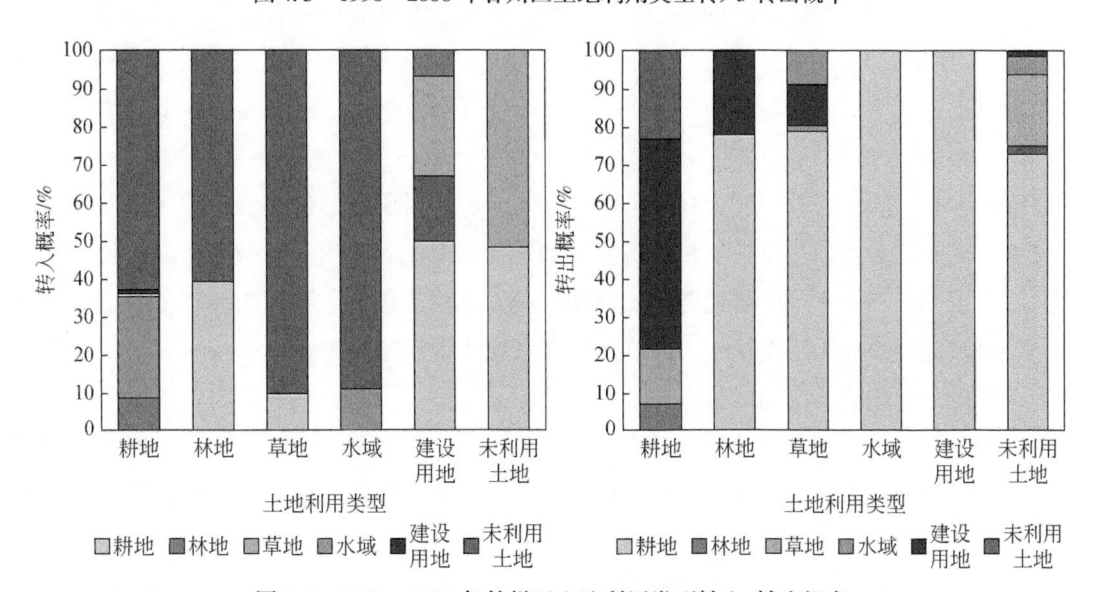

图4.6 2000~2010年甘州区土地利用类型转入/转出概率

第4章　绿洲国土空间利用特征

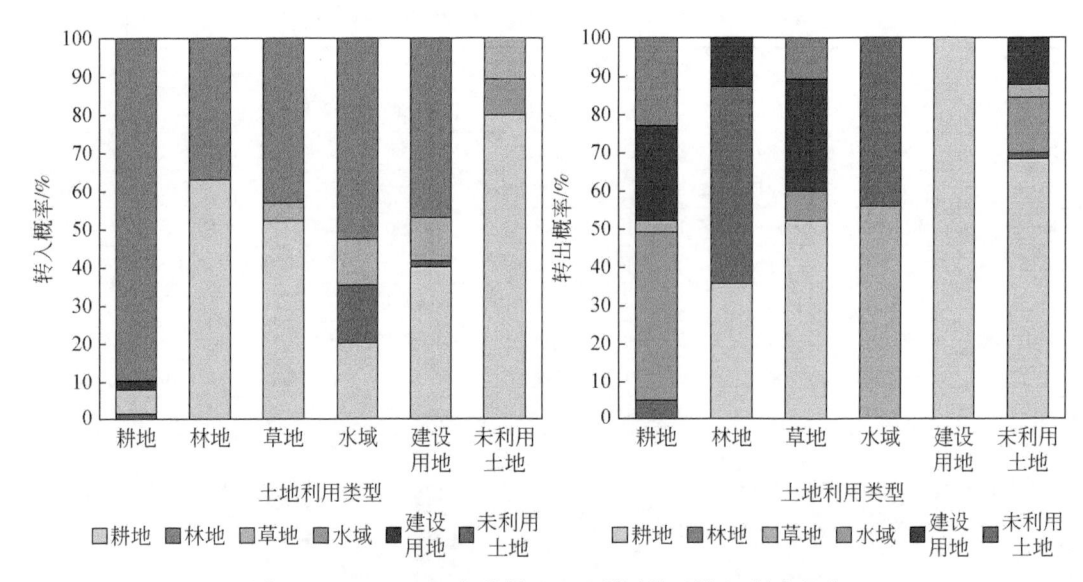

图 4.7　2010~2020 年甘州区土地利用类型转入/转出概率

1990~2000 年，甘州区发生土地利用类型转移的面积总计达 15 524.33hm², 主要集中在耕地、草地、未利用土地及水域之间，转入面积和转出面积合计分别为 12685.32hm²、11576.20hm²、2123.62hm²、2082.93hm²。具体来看，耕地主要由草地、水域和未利用土地转入，转入面积分别为 8435.04hm²、2037.07hm²、786.55hm²，对应的转入概率分别为 73.24%、17.69%、6.83%，其中水域转入主要为黑河干流沿岸的滩地；耕地主要转向建设用地和草地，转出面积分别为 758.66hm²、363.17hm²，对应的转出概率分别为 64.97%、31.10%；林地主要由草地转入，转入面积仅为 207.65hm²，主要转向草地和耕地，转出面积分别为 1294.29hm²、258.97hm²，对应的转出概率分别为 80.18%、16.04%；草地主要由林地和耕地转入，主要转向为耕地和未利用土地，分别占草地转出面积的 85.04%、12.87%；水域主要转出为耕地；建设用地主要由耕地转入；未利用土地主要由草地转入，对应的转入面积为 1276.05hm²、转入概率为 95.44%，主要转出为耕地（图 4.5 和表 4.3）。

由此看来，随着人口的变化和社会经济转型，绿洲平原区的低覆盖草地、河滩地及沼泽地被大量开垦为耕地，耕地面积的大幅度增加使得农业灌溉用水量激增，严重挤占生态用水，导致部分林地和少量耕地退化成草地，部分草地退化成未利用土地；在城镇化驱动下，少量耕地转换成为建设用地，最终使得未利用土地和建设用地面积较研究初期有所增加，对生态环境造成一定的威胁。

2000~2010 年，甘州区发生土地利用转移面积总计 17 055.60hm²，比前一时期土地利用类型转移更加频繁，转换数量也明显增加，主要集中在耕地、未利用土地、草地以及建设用地之间，转入和转出面积合计分别为 13 254.17hm²、10 697.32hm²、6157.22hm²、1813.83hm²。具体而言，耕地主要由未利用土地、草地和林地转入，转入面积分别为

7324.39hm²、3176.49hm²、972.24hm²，对应的转入概率分别为 62.20%、26.97%、8.26%，主要转向建设用地和未利用土地，转出面积分别为820.00hm²、336.95hm²，对应的转出概率分别为55.47%、22.79%；林地由未利用土地和耕地转入，转入面积分别为162.88hm²、106.51hm²，对应的转入概率分别为60.46%、39.54%，主要转向为耕地和建设用地，分别占林地转出面积的78.27%、21.73%；草地由未利用土地和耕地转入，转入面积分别为1914.93hm²、214.77hm²，对应的转入概率分别为89.92%、10.08%，主要转向为耕地，占草地转出面积的78.87%；水域主要由未利用土地转入，占转入水域面积的88.77%，主要转向为耕地，对应的转出面积为119.9hm²；建设用地主要由耕地、草地和林地转入，转入面积分别为820.00hm²、432.88hm²、269.98hm²，对应的转入概率分别为50.28%、26.54%、16.55%，主要转向为耕地，转出面积为182.92hm²；未利用土地由耕地和草地转入，分别占转入未利用土地面积的48.66%、51.34%，主要转出也为耕地和草地，分别占未利用土地转出面积的73.21%、19.14%（图4.6，表4.4）。

由此看来，随着人口的变化和社会经济转型，绿洲平原区的低覆盖草地、河滩地及沼泽地被大量开垦为耕地，耕地面积的大幅度增加使得农业灌溉用水量激增，严重挤占生态用水，导致部分林地和少量耕地退化成草地，部分草地甚至退化成未利用土地。在城镇化驱动下，少量耕地转换成为建设用地。最终，使得未利用土地和建设用地面积较研究初期有所增加，对生态环境造成一定的威胁。

在这一时期，依旧有大量的未利用土地、草地、林地等被开垦为耕地，但区位已发生明显变化，主要分布在绿洲与荒漠、戈壁的过渡带。2008年，水利部批复启动编制《黑河流域综合规划》（黑河二期），2000年开始实施黑河干流水量统一调度（即分水方案），削减了中游地区的水用水量，使得甘州区水资源的供需矛盾更加尖锐，原有的一些耕地因为缺水而出现撂荒，转变为未利用土地，少量的草地也相应地退化成沙地和裸土地。同时，退耕还林还草工程和黑河流域综合治理工程的实施，一部分未利用土地和少量的坡耕地转变为草地、林地，并且中小型水库的修建也使得水域面积也有所增加。此外，随着城市发展速度的加快，中心城区周边的耕地、草地和林地被大量开发为建设用地，并伴随着一些分散的、废弃的农村居民点被复垦为耕地，但是这与建设用地转入面积相比较，所占比例甚小。

2010~2020年，甘州区发生土地利用转移面积总计24360.40hm²，是三个研究时段内土地利用类型转移最为频繁的，依然集中在耕地、未利用土地、草地以及建设用地之间，转入和转出面积合计分别为18052.48hm²、17232.22hm²、6977.58hm²、4197.94hm²。耕地主要由未利用土地转入，对应的转入面积为10499.05hm²，转入概率为89.90%，主要转向草地、建设用地和未利用土地，转出面积分别为 2810.13hm²、1585.86hm²、1464.27hm²，对应的转出概率分别为44.08%、24.88%、22.97%；林地主要由耕地和未利用土地转入，转入面积分别为 308.84hm²、182.78hm²，对应的转入概率分别为

62.82%、37.18%，主要转向水域和耕地，转出面积分别为150.29hm²、101.94hm²，对应的转出概率分别为52.06%、35.31%；草地主要由耕地和未利用土地转入，分别占转入草地面积的51.97%、43.19%，主要转向耕地和建设用地，分别占草地转出面积的51.81%、29.74%；水域主要由未利用土地和耕地转入，转入面积分别为534.95hm²、205.27hm²，对应的转入概率分别为52.76%、20.24%，主要转向草地和未利用土地，分别占水域转出面积的56.15%、43.85%；建设用地主要由未利用土地和耕地转入，分别占转入建设用地面积的46.90%、40.31%，主要转向耕地，转出面积为263.47hm²；未利用土地主要由耕地转入，占转入未利用土地面积的79.80%，主要转向耕地、草地和建设用地，分别占未利用土地转出面积的68.19%、15.17%、11.98%（图4.7和表4.5）。

在这一时期，大量未利用土地和草地被开垦为耕地的同时，由于持续增加的耕地因为灌溉不足而退化为未利用土地，但随着生态退耕政策的深入实施，积极发展人工牧草地和林地成为主要的土地利用方式，一部分耕地和未利用土地被转化为草地，并且由于加大了水利水保工程和农田水利基础设施的建设，少量的未利用土地、耕地和草地转化为水域，使得水域面积持续增加。此外，随着新型城镇化和工业化的快速推进，城市新区和产业园区的建设，也使得城市周边一部分耕地和绿洲边缘区的未利用土地被开发为建设用地，并伴随有少量废弃的农村居民点用地复垦为耕地，以补充被占用的耕地。

4.3 国土空间功能用地时空变化特征

4.3.1 国土空间功能用地分类体系构建

土地利用空间作为国土空间利用格局变化过程中人类社会与自然环境相互作用的客体，结合现行土地利用分类体系，将国土空间功能分类与土地利用类型相衔接，构建国土空间的三类功能空间用地分类体系，进一步分析国土空间利用特征。

基于前文关于国土空间功能分类的文献综述可知，以国土空间的土地利用功能为依据，形成了多种国土空间功能类型，但由于土地资源具有多功能的特征，同一用地类型可能兼顾多种功能，这将导致进行国土空间功能划分时会出现用地类型的空间重叠与混淆，因此只有将行为主体的主观用地意图作为某一土地利用类型的主导功能，才能保证功能与空间呈相互对应（吕立刚等，2013；陈龙等，2015）。例如，耕地既具有农业生产功能，又兼具生态保育功能，但一般而言耕地的主要意图在于生产粮食，因此将其归为农业功能空间用地；林地既具有生态保护功能，又兼具经济产出能力，但一般而言林地的主要意图在于维持生态系统安全，因此将之归为生态功能空间用地。本书借鉴已有研究成果（周鹏，2020；张佰发和苗长虹，2020），基于土地利用类型主导功能视角，通过归并基础数据中各用地类型，将研究区 6 个一级地类和 24 个二级地类划分为三类功能空间用地类型，建立土地利用分类体系与国土空间功能类型之间的对应关系，以形成国土空间的三类功能空间用地分类体系，来分析甘州区国土空间利用格局变化特征。其中，农业功能用地是以提供粮食作物、经济作物等农产品生产和服务为主导功能的用地类型，主要包括耕地和农村居民点；城镇功能用地是以提供人类居住、消费、休闲和娱乐等活动需求场所或工业产品为主导功能的用地类型，主要包括城市、建制镇的建设用地，以及工矿等其他建设用地；生态功能用地是以提供水源涵养、维持生物多样性、调节气候等生态服务或生态产品为主导功能的用地类型，主要包括林地、草地、水域和未利用土地（表 4.6）。

表 4.6 国土空间功能用地与土地利用类型对应关系

功能类型	一级地类	二级地类
农业功能用地	耕地	水田、旱地
	建设用地	农村居民点
城镇功能用地	建设用地	城镇用地、其他建设用地
生态功能用地	林地	有林地、灌木林地、疏林地、其他林地
	草地	高覆盖度草地、中覆盖度草地、低覆盖度草地
	水域	河渠、湖泊、水库坑塘、永久性冰川雪地、滩涂、滩地
	未利用土地	沙地、戈壁、盐碱地、沼泽地、裸土地、裸岩石质地

4.3.2 数量结构变化分析

依据上述国土空间的三类功能用地分类体系，运用 ArcGIS 10.2 软件对甘州区 1990 年、2000 年、2010 年和 2020 年土地利用数据进行归并，得到以上四个时期三类功能空间用地分布图（图 4.8），分类汇总各功能用地类型面积和所占比例（表 4.7），统计 1990～2020 年各研究时段内三类功能空间用地面积变化量（图 4.9），并计算其单一动态度和综合动态度（表 4.8），分析其数量结构变化特征。

表 4.7 1990 年、2000 年、2010 年、2020 年甘州区三类功能用地面积及比例

功能类型	1990 年 面积/hm²	比例/%	2000 年 面积/hm²	比例/%	2010 年 面积/hm²	比例/%	2020 年 面积/hm²	比例/%
农业功能用地	99 335.21	27.03	110 208.17	29.99	120 344.05	32.75	126 037.08	34.30
城镇功能用地	1 607.17	0.44	1 842.8	0.50	3 452.62	0.94	6 783.09	1.85
生态功能用地	266 528.28	72.53	255 419.69	69.51	243 673.99	66.31	234 650.49	63.86

绿洲国土空间冲突与格局优化

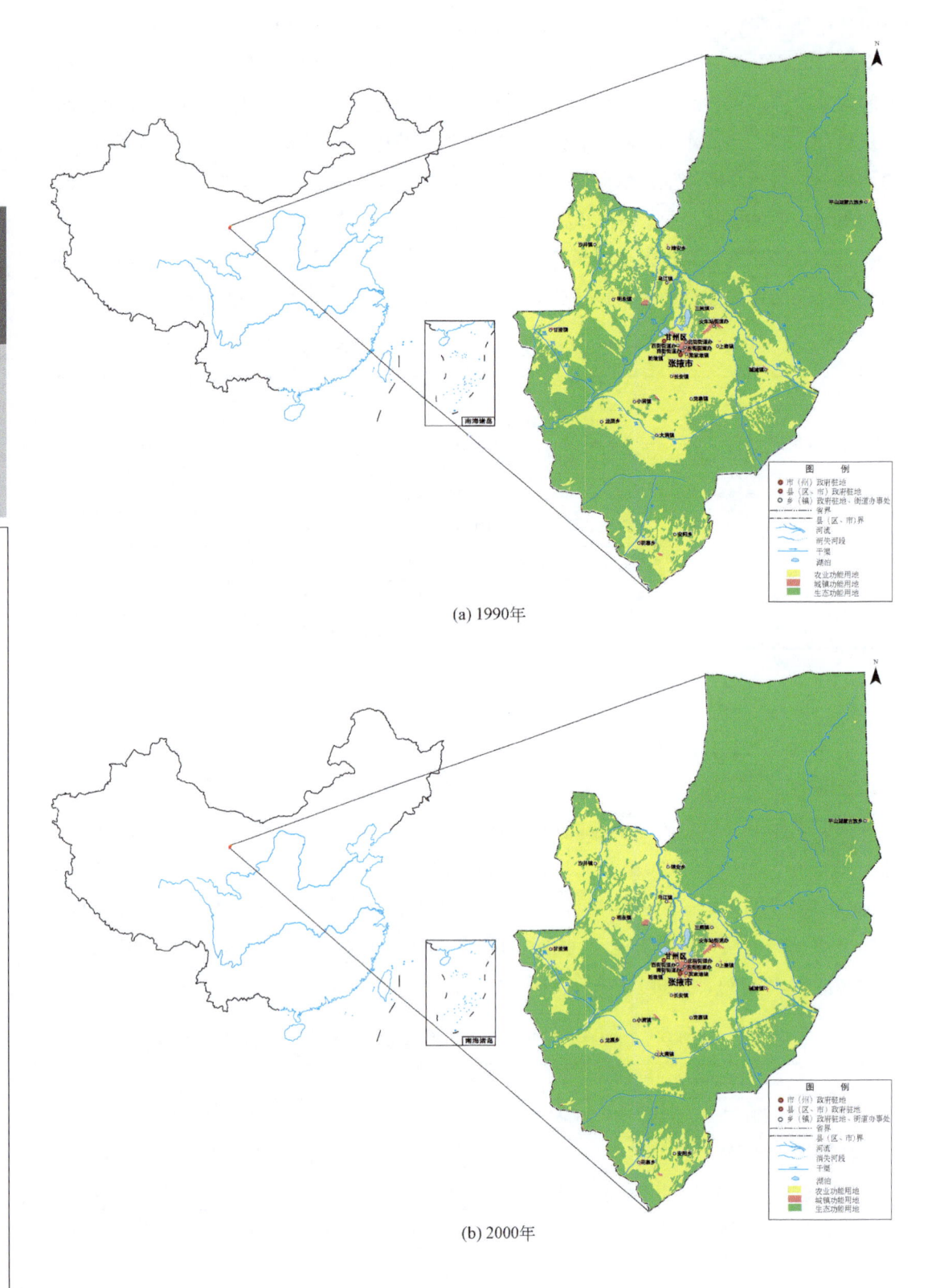

(a) 1990年

(b) 2000年

(c) 2010年

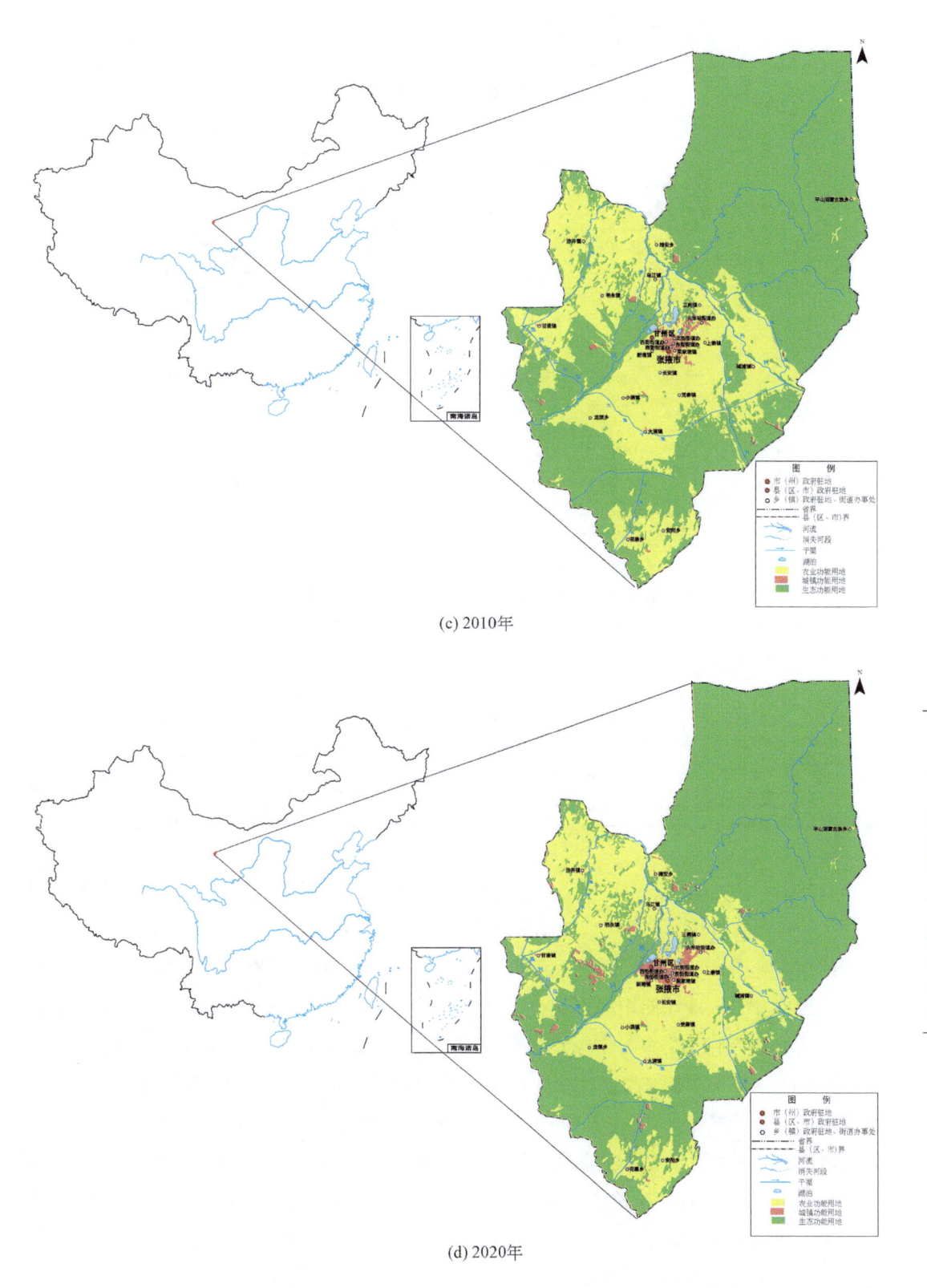

(d) 2020年

图 4.8 1990 年、2000 年、2010 年、2020 年甘州区三类功能空间用地现状

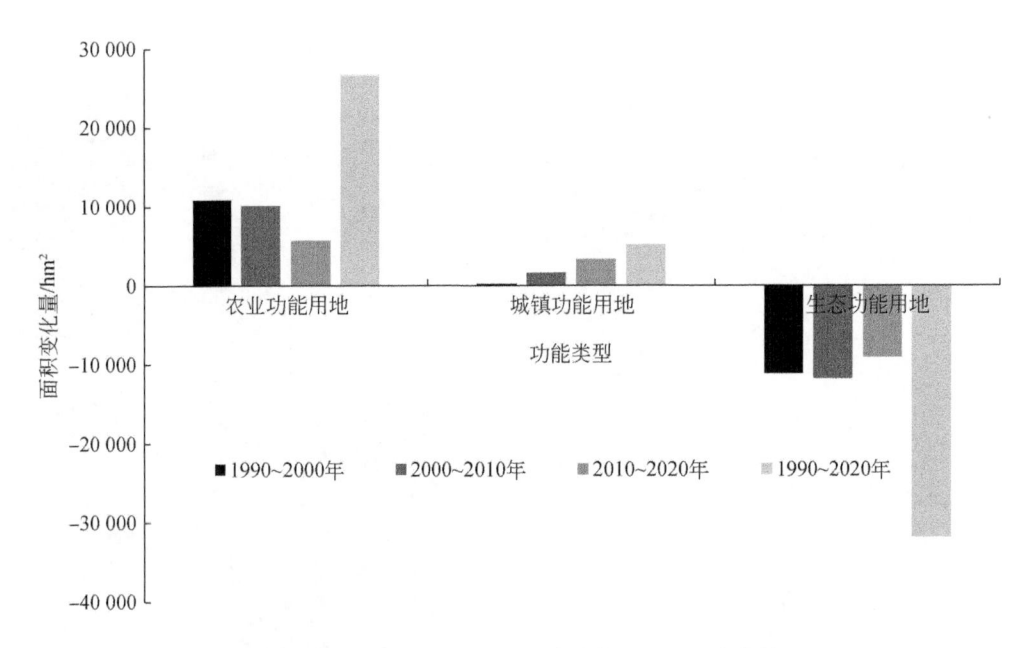

图4.9 1990~2020年甘州区三类功能用地面积变化情况

表4.8 1990~2020年甘州区三类功能用地动态度 （单位:%）

时间	单一动态度 农业功能用地	城镇功能用地	生态功能用地	综合动态度
1990~2000年	1.09	1.47	−0.42	1.05
2000~2010年	0.92	8.74	−0.46	2.63
2010~2020年	0.47	9.65	−0.37	3.24
1990~2020年	0.90	10.74	−0.40	3.02

甘州区三类功能用地中以生态功能用地所占比例最大,广泛分布于绿洲外围和绿洲核心区的一些国有林场;其次为农业功能用地,集中分布于绿洲平原区与山前洪积扇;城镇功能用地占比最小,主要分布于区政府驻地、乡（镇）政府所在地。从变化趋势来看,1990~2020年,农业功能用地面积持续增加,共计增加了26 701.87hm²,年均增长率为0.8%,所占比例提高了7.27%;城镇功能用地面积也处于增加趋势,共计增加了5175.92hm²,年均增长率为4.92%,所占比例提高了1.41%;生态功能用地面积呈持续减少趋势,共计减少了31 877.79hm²,年均减少率为0.42%,所占比例降低了8.67%。从具体研究时段来看,农业功能用地在1990~2000年、2000~2010年、2010~2020年分别增加了10 872.96hm²、10 135.88hm²、5693.03hm²,所占比例提高了2.96%、2.76%、1.55%,增幅逐渐降低;城镇功能用地在1990~2000年、2000~2010年、2010~2020年分别增加了235.63hm²、1609.82hm²、3330.47hm²,占比提高了0.06%、0.44%、0.91%,增幅逐渐提高;生态功能用地在1990~2000年、2000~2010年、2010~2020年

分别减少了 11108.59hm²、11745.70hm²、9023.5hm²，占比降低了 3.02%、3.20%、2.45%，减幅度少量增加后快速降低。

分析甘州区三类功能空间用地单一动态度变化情况（表4.8），以城镇功能用地单一动态度最大，达到 10.74%，并且在三个研究时段，其单一动态度均处于最大，其次为农业功能用地。具体来看，农业功能用地单一动态度逐渐减小，2000~2010 年单一动态度较 1990~2000 年减小了 0.17%，2010~2020 年单一动态度较 2000~2010 年减小了 0.45%，表明其面积年增加率自 2010 年以后呈降低趋势；城镇功能用地单一动态度增加较快，2000~2010 年单一动态度较 1990~2000 年提高了 7.27%，2010~2020 年单一动态度较 2000~2010 年提高了 0.91%，表明其面积年增加率在 2000 年以后大幅提高，尽管 2010~2020 年增加速率低于 2000~2010，但依然保持了较高的变化速率；生态功能用地单一动态度呈先增加、后减小的趋势，2000~2010 年单一动态度较 1990~2000 年提高了 0.04%，2010~2020 年动态度较 2000~2010 年减小了 0.09%，表明其面积年减少率在 2010 年以后呈降低趋势。进一步分析综合动态度变化情况，研究期间内一直处于增加趋势，表明三类功能空间用地的动态变化程度越来越剧烈，也反映出研究区国土空间利用格局变化十分显著。

综上所述，1990~2020 年，甘州区国土空间利用格局动态变化呈现逐年加剧态势，其中以城镇功能用地数量变化最为明显，主要是由于城镇化和工业化快速推进，2000 年以后甘州区城市建设规模不断扩张，导致农业功能用地和生态功能用地被大量占用。与此同时，农业功能用地通过大量开垦生态功能用地，数量变化也较为明显，但由于受水资源短缺条件的限制，其增加速率逐渐减缓，究其原因是 2000 年以后张掖市启动了节水型社会建设，全面实行"三禁三压三扩"政策，加快了农业结构调整的步伐，但值得注意的是，农业功能用地的增加趋势并未遏止。生态功能用地一直处于减少趋势，尤其是 2000~2010 年动态度最大，主要受这一时期农业功能用地快速增加所致，但随着张掖市生态城市建设步伐加快，生态保护意识逐渐增强，三北防护林工程、退耕还林还草工程等一些生态保护政策措施的实施，一部分农业功能用地逐步退还给生态功能用地，但仍然难以弥补其总量上的减少。

4.3.3 空间转移分析

研究运用 ArcGIS 10.2 软件对甘州区 1990~2020 年四期三类功能空间用地分布图进行叠加分析和分类统计，得到 1990~2000 年、2000~2010 年、2010~2020 年不同研究时段三类功能空间用地类型转移矩阵（表4.9~表4.11），分析空间转移特征及规律。

表 4.9 1990～2000 年甘州区国土空间功能用地转移矩阵　　（单位：hm²）

1990 年功能用地类型	2000 年功能用地类型			总计	转出面积
	农业功能用地	城镇功能用地	生态功能用地		
农业功能用地	98 689.47	235.63	410.11	99 335.21	645.74
城镇功能用地	—	1 607.17	—	1 607.17	—
生态功能用地	11 518.70	—	255 009.58	266 528.28	11 518.70
总计	110 208.17	1 842.80	255 419.69	367 470.66	12 164.44
转入面积	11 518.70	235.63	410.11	12 164.44	—

表 4.10 2000～2010 年甘州区国土空间功能用地转移矩阵　　（单位：hm²）

2000 年功能用地类型	2010 年功能用地类型			总计	转出面积
	农业功能用地	城镇功能用地	生态功能用地		
农业功能用地	108 490.82	754.13	963.22	110 208.17	1 717.35
城镇功能用地	—	1 842.80	—	1 842.80	—
生态功能用地	11 853.23	855.69	242 710.77	255 419.69	12 708.92
总计	120 344.05	3 452.62	243 673.99	367 470.66	14 426.27
转入面积	11 853.23	1 609.82	963.22	14 426.27	—

表 4.11 2010～2020 年甘州区国土空间功能用地转移矩阵　　（单位：hm²）

2010 年功能用地类型	2020 年功能用地类型			总计	转出面积
	农业功能用地	城镇功能用地	生态功能用地		
农业功能用地	114 042.40	1 521.02	4 780.63	120 344.05	6 301.65
城镇功能用地	—	3 452.62	—	3452.62	—
生态功能用地	11 994.68	1 809.45	229 869.86	243 673.99	13 804.13
总计	126 037.08	6 783.09	234 650.49	367 470.66	20 105.78
转入面积	11 994.68	3 330.47	4 780.63	20 105.78	—

在整个研究时段内，三类功能空间用地发生转移数量呈逐渐增加趋势，其中农业功能用地和生态功能用地之间转移量占转移总面积的80%以上，表明农业发展与生态保护之间的博弈非常突出。从不同研究时段来看，1990～2000年，农业功能用地主要由生态功能用地转入，转入面积为11 518.70hm²，说明农业发展挤占了生态用地；而转出方向为城镇和生态功能用地，对应的转出概率分别为36.49%、63.51%，说明受城镇化影响，部分耕地被征收为城镇建设用地。城镇功能用地主要由农业功能用地转入，并未发生转出。生态功能用地主要由农业功能用地转入，同时转出方向为农业功能用地。总体来看，农业空间与生态空间的互转更明显，二者之间的矛盾更突出。

2000～2010年，农业功能用地主要由生态功能用地转入，转入面积为11 853.23hm²；

转出方向依然是城镇功能用地和生态功能用地，对应的转出概率分别为43.91%、56.09%。与前一阶段相比，转移规模基本持平，但转向城镇和生态用地的概念收敛。城镇功能用地主要由农业功能用地和生态功能用地转入，对应的转入概率分别为46.85%、53.15%，并未发生转出。生态功能用地主要由农业功能用地转入，主要转向农业功能用地和城镇功能用地，对应的转出概率分别为93.27%、6.73%，农业发展对生态空间的挤占更突出。

2010~2020年，农业功能用地主要由生态功能用地转入，转入面积为11 994.68hm²，转出方向为城镇功能用地和生态功能用地，对应的转出概率分别为24.14%、75.86%；城镇功能用地主要由农业功能用地和生态功能用地转入，对应的转入概率分别为45.67%、54.33%，并未发生转出；生态功能用地主要由农业功能用地转入，主要转向农业功能用地和城镇功能用地，对应的转出概率分别为86.89%、13.11%。

总体来看，在三个研究时段内，甘州区三类功能空间用地转出转入方向基本相同，均呈现出相似的转移规律，生态功能用地转向农业功能用地是最主要的转移方向，并且转移规模呈现出持续增加态势，这也一定程度上反映出生态保护的严峻形势。此外，受人口增长和经济发展等因素影响，农业功能用地和生态功能用地转向城镇功能用地规模增长较快，在研究时段内分别增加了235.63hm²、1609.82hm²、3330.47hm²，同时受退耕还林还草工程等政策实施的影响，农业功能用地转向生态功能用地规模增长也较为明显，在研究时段内分别增加了410.11hm²、963.22hm²、4780.63hm²。

4.3.4 重心迁移分析

为充分反映各类功能空间的时空变化规律和演变特征。基于甘州区1990~2020年四期三类功能空间用地分布图，运用重心迁移模型，借助ArcGIS 10.2软件的空间分析工具，得到不同时期各功能空间用地重心分布图（图4.10）和迁移轨迹图（图4.11~图4.13），并计算1990~2000年、2000~2010年、2010~2020年重心移动距离（表4.12），分析重心迁移特征。

从三类功能空间用地重心分布总体格局来看（图4.10），受区域整体自然地理条件与绿洲历史开发过程影响，三类功能空间重心均分布在甘州区几何重心的西南方向，并且较为集中分布在甘州区中心城区以西大约4km处，充分反映了人类活动在绿洲地域具有高度集聚性特征，极易于引发国土空间冲突。从不同时期各功能空间用地重心迁移的剧烈程度来看，各类空间重心位置均有不同程度的移动，其中以城镇和农业功能空间累计移动距离较大，生态功能空间累计移动距离较小，表明研究时段内，甘州区国土空间开发利用的三类功能空间用地格局发生了较为明显的变化。

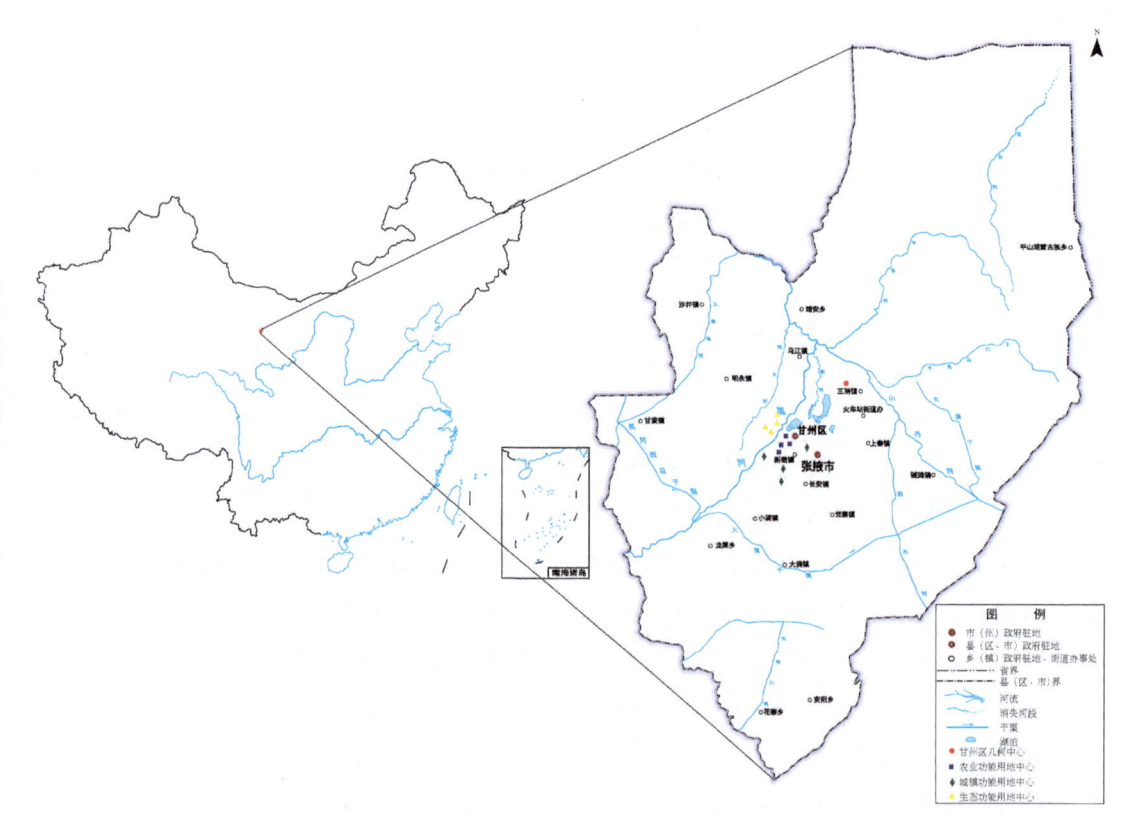

图 4.10　1990 年、2000 年、2010 年、2020 年甘州区三类功能空间用地重心分布

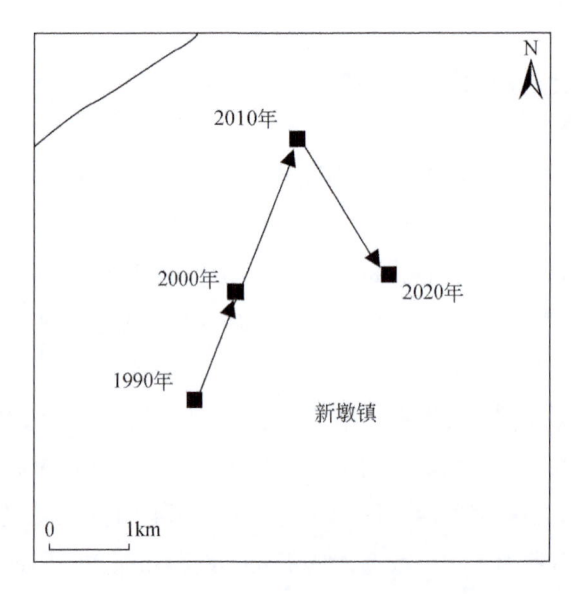

图 4.11　1990~2020 年甘州区农业功能用地重心迁移图

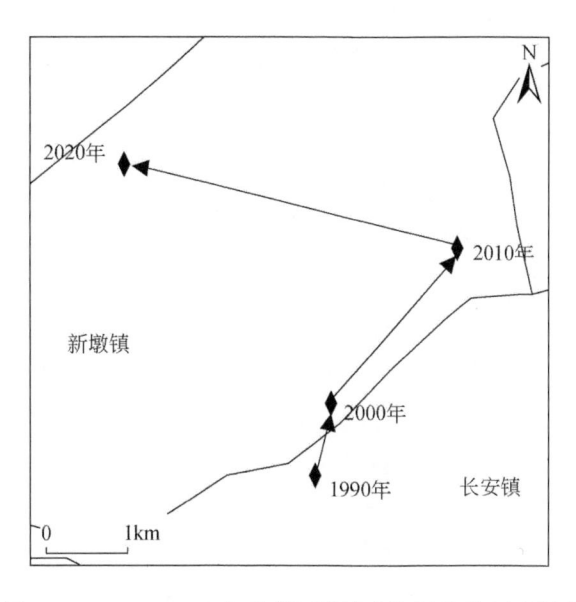

图4.12 1990~2020年甘州区城镇功能用地重心迁移图

表4.12 1990~2020年甘州区三类功能空间用地重心坐标及移动距离（单位：km）

年份	农业功能用地		城镇功能用地		生态功能用地	
	X	Y	X	Y	X	Y
1990	35 101 860	4 321 379	35 101 864	4 317 538	35 101 552	4 326 428
2000	35 102 161	4 322 008	35 102 116	4 318 382	35 101 582	4 325 699
2010	35 102 594	4 322 912	35 103 790	4 320 163	35 100 996	4 325 227
2020	35 103 098	4 322 060	35 099 774	4 321 450	35 100 343	4 325 813
1990~2000年移动距离	0.64		0.77		0.62	
2000~2010年移动距离	1.18		3.05		0.75	
2010~2020年移动距离	1.26		4.16		0.81	

1990~2020年，农业功能空间用地重心位置均位于甘州区中部的新墩镇，重心移动程度较大，较1990年整体呈现向东北方向迁移的趋势。1990~2000年农业功能空间用地重心向东北方向迁移0.64km，这与甘州区北部沙井镇、乌江镇和明永镇利用黑河、西大河两侧的河滩地、未利用土地进行耕地开垦有关；2000~2010年农业功能空间重心继续向东北方向迁移1.18km，这一方面与甘州区北部沙井镇、明永镇等乡镇的耕地开垦有关，另一方面与张掖农场在碱滩镇、三闸镇、北山坡滩一线实施土地开发整理项目有关；2010~2020年农业功能空间用地重心较2000~2010年向东南方向迁移1.26km，这与甘州区东南部的石岗洞滩、神沙窝滩和党寨镇开展土地利用开发整理项目有关。由此可见，农业功能空间重心位置受不同时期绿洲耕地开垦影响而发生移动。

1990~2020年，城镇功能空间用地重心位置位于甘州区中部的长安镇和新墩镇，重心

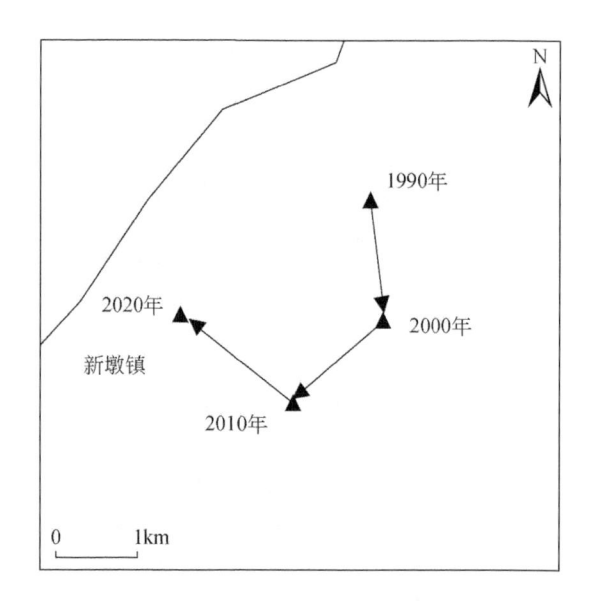

图4.13 1990~2020年甘州区生态功能用地重心迁移图

移动程度最大,较1990年呈现先向东北方向、后向西北方向迁移的趋势。1990~2000年城镇功能空间用地重心向东北方向迁移0.77km,这与甘州区老城区在北部建设有关;2000~2010年城镇功能空间重心继续向东北方向迁移3.05km,这一方面与研究区中心城区建设规模不断扩张有关,另一方面与城区东北部工业园区和北部兔儿坝滩循环经济产业园快速建设有关;2010~2020年城镇功能空间重心较2000~2010年向西北方向迁移4.16km,这一方面与老城区西部滨河新区建设有关,另一方面与甘州区西部巴吉滩农产品产业园、冶金建材产业园和西洞滩高载能产业园建设有关。由此可见,城镇功能空间重心位置受中心城区规模快速扩张和绿洲边缘产业园区建设影响而发生剧烈移动。

1990~2020年,生态功能空间用地重心位置位于甘州区中部的黑河滩地,重心移动程度较小,较1990年整体呈现向西南方向移动。1990~2000年生态功能空间用地重心向正南方向迁移0.62km,这与甘州区北部黑河干流两侧水资源条件相对较为充沛、地域被开发为耕地有关,导致其重心向南移动;2000~2010年生态功能空间重心向西南方向迁移0.75km,这与甘州区东北部绿洲边缘区生态功能较低的荒滩地被大面积用于开发建设或农业生产有关;2010~2020年生态功能空间重心较2000~2010年向西北方向迁移0.81km,这一方面与甘州区南部绿洲边缘土地开发有关,另一方面与南部山区坡耕地和中部地区一些低产田生态退耕还林还草有关。由此可见,生态功能空间重心受农业、城镇空间演变和区域生态治理政策影响而发生移动。

通过对甘州区1990~2020年国土空间的土地利用类型和三类空间功能用地时空变化特征进行分析,发现国土空间的农业、城镇和生态三类空间开发利用程度不断提升,相互间转移速度和规模持续增加。由于绿洲平原区地势平坦,水土资源利用条件相对较好,集中了大量优质耕地,同时也是人口、经济密度最高的区域,随着工业化与城镇化水平的不断提升,对于城镇建设空间的需求快速增长,建设空间的增长严重挤占农业生产空间与生态保护空间,尤其在2000年以后,中心城区快速扩张,致使城市周边大量耕地和草地被城市建设用地侵占,受脆弱生态环境、耕地保护等制约条件约束,城市建设空间在绿洲边缘出现了跳跃式增长,该区域的产业园区、城市新区等城市功能空间开发较为粗放,城镇人均建设用地面积较大,2020年达到了244m^2,空间利用效率低下。同时,在人口增长与经济发展作用下,农业生产空间和生活空间开发利用规模也出现快速增加,造成绿洲荒漠过渡区的荒草地、河滩地、裸地等生态功能用地被大量开垦为耕地,生态空间被严重挤压。此外,随着退耕还林还草、三北防护林、黑河流域综合治理等生态政策措施的实施,林地、草地和水域等生态功能用地也开始快速增加,进一步压缩了绿洲核心区农业空间。总之,绿洲区域高强度的开发利用使得绿洲规模不断扩大,由此造成的水土资源供需矛盾会越来越突出,一些耕地因为缺水而出现撂荒,林草地也因缺水退化为未利用土地,土地荒漠化问题严重威胁着绿洲区域生态安全。目前,甘州区城镇化进程尚处于快速发展阶段,一定时期内依旧有大量农村劳动力依附于有限的土地资源,城镇建设空间和农业生产空间需求压力依然很大,绿洲区域农业生产、城镇建设、生态保护相互之间的竞争和冲突将会进一步加剧。

4.4 小　　结

本章运用动态度模型、转移矩阵、重心迁移模型,对甘州区1990～2020年四个时期国土空间的土地利用类型和三类空间功能用地变化过程展开研究,试图揭示国土空间利用类型的时空变化特征和存在问题,为下一步深入研究国土空间冲突和国土空间格局优化奠定基础。主要的研究结论如下:

(1)甘州区土地利用类型以未利用土地和耕地为主,二者之和占土地总面积的70%以上,1990～2020年,从数量结构来看,耕地和建设用地面积都呈现出持续增加趋势,林地、草地、水域和未利用土地面积出现了波动式变化,但总体上仍呈减少趋势。其中,林地和草地面积在2010年之前持续减少、之后少量增加,而未利用土地面积在2000年之前少量增加、之后持续减少;从变化速度来看,土地利用综合年变化速率先降低、后增加,但总体上仍呈加快趋势,其中耕地面积年增加速率逐渐降低,建设用地面积年增加速率逐渐加快,林地和草地面积2010年之前年减少速率逐渐降低、之后年增加速率较慢,水域面积2000年之前年减少速率较快、之后年增加速率较慢,未利用土地2000年之前年增加速率较慢、之后年减少速率逐渐加快;从类型转移来看,各土地利用类型之间相互转换趋于频繁,其中以耕地、未利用土地、草地和建设用地之间相互转换最为明显,耕地增加主要来源于对绿洲荒漠过渡区的草地、未利用土地大量开垦,林地和草地增加主要来源于生态退耕还林还草的耕地和未利用土地,建设用地增加主要来源于中心城区边缘的耕地、草地和绿洲边缘的未利用土地。

（2）分析1990~2020年甘州区三类空间功能用地变化特征,从数量结构来看,农业功能用地面积呈持续增加趋势,但其年增加率逐渐降低,城镇功能用地面积也呈持续增加趋势,且其动态度最大,年增加率逐渐加快,生态功能用地面积呈持续减少趋势,年减少率在2010年之前逐渐加快、之后开始降低;从空间转移来看,三类空间功能用地发生转移数量呈逐渐增加趋势,其中以生态功能用地向农业功能用地转移规模最大,达到了35 366.61hm²,而受人口增长和经济发展等因素影响,2000年以后农业功能用地向城镇功能用地转移较多,2000~2010年、2010~2020年城镇功能用地分别增加了1609.82hm²、3330.47hm²,同时随着退耕还林还草工程的深入实施,2010年以后农业功能用地向生态功能用地转移较多,2010~2020年生态功能用地增加了4780.63hm²;从重心迁移来看,各类空间功能用地重心位置均有不同程度的移动,其中农业功能用地重心受不同时期绿洲耕地开垦影响,整体向东北方向迁移的趋势,累计移动距离较大,城镇功能用地重心受中心城区规模快速扩张和绿洲边缘产业园区建设影响,先向东北、后向西北方向迁移的趋势,累计移动距离最大,生态功能用地整体向西南方向移动,累计移动距离最小,主要受农业功能用地、城镇功能用地演变和生态治理政策的影响。

（3）从甘州区国土空间利用存在问题来看,城镇建设空间的快速增长,使绿洲核心区的城镇周边大量耕地和草地被侵占,同时在绿洲边缘出现了跳跃式增长,开发利用较为粗放,随着人口增长与经济发展,农业生产空间开发利用规模快速增加,造成绿洲荒漠过渡区的荒草地、河滩地、裸地等生态功能用地被大量开垦为耕地,生态政策措施的实施使林地、草地和水域等生态空间也快速增加,进一步压缩了农业空间,绿洲高强度开发利用使得农业生产、城镇建设、生态保护之间的竞争进一步加剧,造成的水土资源供需矛盾越来越突出,严重威胁着绿洲区域生态安全。

第 5 章

绿洲国土空间功能竞争力评价

功能冲突产生的根源在于土地资源本身具有多宜性，在多元需求的驱动下，特定空间单元上，某种功能的竞争力越大，对其他功能的"排他性"就越强，冲突产生的可能性也就越大；反之，冲突的几率和强度就会降低。因此，识别土地利用功能冲突，首先需要解决国土空间单元的功能竞争力问题。然而，在不同时空尺度上土地功能选择和发挥存在着差异，"尺度"直接决定着土地功能竞争力的强弱。功能存在尺度依赖性，尺度层级之间存在着相互关联与制约，具有一定的传导作用，某空间单元功能竞争力评价，既受上级尺度的控制和引导，又受下级尺度的发挥与制约。因此，在绿洲这一显著地域差异背景下开展土地功能竞争力评价还应考虑尺度问题。从绿洲自然基底、灌溉条件、社会经济、交通区位、植被覆盖、生态服务等方面选取指标，构建行政单元和网格单元两种尺度的农业、城镇和生态功能竞争力评价体系，测度不同功能竞争力水平，分析不同尺度下三类功能竞争力特征。

5.1 行政单元尺度上功能竞争力评价分析

根据前文构建的行政单元尺度的功能竞争力评价指标体系对甘州区 18 个乡镇的农业、城镇和生态功能竞争力进行评价，得到 2000~2020 年的农业、城镇和生态功能竞争力空间分布图（图 5.1）。

2000 年、2010 年和 2020 年甘州区行政单元尺度农业功能竞争力分别为 2.52、2.63 和 2.76，竞争力较强的乡镇主要集中在绿洲平原的沙井镇、党寨镇、乌江镇、碱滩镇、长安镇和甘浚镇等水土条件较好的乡镇，而位于城市周边的新墩镇、梁家墩镇和山前冲洪积扇区的安阳乡、花寨乡的竞争力较弱。2000~2020 年，甘州区行政单元尺度的农业功能竞争力呈不断增强趋势，增加了 0.24，竞争力增加的乡镇有 14 个、减小的乡镇有 4 个，其中增加的乡镇耕地面积较大，其间实施的土地综合整治工程都集中在这些乡镇，人均粮食产量、农业产品收入较高，农业功能竞争力得到提升；减小的乡镇主要是与中心城区接壤的新墩镇、梁家墩镇和上秦镇，这些乡镇由于紧邻城市，城市空间快速扩张不可避免地占用了大量农业空间，致使农业功能竞争力不断降低。

这种竞争格局充分体现了农业生产的立地条件，尤其是灌溉条件。党寨镇、乌江镇、碱滩镇、长安镇等乡镇依托盈科灌区、大满灌区、乌江灌区、甘浚灌区，这些灌区有黑河干流穿越，是张掖绿洲的精华，是甘州区主要的农业生产区。花寨乡和安阳乡分别依托支

绿洲国土空间冲突与格局优化

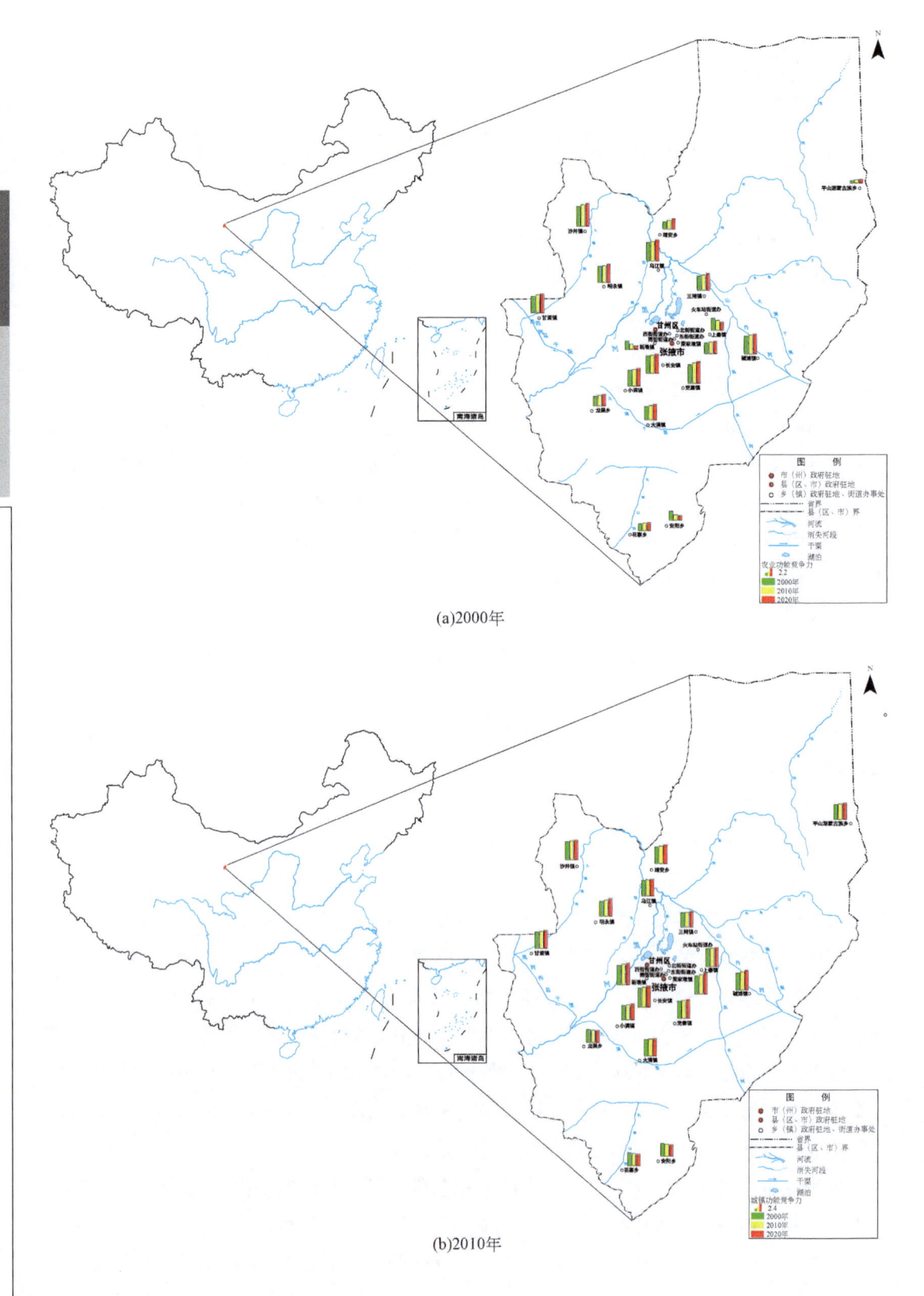

(a)2000年

(b)2010年

134

(c)2020年

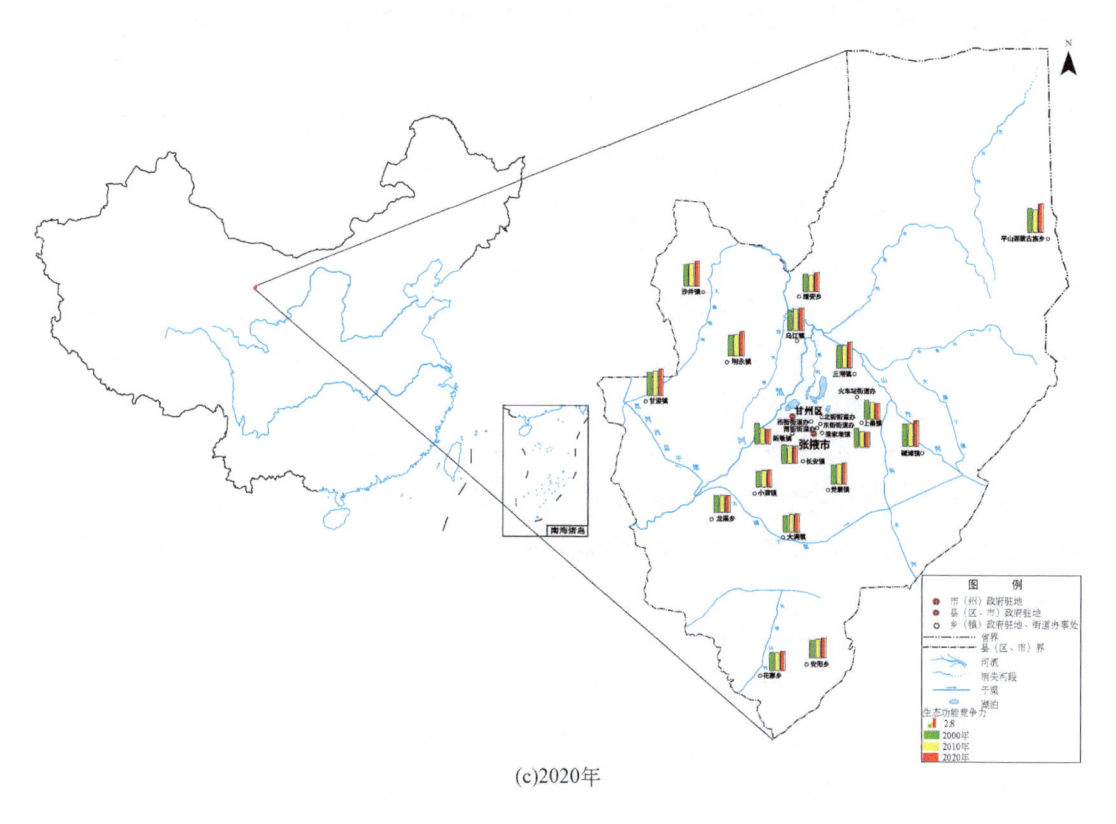

图 5.1　2000~2020年甘州区行政单元尺度三类功能竞争力空间分布

流而形成的花寨灌区和安阳灌区，由于来水量小，保证程度较低，尽管也是主要的农业生产区，但与典型的绿洲核心灌区相比，其生产能力较差。总之，高竞争力乡镇主要分布在黑河干流沿线和陇海铁路沿线，前者表征了干旱区水资源的支撑作用，后者表征了交通的引导作用，两线"T"型交会于整个绿洲中心。新墩镇、梁家墩镇受县城影响，除了发展城郊农业外，还有非农化生产倾向，导致农业生产功能趋于弱化。

目前，张掖市形成了"一核"（张掖绿洲现代农业试验示范区）、"四园"（制种产业园、草畜产业园、蔬菜产业园、食用菌产业园）、"多基地"（制种、肉牛、肉羊、生猪、禽蛋、奶牛、蔬菜、花卉、食用菌、中药材、葡萄等生产基地）的总体空间布局。《张掖市"十四五"推进农业农村现代化发展规划》提出"三大农业产业带"（黑河沿岸优势农业产业带、沿山冷凉特色农业产业带、戈壁设施农业产业带）、"七大功能区"（优质粮食功能区、玉米种业功能区、现代畜牧功能区、优质蔬菜功能区、专用马铃薯功能区、设施农业功能区、休闲观光农业功能区）战略目标，甘州区是粮食、玉米制种、优质蔬菜、设施农业、休闲观光农业发展的重点区域。甘州区规划形成一核、两带、三区、多点农业发展格局：一核指中心城区及其周边区域，发展综合农业；两带指兰新线、连霍高速及G312农业发展主轴，G227、兰新二线农业发展次轴；三区指北部的特色畜牧业区、中部的现代制种、高原夏菜产业分布区，南部的传统农业种植区；多点指农业产业区、创业园、玉米制种园等。目前已形成六大产业园：①国家级玉米种子产业园。规划面积为306.67万hm²，规划建设玉米种子科研区、加工生产区、战略储备区、交易区、农机社会化服务区、现代种业装备科技区、西北粮食进出口仓储物流配送区、循环利用区和公用工程区等功能分区。②现代循环畜牧产业园。规划面积为0.54万hm²，划分养殖区、繁育区、饲草料加工区等功能区，配套建设畜禽粪污集中处理中心和有机肥生产加工线，重点建设肉牛智慧牧场、奶肉牛基地等项目。③绿色蔬菜产业园。采用农光互补、鱼菜共生、生态循环等方式，以蔬菜生产、速冻、预制菜、脱水、冻干和尾菜处理为重点，打造蔬菜精深加工产业集聚区。④有机农产品产业园。产业园在南滩规划面积为0.23万hm²，发展有机中草药、旱作杂粮、牧草种植，打造集种植、加工、康养、科普等为一体的农文旅融合示范园区。⑤食用菌产业园。以神农菇业为主体，建设集食用菌研发、自动化瓶栽生产、精深加工、冷链物流、废料循环利用、观光旅游于一体的食用菌综合产业园。⑥高效经济林果产业园。新建以文冠果、梨、优质杏、枸杞等特色林果为主的高效经济林果示范基地0.42万hm²。

2000年、2010年和2020年，甘州区行政单元尺度城镇功能竞争力分别为3.56、3.69和3.84，竞争力较强的乡镇主要为城区周边的新墩镇、梁家墩镇、长安镇以及沙井镇、碱滩镇、靖安乡等乡镇，而龙渠乡、安阳乡和花寨乡等距离城区中心较远的乡镇竞争力较弱。2000~2020年，甘州区行政单元尺度的城镇功能竞争力呈迅速增强趋势，增加了0.28，竞争力增加的乡镇有15个、减小的乡镇有3个，其中增加的乡镇人口相对密集，交通便利，经济发展迅速，城镇建设用地面积不断增加，城镇化水平和非农产业产值占比较高，而竞争力较弱的乡镇由于人口持续向中心城区集中，城镇化水平相对较低，城镇功能竞争力不断降低。从竞争格局上考察，基本形成了中心城区—近郊镇—中郊镇—近郊镇依次递减的态势，并与人口规模和密度相关联（表5.1）。值得注意的是，城镇核心辐射区（1~5km）—城镇辐射过渡区（6~10km）—城镇边缘区（11~15km），土地利用转换在核心圈层较剧烈，主要为耕地、草地转化为城镇用地现象突出，说明越靠近中心城区，城镇扩展越明显，对农业和生态用地的挤占越严重，而在外围圈层，其他地类与城镇用地的转换比例有所提高（张学斌和石培基，2014）。

2000年、2010年和2020年，甘州区行政单元尺度生态功能竞争力分别为3.81、3.77和4.05，竞争力较强的乡镇主要为平山湖蒙古族乡、甘浚镇、党寨镇、三闸镇、沙井镇等乡镇，这些乡镇生态用地面积较大，为自然保护地范围分布较多的区域，区域内生态资源丰富，森林覆盖率较高，而新墩镇、梁家墩镇、上秦镇、长安镇等乡镇受城镇建设影响较大，生态功能竞争力相对较弱。2000~2020年甘州区行政单元尺度的生态功能竞争力呈先降低、后增强的趋势，整体上增加了0.34，竞争力增加的乡镇有14个、减小的乡镇有4个，主要是受人类生产活动影响，城市周边一些乡镇生态系统服务价值逐渐降低。

表 5.1　2020 年甘州区各乡镇人口规模与密度

乡镇	人口规模/万人	人口密度/（人/km²）	类型	乡镇	人口规模/万人	人口密度/（人/km²）	类型
新墩镇	8.82	2014	近郊	梁家墩镇	1.43	810	近郊、一般镇
沙井镇	2.39	126	中郊、重点镇	小满镇	1.34	199	近郊、一般镇
党寨镇	1.93	163	近郊、重点镇	三闸镇	1.00	99	中郊、一般镇
长安镇	1.76	574	近郊、重点镇	明永镇	0.91	120	中郊、一般镇
上秦镇	1.62	349	近郊、一般镇	安阳乡	0.69	39	远郊、一般镇
大满镇	1.59	154	近郊、重点镇	龙渠乡	0.61	123	中郊、一般镇
乌江镇	1.53	139	中郊、一般镇	靖安乡	0.40	152	远郊、一般镇
甘浚镇	1.49	111	中郊、重点镇	花寨乡	0.28	40	远郊、一般镇
碱滩镇	1.46	93	近郊、重点镇	平山湖蒙古族乡	0.05	—	远郊、一般镇

总体来看，2000~2020 年甘州区行政单元尺度上，三类功能竞争力表现出一定的空间分布规律，中心城市周边一些乡镇的城镇功能和农业功能、生态功能之间存在着显著的竞争互斥性，而其他一些乡镇的农业功能和生态功能之间也均不同程度地存在着竞争，并没有表现出明显的空间协同。

5.2　栅格单元尺度功能竞争力评价分析

尺度变化或转换，导致景观组分之间的异质性和均质化变化，尺度变大时，边界消失并相互融合为一个相对均质的景观组分。土地利用功能从本质上可以被看作尺度转换过程中组分的融合与性质转换的过程。行政单元尺度上的竞争力分析很好地表征了用地的"权属"关系和"边界"的控制性作用，即国土空间功能只能在一定的"边界"范围内实现，不可能将辖区之外的功能归结到自己身上，某些功能（尤其是农业生产功能）只能在辖区内的国土上实现；而某些功能（尤其是生态功能）其综合效应往往超出行政边界或者在更大国土空间里才能显现出来。"边界"清晰意味着各行政区国土空间利用主体的清晰，政府可以代表辖区的利用主体和利益主体，行使"事权"只要"管好自己的事"，就可能适当控制竞争，对管理具有一定作用。但正由于此，导致各行政区各管其事，辖区范围内的"协调"状态置于更大的国土空间时，未必是合理的、协调的。行政单元上的竞争格局可能由于尺度放大而掩盖了某些事实，尤其在干旱区内陆河流域，绿洲、荒漠并不是连续体，绿洲中的灌区也不是完全的连续体。现阶段我国空间管控手段较为依赖国土空间规划中的"三区三线"的刚性，由于土地利用类型具有唯一性和排他性的特点，在"划区""划线"的过程中难以兼顾土地的保护权与开发权，常常伴随着空间的重叠、挤压、碎片化、缺失等"冲突"现象，各类部门规划管控内容相互交叠，致使管控弹性缺失与管控失灵。因此，必须从栅格尺度上进一步考察国土空间竞争利用的状态。

根据前文构建的栅格单元尺度的功能竞争力评价指标体系对甘州区农业、城镇和生态功能竞争力进行评价,得到2000~2020年三个研究时期的农业、城镇和生态功能竞争力空间分布图(图5.2~图5.4)。

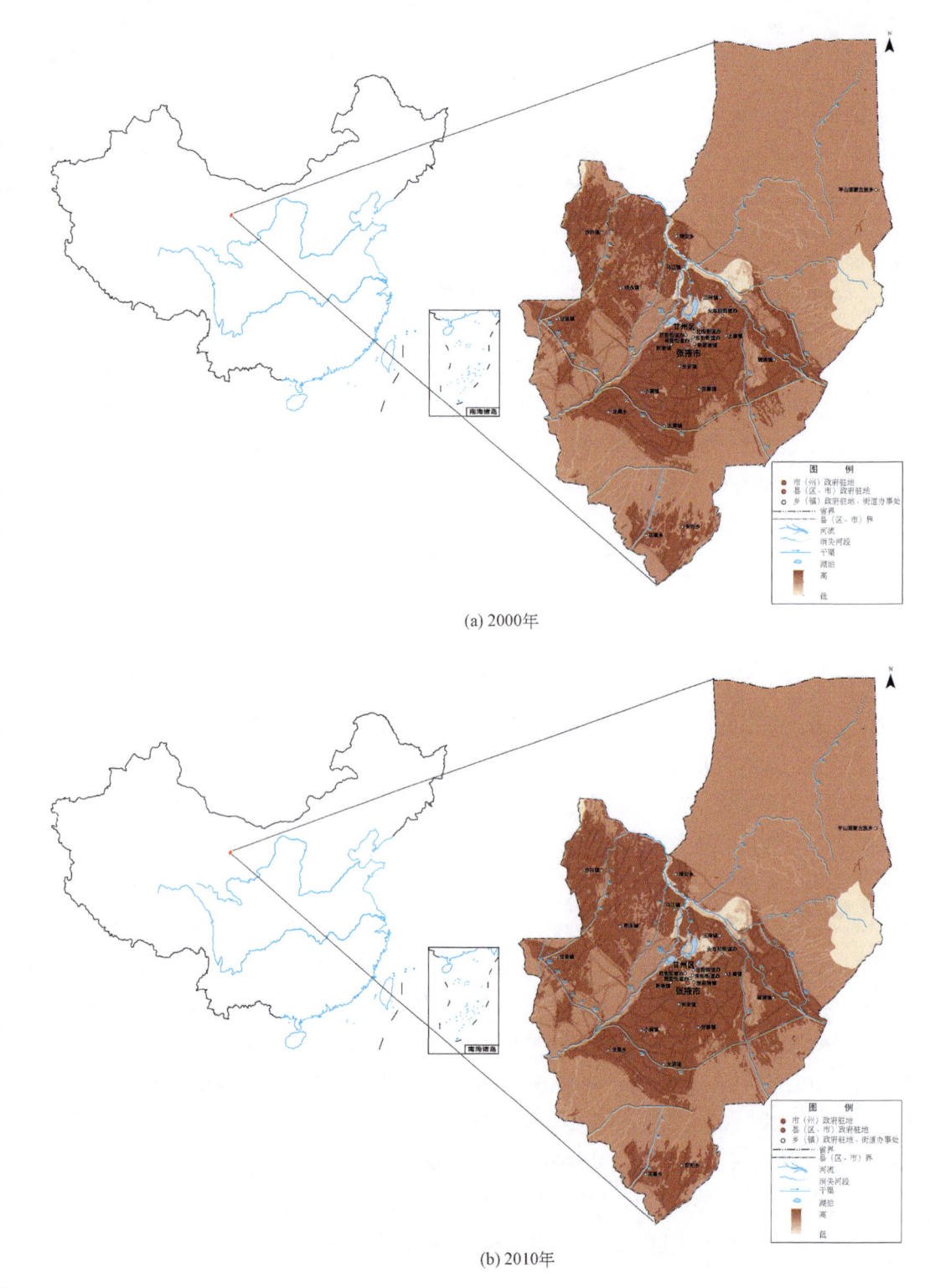

(a) 2000年

(b) 2010年

(c) 2020年

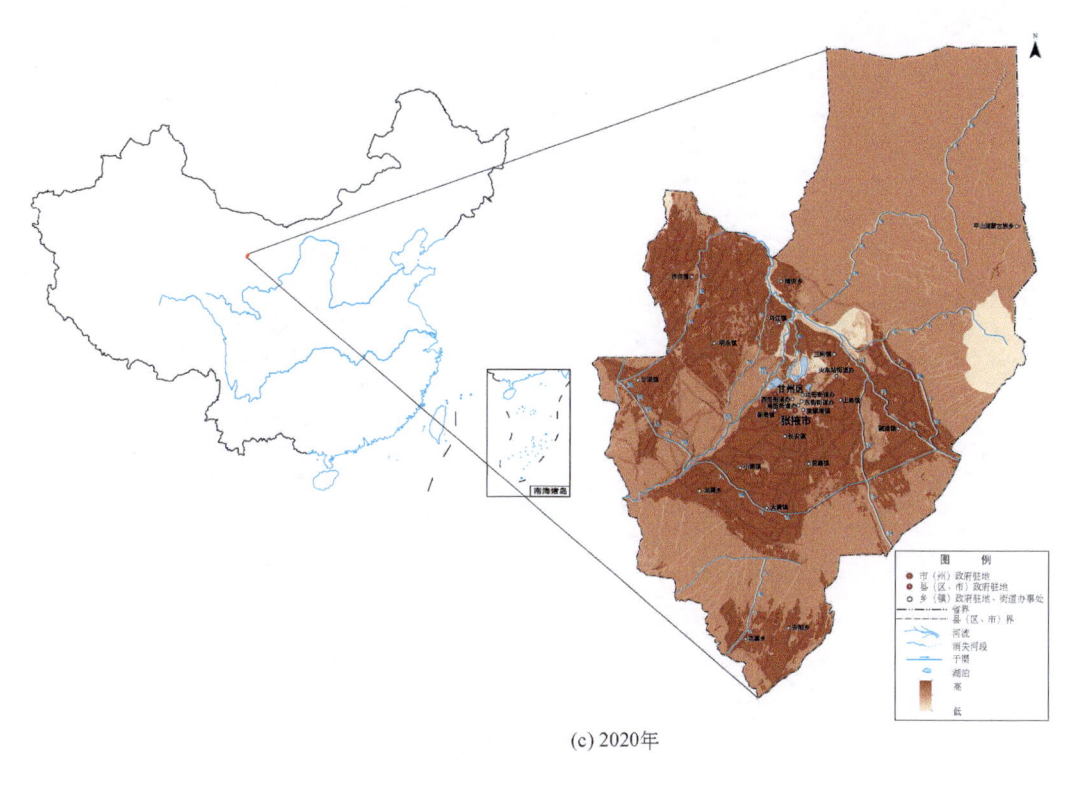

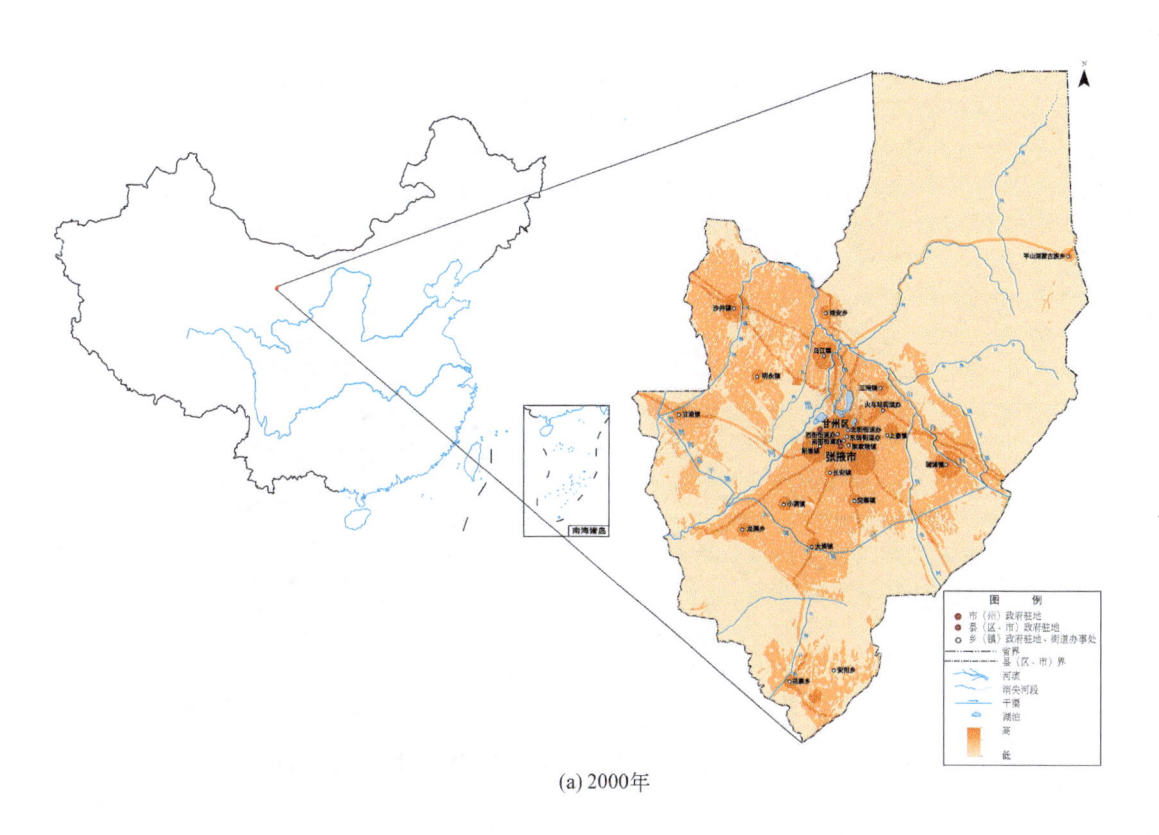

图 5.2　2000~2020 年甘州区栅格单元尺度农业功能竞争力空间分布

(a) 2000年

第 5 章　绿洲国土空间功能竞争力评价

·····139

(b) 2010年

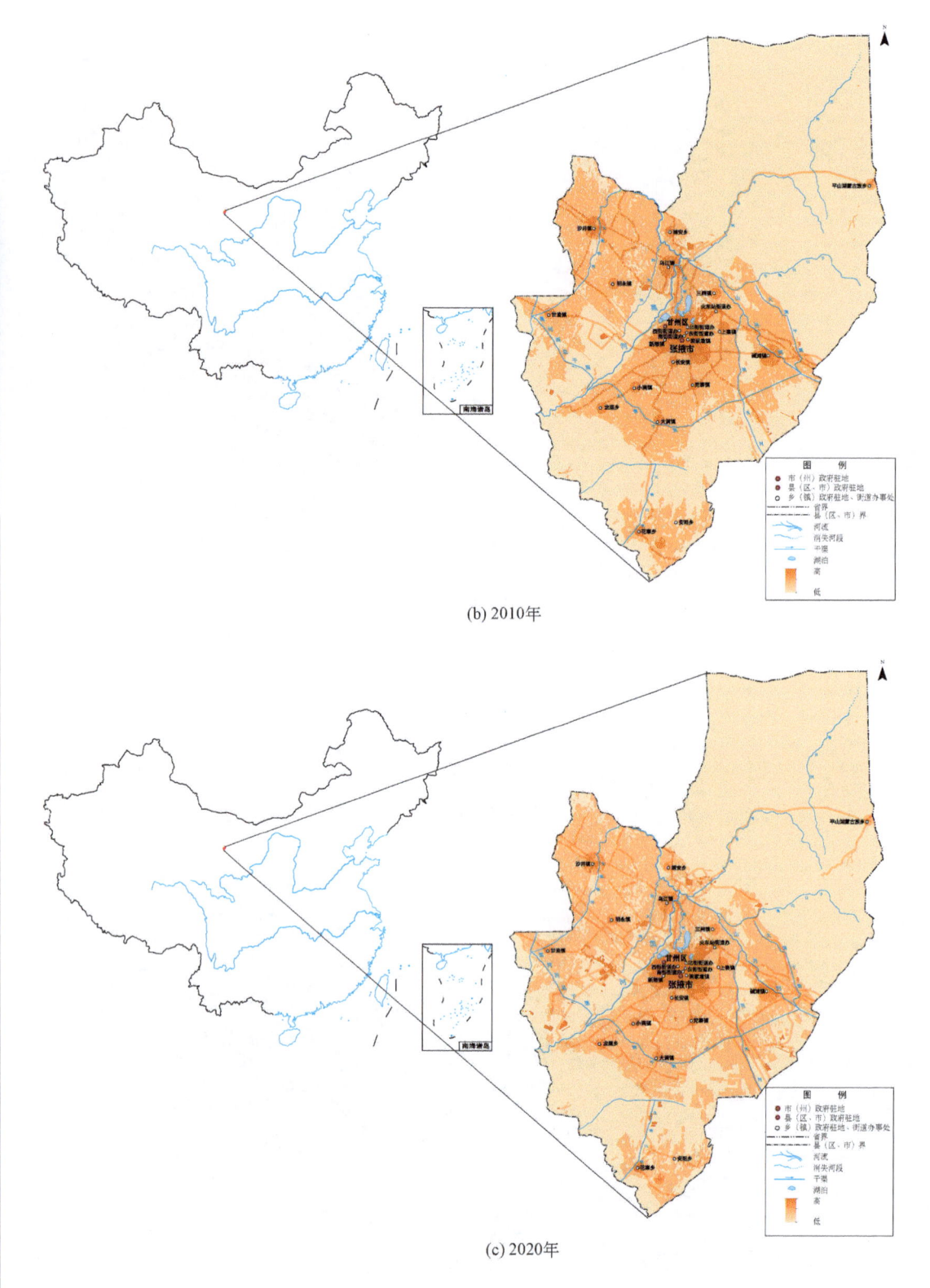

(c) 2020年

图 5.3 2000~2020 年甘州区栅格单元尺度城镇功能竞争力空间分布

(a) 2000年

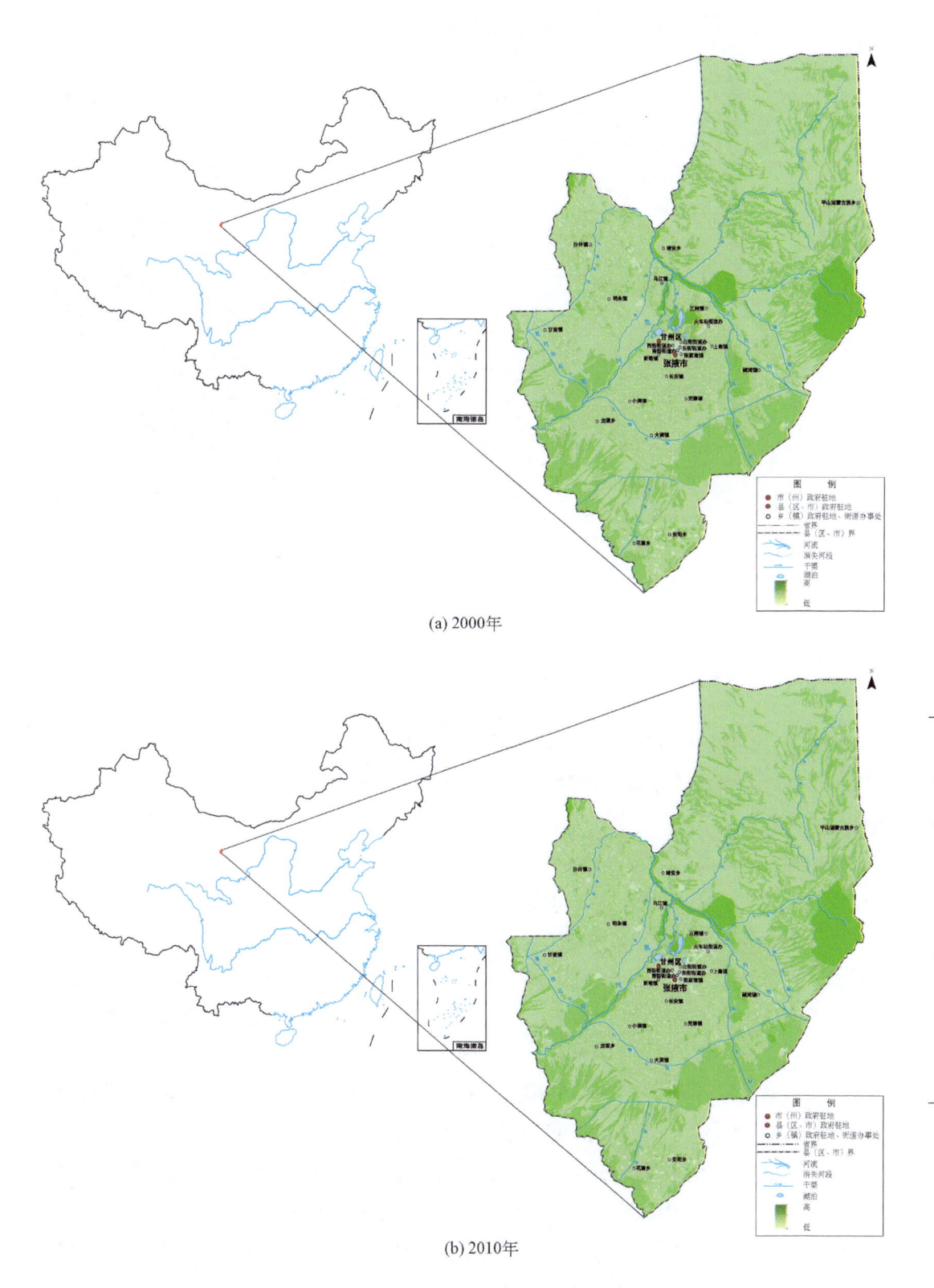

(b) 2010年

第5章 绿洲国土空间功能竞争力评价

···· 141

(c) 2020年

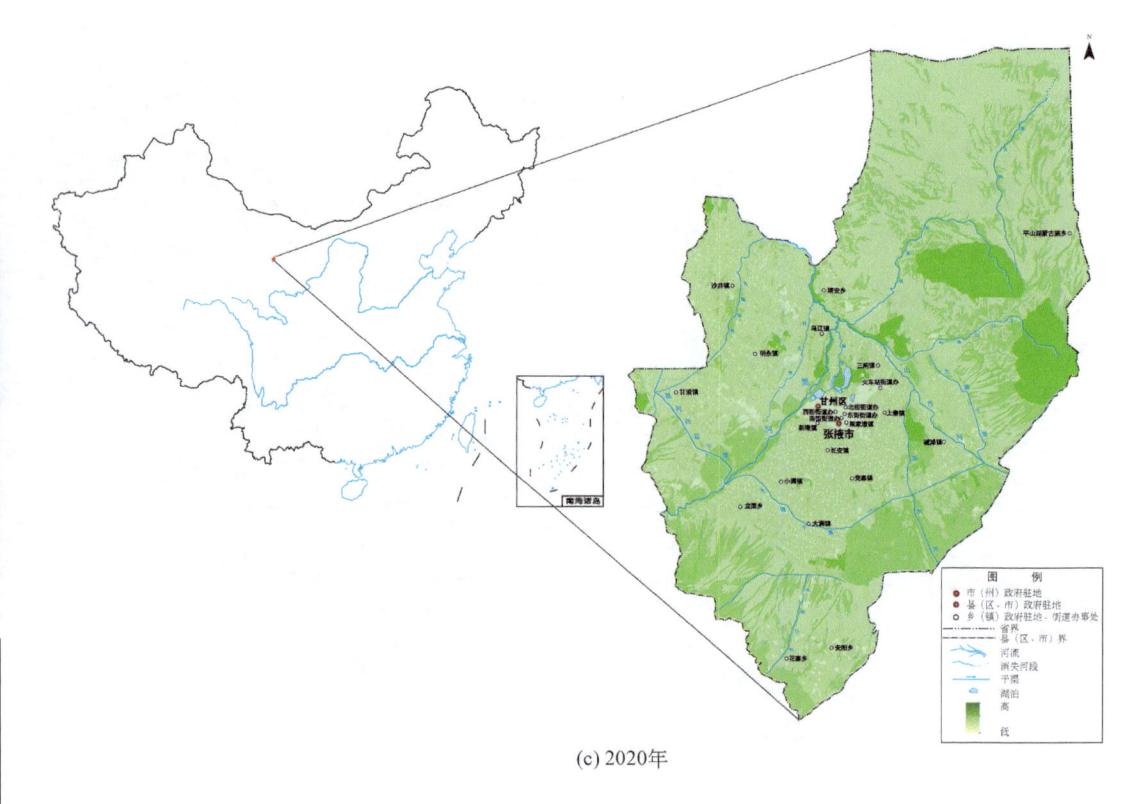

图5.4 2000~2020年甘州区栅格单元尺度生态功能竞争力空间分布

2000年、2010年和2020年甘州区栅格单元尺度上，农业功能竞争力分别为4.04、6.33和7.91，不断提升。在空间分布上呈集中片状分布特征，并与绿洲-灌区空间分布高度切合。高竞争力单元主要集中分布在绿洲核心区（即中位绿洲和河水-泉水灌区）和山前冲洪积扇区（即高位绿洲和河水灌区），这些区域地势相对平坦，灌溉渠系密集，耕地集中连片，且交通便捷度高，适宜于规模化、集约化农业生产，农业发展基础良好，也是人口主要聚集区域。低竞争力单元主要分布在绿洲外围的戈壁荒漠区，该区域土壤贫瘠，土质以砂砾土为主，缺少灌溉条件，不适宜于农业生产。2000~2020年，栅格尺度的农业功能竞争力呈稳定增强趋势，2000~2010年、2010~2020年竞争力得分值分别增加了2.29、1.58，且竞争力格局略有变化，高竞争力单元逐渐向核心绿洲区（中位绿洲）边缘蔓延扩张，说明绿洲-荒漠过渡带已得到了广泛的农业开发；而在城市周边，受城镇化、工业化快速发展影响，非农化趋势更明显，因此高竞争力单元逐渐衰退。

2000年、2010年和2020年甘州区栅格单元尺度上，城镇功能竞争力分别为4.65、6.97和8.42，同样表现出递增的态势（图5.3）。与农业空间的广域性相比，城镇空间可以浓缩为多要素、多功能的"质点"，因此在空间格局上呈散点分布特征。高竞争力单元主要集中在中心城市和交通沿线附近，尤其是在中心城市和一些重点集镇表现得更清楚。同时，竞争力格局表现出明显的等级阶序性，即城镇规模越大、等级越高，竞争力越强。

人口密度越大，产业越聚焦，交通通达性越好，城镇功能竞争越高。2000~2020年城镇功能竞争力呈快速增强趋势，2000~2010年、2010~2020年竞争力得分值分别增加了2.32、1.45，高竞争力单元从城镇中心逐渐向外围扩张，中心城市（张掖市）及其周边城镇（梁家墩镇、新墩镇等）相向融合发展，高、中竞争力区域之间的界线日益模糊。此外，甘肃张掖工业园区的建设，形成了新的高竞争力空间。

2000年、2010年和2020年甘州区栅格单元尺度上，生态功能竞争力分别为6.08、4.55和8.86，历经了高—低—高的变化（图5.4）。在空间格局上呈团块状分布特征，高竞争力单元主要分布在自然保护区、湿地公园和国有林场，以及绿洲边缘的生态防护林区域，这些区域山水林草湖等生态资源交错分布，植被覆盖度高，具有较高的生态功能；低竞争力单元主要分布在中心城区、产业园区、各镇区及荒漠区。2000~2020年生态功能竞争力呈先降低、后增强趋势。2000~2010年受城镇建设和农业生产活动影响，城市周边和绿洲边缘一些高竞争单元出现了衰退，造成竞争力分值减小了1.53；2010~2020年受区域生态环境保护政策的大力实施影响，使得竞争力分值增加了4.31，这反映出研究区在国土开发利用过程中农业、城镇和生态三类空间存在着不断竞争，而生态环境保护表现出了一定的时滞性。

总体来看，2000~2020年甘州区栅格单元尺度的三类功能竞争力总体呈增强趋势，相互之间表现出不均衡发展态势，城镇功能竞争力明显要强于农业、生态功能，但在2010年以后，由于相关生态保护政策的持续推进实施，研究区生态功能竞争力增加较为明显。

5.3 两种单元尺度功能竞争力综合评价分析

通过多尺度融合模型，对甘州区两种单元尺度下2000年、2010年、2020年的农业功能、城镇功能和生态功能竞争力进行综合评价，并将其划分为高竞争力、中竞争力、低竞争力三个等级，分析各功能竞争力时空演变过程。

5.3.1 农业功能竞争力评价

运用ArcGIS 10.2软件中的自然断点分级工具，按照竞争力分值及其频数关系，选择（0.34~0.51］、（0.51~0.73］、（0.73~0.95］作为分值区间，将评价结果划分为低竞争力、中竞争力和高竞争力，得到农业功能竞争力空间分布图（图5.5），并对各等级空间面积和比例进行统计（表5.2）。由于甘州区国土空间构成中，大部分区域为荒漠戈壁区，农业生产适宜空间仅仅局限于有限的绿洲区域，因此农业功能竞争力主要以低竞争力为主，其次为高竞争力。空间格局上呈现出高竞争力区域和低竞争力区域集中连片分布且高竞争力区域被低竞争力区域切割、穿插、围合的特征，这与荒漠-绿洲空间分布格局高度一致，意味着国土空间本底环境是决定农业竞争力的关键变量。高竞争力区域与低竞争力区域直接相接，界限分明，缺少过渡区域，这也是绿洲灌溉农业显著区别于一般农耕区农业生产的特殊之处。从绿洲区角度解构，又表现内部高、外围低的分异特征。高竞争力主要集中分布在绿洲核心区的大满镇、小满镇、党寨镇、碱滩镇、乌江镇、甘浚镇等乡镇，以及山前冲洪积扇区的安阳乡和花寨乡。这些区域地势平坦，土壤质地以壤土和黏土为主，土壤肥力较强，有机质含量高，灌溉条件较好，渠系纵横交错、呈格网状布局，适宜于农业功能空间开发，大部分为开垦历史悠久的农田。明显的区别是，中位绿洲分布的区域农业竞争力基本为高竞争力，高位绿洲（花寨灌区和安阳灌区分布区）受水资源总量和保证程度的影响，内部夹杂了不少中竞争力区域。中竞争力主要分布于绿洲与荒漠交错带（实际上是各灌区的边缘区），所占比例相对较小。低竞争力主要分布在城镇建设区、绿洲外围的戈壁荒漠区、东大山、平山湖蒙古族乡等区域，以及绿洲核心区的黑河湿地自然保护区、九龙江林场、红沙窝林场、西城驿林场等一些具有生态功能价值较高的区域，其中戈壁荒漠地区土层较薄，土壤质地较粗、以砂砾土为主，有机质含量低，自然基底条件较差，不适宜于农业功能空间开发。

从历时性来看，高竞争力面积呈逐渐增加趋势，2000~2010年增加了574.06hm²，2010~2020年增加了986.36hm²；中竞争力呈先增加后减少趋势，2000~2010年增加了5385.65hm²，2010~2020年减少了6803.06hm²；低竞争力呈先减少后增加趋势，2000~2010年减少了5959.71hm²，2010~2020年增加了5816.70hm²。

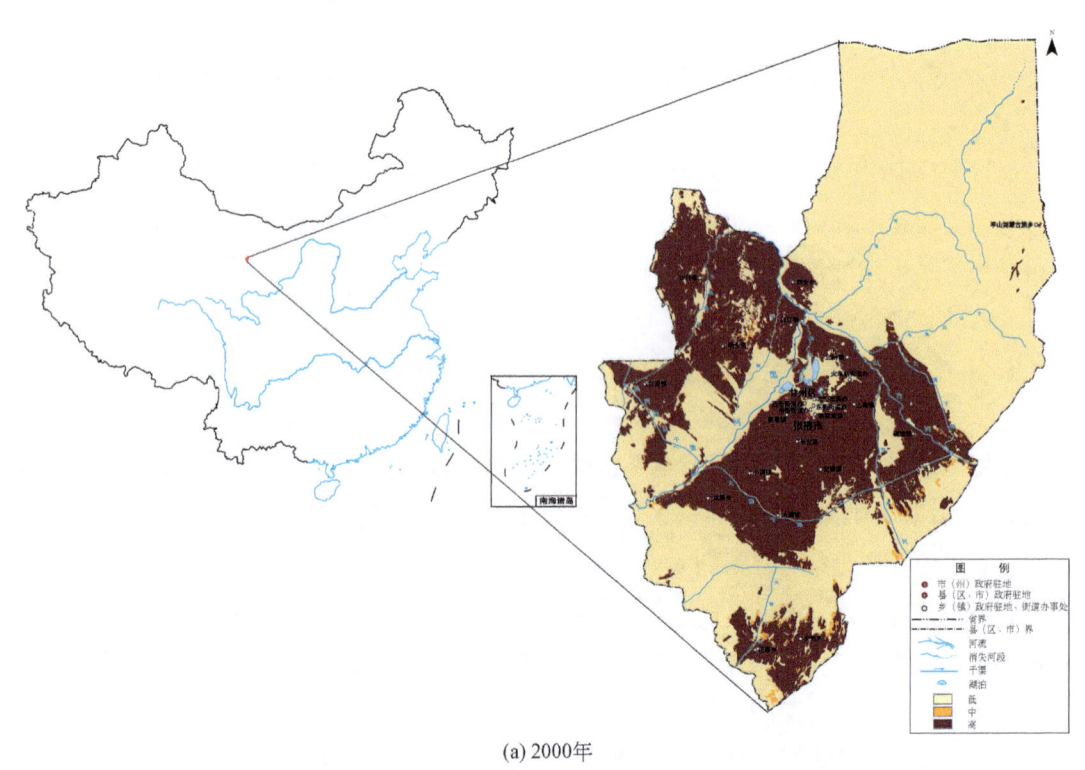

(a) 2000年

(b) 2010年

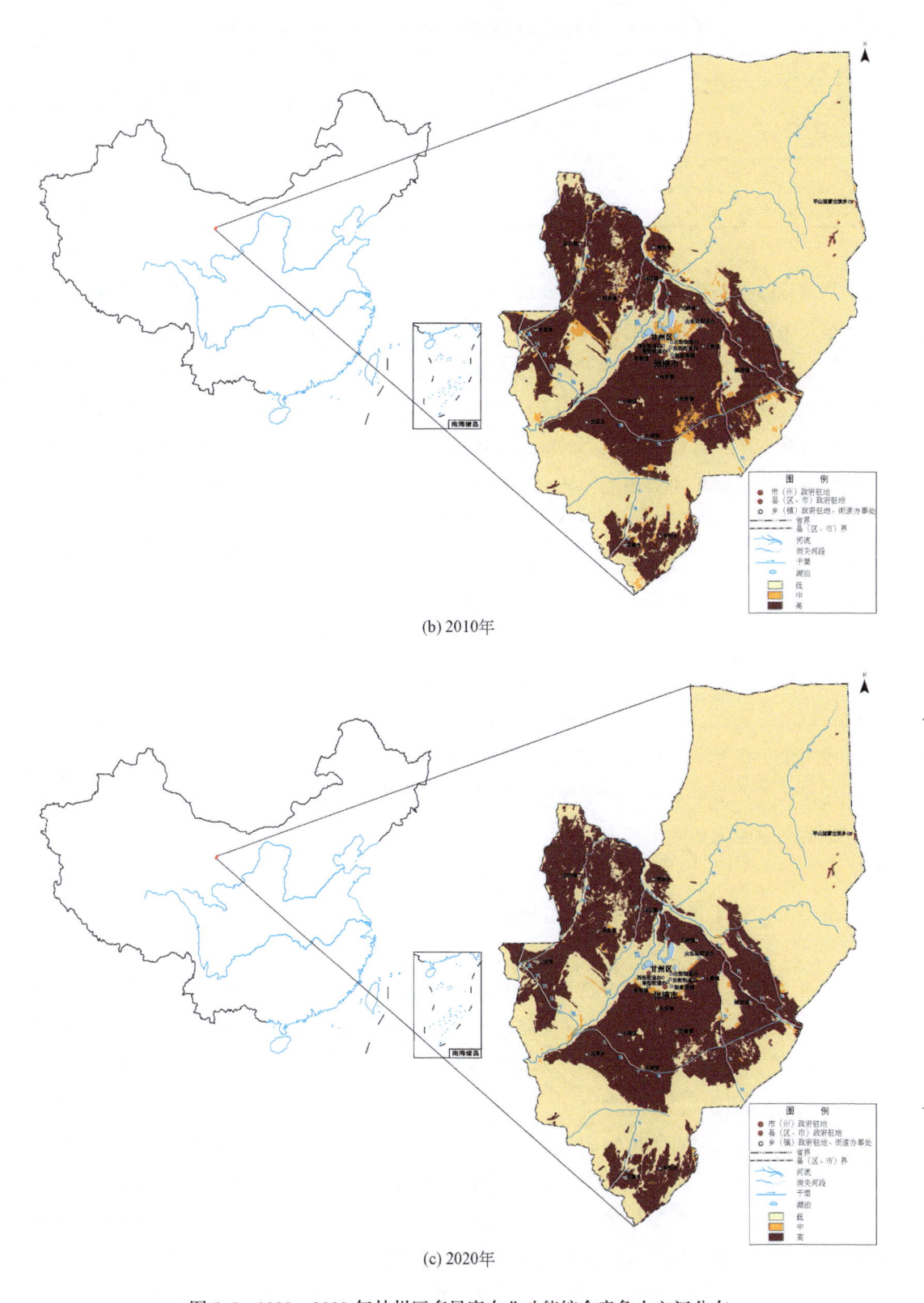

(c) 2020年

图 5.5　2000~2020 年甘州区多尺度农业功能综合竞争力空间分布

表 5.2 2000~2020 年甘州区农业功能竞争力评价等级面积及比例

竞争力等级	分值区间	2000 年 面积/hm²	比例/%	2010 年 面积/hm²	比例/%	2020 年 面积/hm²	比例/%
低竞争力	(0.34, 0.51]	249 522.75	67.90	243 563.04	66.28	249 379.74	67.86
中竞争力	(0.51, 0.73]	3 945.69	1.07	9 331.34	2.54	2 528.28	0.69
高竞争力	(0.73, 0.95]	113 998.05	31.02	114 572.11	31.18	115 558.47	31.45

从空间演变角度来看，2000~2020 年，农业功能竞争力与灌溉水资源保证程度和渠系分布格局密切相关。灌区的配水量和渠系的延伸方向引导着灌区的拓展方向与水浇地的规模。南部的山前冲洪积扇区位于祁连山山麓地带，属于干旱冷凉气候，农田开垦依托独立水系而成，水资源年际变化大、约束性强，农业生产立地条件较差。安阳乡、花寨乡依托花寨灌区和安阳灌区，形成典型的高位冷凉绿洲，是南部传统农业发展的重点区域；中位绿洲是各大型灌区集中分布的区域，受灌区串联、并联关系（由主干渠的空间组织关系决定）的深刻影响，绿洲中心区各灌区的农业竞争力非常高。但受上游用水"剥夺效应"的深刻影响，下游灌区和灌区边缘区的水资源的来水量和保证程度变差，靖安乡、三闸镇和碱滩镇东北一线的高竞争力单元扩张趋势趋于停滞，同时位于三闸镇、沙井镇、乌江镇和明永镇的一些局部区域，由于地下水埋藏深度较浅、土壤盐渍化程度高、土地生产能力低，该区域的低竞争力单元数量逐渐增加。而对于绿洲中腹地带，由于水资源在相邻灌区之间可以进行调配，水资源保证程度相对较高，地处碱滩镇和党寨镇东南一些的高竞争力、中竞争力单元向绿洲外围的石岗洞滩、神沙窝滩、北山坡滩扩张。此外，受城镇化、工业化快速发展的影响，城市建成区的快速扩张致使中心城区边缘区新墩镇、梁家墩镇和长安乡的高竞争力单元出现退缩。

5.3.2 城镇功能竞争力评价

运用 ArcGIS 10.2 软件中的自然分级工具，按照竞争力分值及其频数关系，选择 (0.31, 0.42]、(0.42, 0.65]、(0.65, 0.92] 作为分值区间，将评价结果划分为低竞争力、中竞争力和高竞争力，得到城镇功能竞争力空间分布图（图 5.6），并对各等级空间面积和比例进行统计（表 5.3）。

由于城镇是发育在有限空间上的"质点"，因此从全域国土空间的角度考察，甘州区城镇功能竞争力表现为低竞争力主导，分布上呈现独立、分散的斑块。从微观尺度上考察，表现出较为明显的城镇建设区高、外围低的分异特征。高竞争力主要位于绿洲核心区的中心城区、甘肃张掖工业园区及大满、党寨、梁家墩、沙井、甘浚、碱滩、靖安等一些重点集镇。这些区域是人口和经济活动的集聚中心，区位条件优越，交通路网密度大，基础设施便利程度较高。中竞争力单元分布在高竞争力单元周围，主要受其辐射带动作用，从而表现出较高的空间开发概率。低竞争力位于城镇建设区外围，分布区域较广，受自然环境、功能定位和空间管制政策等因素的影响，土地开发利用程度较低。

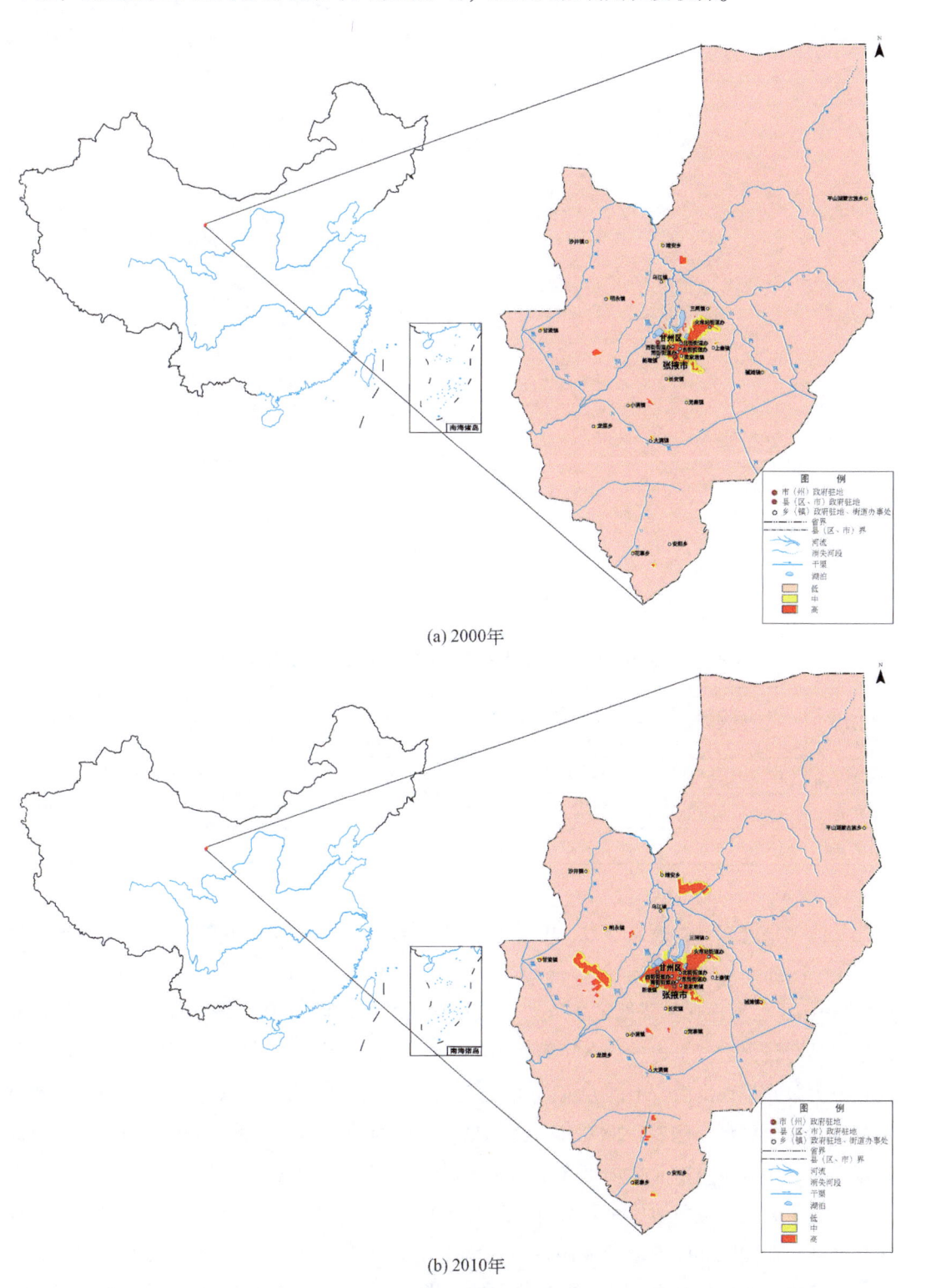

(a) 2000年

(b) 2010年

(c) 2020年

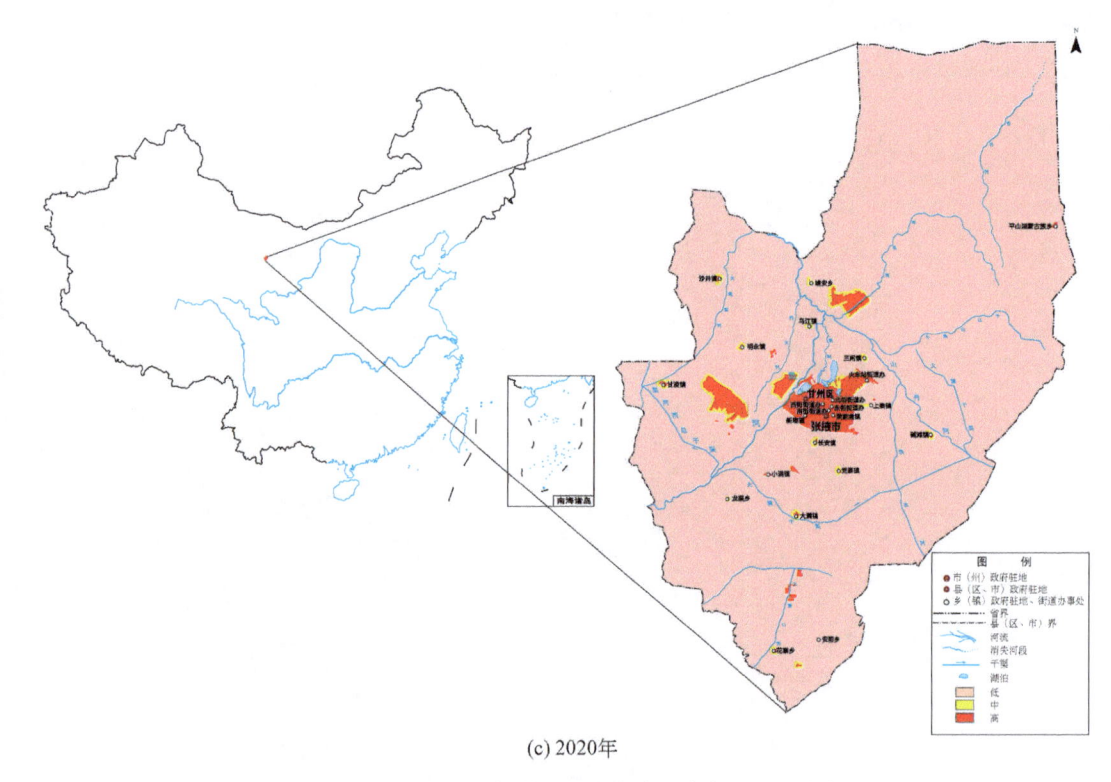

图 5.6 2000~2020 年甘州区城镇功能竞争力空间分布

表 5.3 2000~2020 年甘州区城镇功能竞争力评价等级面积及比例

竞争力等级	分值区间	2000 年 面积/hm²	比例/%	2010 年 面积/hm²	比例/%	2020 年 面积/hm²	比例/%
低竞争力	(0.31, 0.42]	361 761.03	98.45	356 580.99	97.04	351 622.12	95.69
中竞争力	(0.42, 0.65]	2 393.19	0.65	3 605.58	0.98	3 887.59	1.06
高竞争力	(0.65, 0.92]	3 312.27	0.90	7 279.92	1.98	11 956.78	3.25

从演变角度来看，高竞争力、中竞争力面积呈逐渐增加趋势，2000~2020 年分别增加了 8644.51hm²、1494.40hm²，所占比例提升了 2.35%、0.41%，低竞争力面积减少了 10138.91hm²，所占比例降低了 2.76%，表明城镇功能空间竞争力提升幅度较大，并且未来依然具有较强的竞争力。从空间演变角度来看，伴随着社会经济的快速发展，城镇功能高竞争力单元呈现出沿着不同方位向外围扩张，并与中竞争力单元共同反映了研究区城镇功能空间演变趋势。例如，2000 年，受张掖火车站的带动和东北部产业园区的建设，使得高竞争力、中竞争力单元向城区东北方向扩张；2010 年，随着西部新城区和滨河新区建设，高竞争力、中竞争力单元开始向城区西南方向扩张，同时地处绿洲边缘区的兔儿坝滩循环经济产业园区和巴吉滩产业园区的高竞争力、中竞争力单元扩张也较为明显；2020 年，地处中心城区的高竞争力、中竞争力单元进一步向西南、东南方向扩张，并且向西跨

过黑河，在黑河滩出现了新的增长点，而位于绿洲边缘区的产业园区，随着交通路网的完善，加之不受耕地保护政策限制，高竞争力、中竞争力单元扩张趋势更加显著。此外，重点集镇的高竞争力单元在交通道路沿线的扩张也较为明显，尤其在2010年以后，逐渐表现出了较高的竞争力。

5.3.3 生态功能竞争力评价

运用ArcGIS 10.2软件中的自然分级工具，按照竞争力分值及其频数关系，选择(0.37, 0.55]、(0.55, 0.71]、(0.71, 0.96]作为分值区间，将评价结果划分为低竞争力、中竞争力和高竞争力，得到生态功能竞争力空间分布图（图5.7），并对各等级空间面积和比例进行统计（表5.4）。

生态功能竞争力低、中、高等级旗鼓相当，低竞争力略占上风，这与干旱区整体环境背景切合。在空间上呈现出明显的南北差异，北部沙漠戈壁广布的区域竞争力明显偏低。高竞争力单元多呈团块状和碎斑状结构，主要位于黑河湿地国家级自然保护区、东大山自然保护区、张掖国家湿地公园、平山湖地质公园等自然保护地和九龙江林场、红沙窝林场、西洞林场、西城驿林场、红旗林场、黑河林场等国有林场，以及黑河干流沿岸的神沙窝滩、石岗墩滩、巴吉滩和南滩，这些区域天然植被覆盖度高，林草地资源丰富，或者经过人工的长期的种植、抚育形成生态林，表现出明显的防风固沙、水源涵养、生态保育功

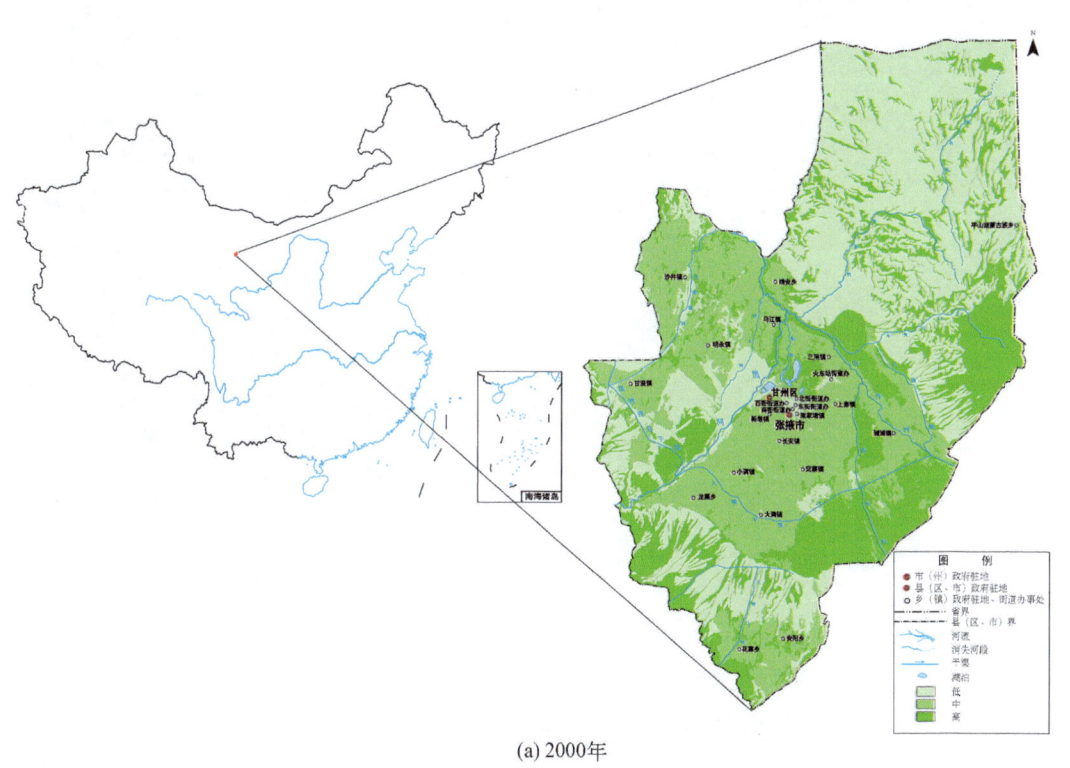

(a) 2000年

(b) 2010年

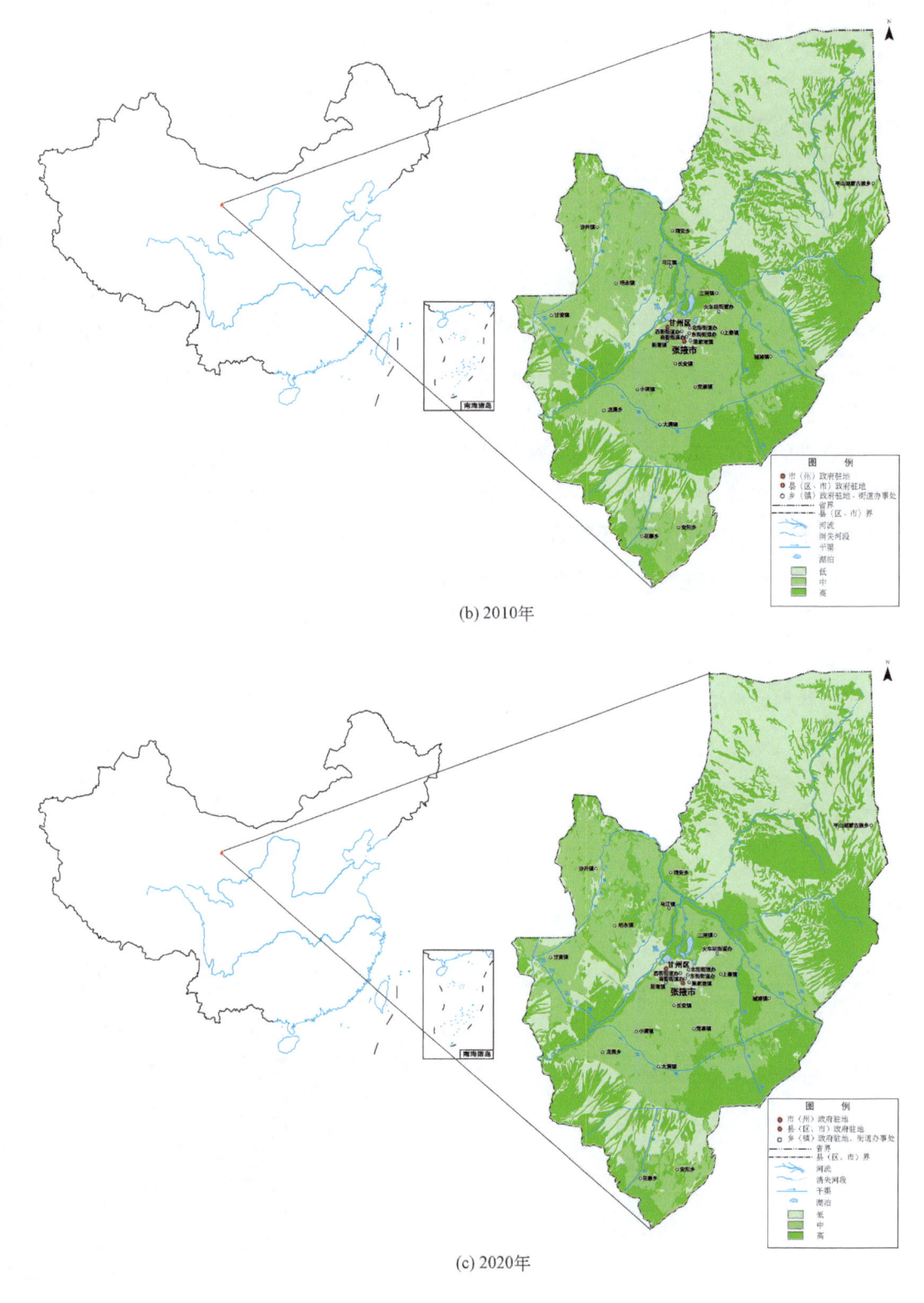

(c) 2020年

图 5.7 2000~2020 年甘州区生态功能竞争力空间分布

表5.4 2000~2020年甘州区生态功能竞争力评价等级面积及比例

竞争力等级	分值区间	2000年 面积/hm²	比例/%	2010年 面积/hm²	比例/%	2020年 面积/hm²	比例/%
低竞争力	(0.37, 0.55]	139 777.29	38.04	127 208.98	34.62	129 819.96	35.33
中竞争力	(0.55, 0.71]	110 331.00	30.02	120 932.10	32.91	113 879.43	30.99
高竞争力	(0.71, 0.96]	117 358.20	31.94	119 325.32	32.47	123 767.01	33.68

能；中竞争力主要位于绿洲平原的农业耕作区，该区域受灌溉农业的影响，除大面积的农田外，还具有相对完善的防风林网，灌溉余水和渗水也利于植被的恢复、生长，生态功能相对较好；低竞争力主要位于现状城镇建设区和北部的戈壁荒漠区，该区域植被退化严重、基岩裸露、土地生产能力降低，生物多样性锐减，生态环境脆弱，生态功能质量整体较低。

从演变角度看，高竞争力面积呈逐渐增加趋势，2000~2010年增加了1967.12hm²，2010~2020年增加了4441.69hm²；中竞争力面积呈先增加后减少趋势，2000~2010年增加了10601.10hm²，2010~2020年减少了7052.67hm²；低竞争力面积呈先减少后增加趋势，2000~2010年减少了12 568.31hm²，2010~2020年增加了2610.98hm²。这说明生态功能总体趋好。

从空间演变角度来看，在三北防护林、退耕还林还草、生态公益林等生态保护工程推动下，生态功能高竞争力单元在九龙江林场、西洞林场、黑河林场等国有林场和局部河滩地上有所扩张。同时，随着自然保护地范围的调整和设立，在中心城区北部的湿地生态区、黑河干流沿岸、平山湖等区域高竞争力单元扩张明显。绿洲腹地一些中竞争力单元也逐渐向高竞争力单元转变，但随着黑河分水方案的深入实施，上游来水量锐减，大量开采地下水，导致地下水位严重下降，造成植被衰退甚至死亡，一些高竞争力单元直接退化为低竞争力单元。位于核心城市的边缘区受人类活动的强烈干扰，也快速退化为低竞争力单元。随着农业功能空间的大量开发，位于绿洲边缘的一些高竞争力单元出现了持续退缩。

第 6 章

绿洲区国土空间冲突识别

国土空间冲突是源于空间资源稀缺性与空间利用多宜性的一种客观地理现象，也是伴随着不同功能空间开发利用主体对各类空间资源竞争而产生的一种空间分配过程中的对立现象。本章将运用多尺度融合模型融合两种单元尺度上的农业、城镇和生态功能竞争力，划分不同功能竞争力等级；然后，对农业、城镇和生态三类功能竞争力等级进行排列组合，确定不同竞争力等级的功能组合模式，识别土地利用功能冲突强度及其类型，分析冲突的空间分异特征。

6.1 国土空间冲突识别思路

国土空间冲突反映的是冲突利益主体对稀缺空间资源的竞争，随着人口及其需求的不断增长，利益主体为充分实现各自利益需求最大化，一般会基于自身的空间发展需要，选择较为适宜的空间单元进行开发利用，但当该空间单元同时适宜于多种功能利用方式时，由于利益主体需求的不断增长，则会导致多种功能利用方式对其进行竞争，最终的国土空间开发利用方式也将是各类功能空间相互竞争的结果。可见，国土空间冲突的发生与否取决于多功能竞争力的强弱，若任意一类功能针对某一空间单元的竞争力强于其他功能，则此功能就在该空间单元上占据了绝对的利用优势，冲突就不会发生，但若两类或者两类以上的功能针对某一空间单元的竞争力相当，就会在多功能利用中形成竞争，从而产生空间冲突。各部门为响应落实国家各类政策要求和战略指引，在法律法规、行政文件赋予其不同空间管控的权利下，不同部门期望其既能有效落实国家、省市战略，又能提高其部门绩效水平和维持或扩大自身职权，对国土空间资源发展权利进行博弈，由于各类部门自身利益期望存在差异，多元化的期望导向直接影响其行动目标和策略选择，致使出现空间管控权力交叉、重叠，形成"空间冲突"。因此，通过对比国土空间多功能之间竞争力等级关系，可为识别国土空间冲突提供方法基础和判别依据。研究根据前一章节对农业、城镇和生态三类功能竞争力的等级划分情况，通过对比各评价单元的三类功能竞争力等级，确定不同竞争力等级的功能组合模式，来识别冲突强弱程度及其类型（图1.2）。

根据系统科学的结构-功能关系理论，结构与功能是相辅相成的统一体，国土空间多功能之间相互竞争的空间冲突是功能主体在利益驱动下对国土空间利用格局的改变过程，两者之间存在着紧密的联系（刘超等，2018）。一般来说，某一空间单元上多功能之间相互竞争的冲突程度越强，其国土空间功能用地格局变化越显著，反之，用地格局变化不明显。因此，本书假设国土空间功能用地变化主要发生在冲突程度较强的区域，通过叠加对比空间功能用地变化格局，来验证国土空间冲突识别结果，并据此可判断前一章节中功能竞争力评价的有效性。

6.2 国土空间冲突分异特征

基于ArcGIS 10.2软件中的叠加分析工具，对甘州区2000年、2010年、2020年农业、城镇和生态功能竞争力等级图进行空间叠加，使得每一个评价单元同时具备三类功能竞争力等级结果，然后根据前文所构建的冲突识别方法对三类功能空间冲突强度及其类型进行识别，最终得到2000~2020年冲突识别结果表（表6.1）和空间分布图（图6.1~图6.3）。

表6.1　2000~2020年甘州区国土空间冲突强度与类型面积及比例

冲突强度	冲突类型	2000年 面积/hm²	比例/%	2010年 面积/hm²	比例/%	2020年 面积/hm²	比例/%
强冲突（Q）	农业与城镇强冲突区（Q2）	1 464.74	0.40	1 056.57	0.29	485.41	0.13
	生态与农业强冲突区（Q3）	4 599.95	1.25	5 268.12	1.43	7 231.73	1.97
	城镇与生态强冲突区（Q4）	644.36	0.18	584.08	0.16	250.12	0.07
	总计	6 709.05	1.83	6 908.77	1.88	7 967.26	2.17
中冲突（Z）	三类空间中冲突区（Z1）	295.96	0.08	464.04	0.13	134.37	0.04
	生态与农业中冲突区（Z2）	3 942.76	1.07	7 549.18	2.05	1 984.42	0.54
	总计	4 238.72	1.15	8 013.22	2.18	2 118.79	0.58
弱冲突（R）	三类空间弱冲突区（R1）	141 884.23	38.61	130 153.23	35.42	120 227.25	32.72
无冲突（Y）	农业功能优势区（Y1）	105 057.37	28.59	107 657.67	29.30	109 314.24	29.75
	城镇功能优势区（Y2）	1 926.74	0.52	6 175.81	1.68	10 642.61	2.90
	生态功能优势区（Y3）	107 654.56	29.30	108 561.97	29.54	117 200.5	31.89
	总计	214 638.67	58.41	222 395.45	60.52	237 157.35	64.54

强冲突区主要以中心城区边缘的城镇空间与农业空间冲突、城镇空间与生态空间冲突和绿洲边缘区、自然保护地、国有林场及其周围的生态空间与农业空间冲突为主，这些区域功能之间相互竞争激烈、冲突程度强。前者表现为城-乡空间的争夺，即城镇空间的拓展不断挤占农田和生态用地；后者表现为农业空间的扩张导致绿洲-荒漠过渡带生态空间的萎缩与后退，以及保护与开发之间的争夺。从时间演变角度来看，强冲突区面积逐渐增加，2000~2020年增加了1258.21hm²，所占比例提升了0.34%，其中农业与城镇强冲突

(a) 冲突类型

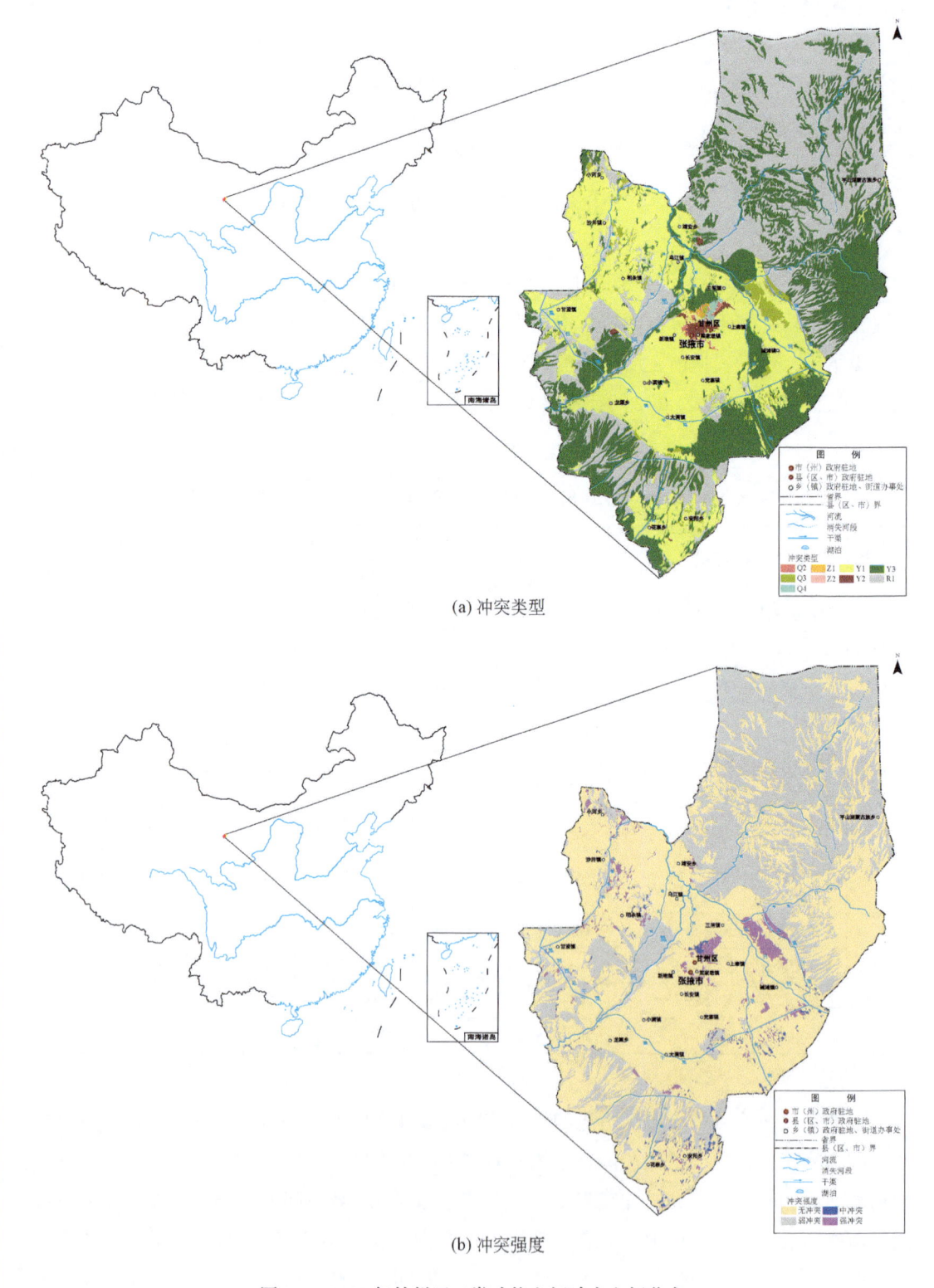

(b) 冲突强度

图 6.1 2000 年甘州区三类功能空间冲突空间分布

(a) 冲突类型

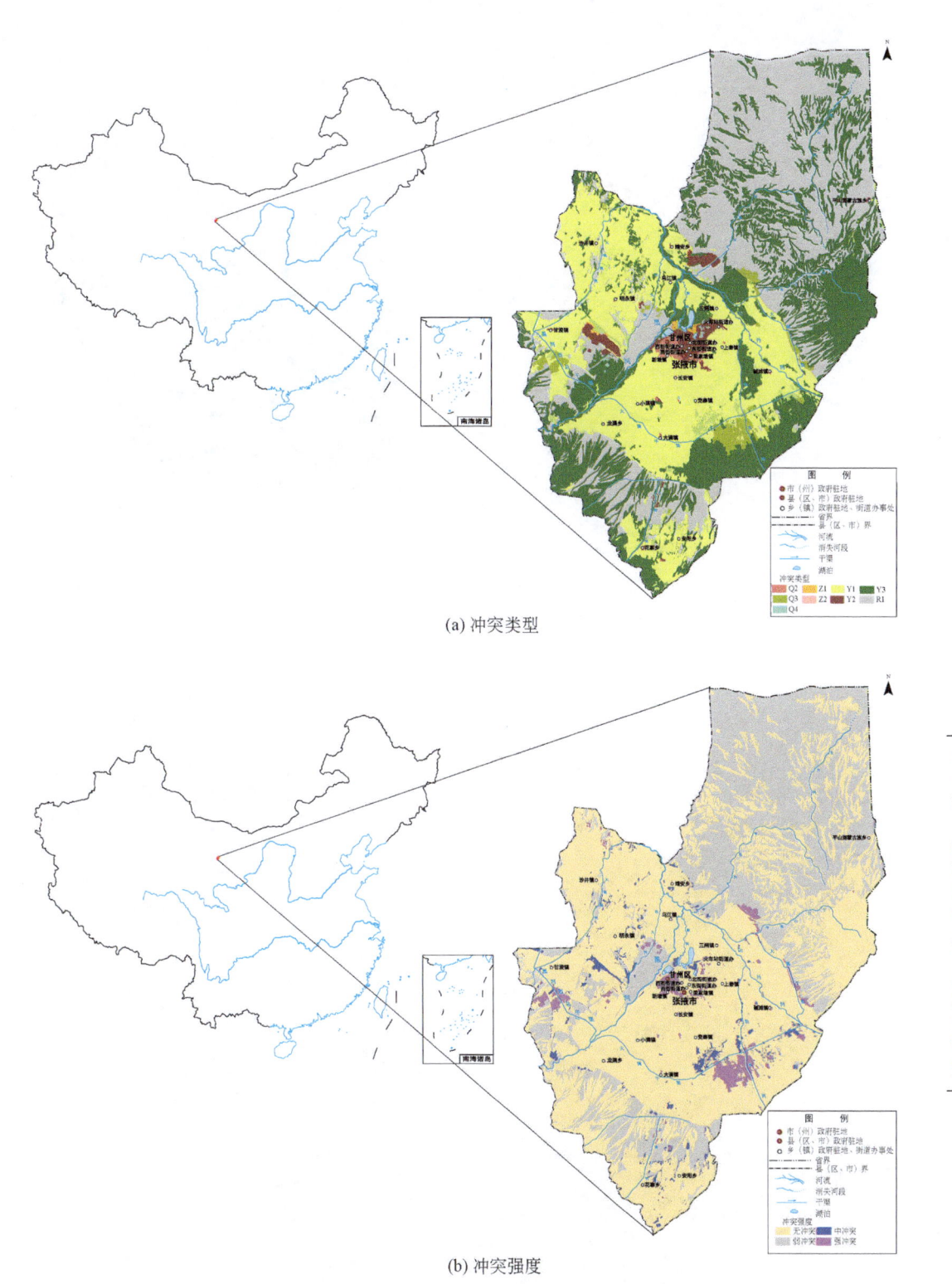

(b) 冲突强度

图 6.2 2010 年甘州区三类功能空间冲突空间分布

(a) 冲突类型

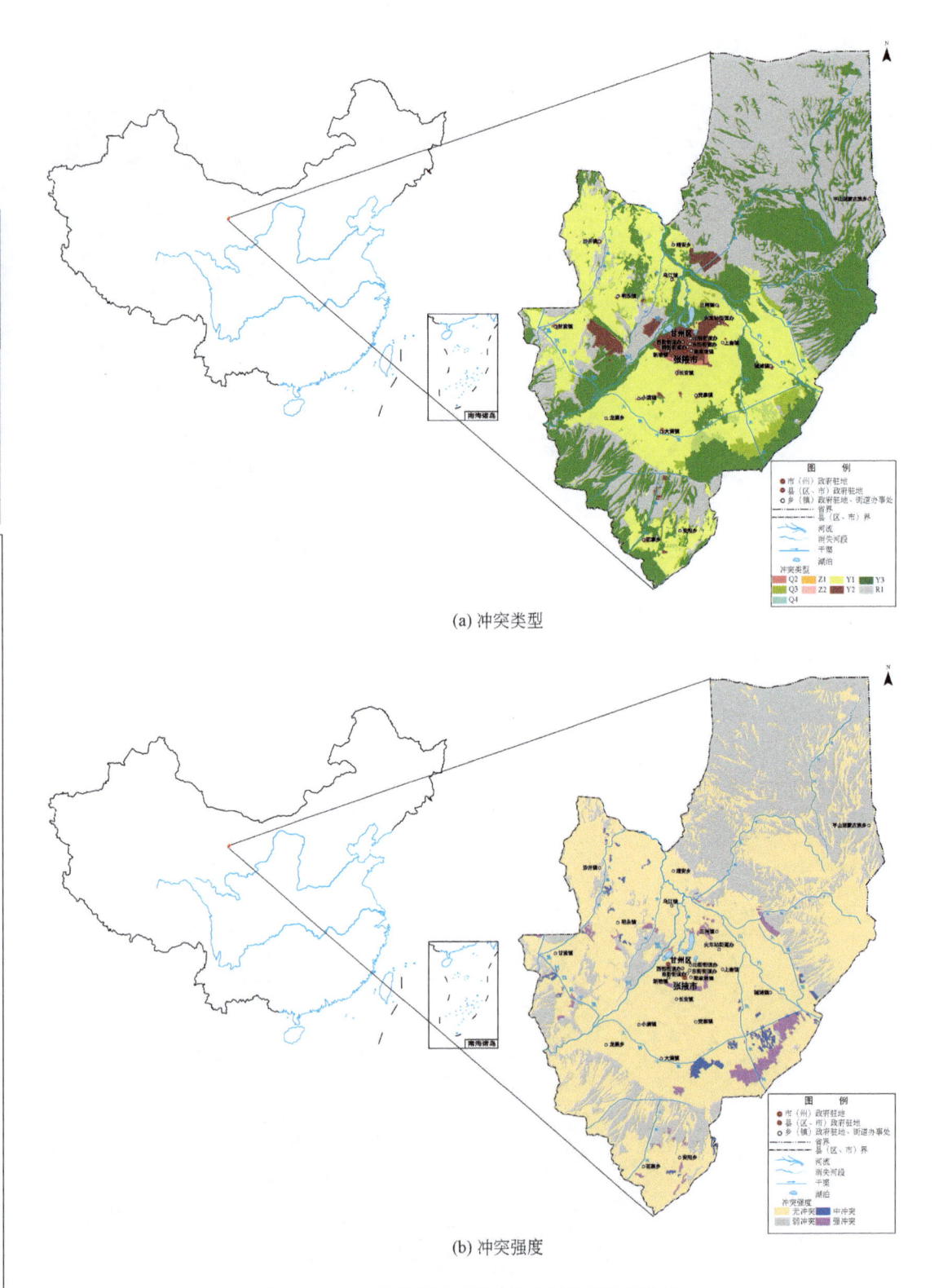

(b) 冲突强度

图 6.3 2020 年甘州区三类功能空间冲突空间分布

减少了979.33hm²，城镇与生态强冲突减少了394.24hm²，生态与农业强冲突增加了2631.78hm²。从空间演变角度来看，城镇建设区的城镇功能竞争力强于农业功能竞争力和生态功能竞争力，位于中心城区边缘的城镇空间与农业空间强冲突、城镇空间与生态空间强冲突逐渐演变为城镇功能优势区，但随着农业与生态空间的约束力增强，这类强冲突单元逐渐减少；绿洲边缘的农业功能竞争力强于生态功能竞争力，位于该区域的生态空间与农业空间强冲突单元逐渐演变为农业功能优势区，并且这类强冲突单元逐渐向绿洲外围持续扩张；自然保护地、国有林场及其周围的生态功能竞争力强于农业功能竞争力，位于该区域的生态空间与农业空间强冲突单元逐渐演变为生态功能优势区。

中冲突区主要以中心城区北部、东北部的三类空间的冲突及绿洲平原区零散分布的生态空间与农业空间的冲突为主；但所占比例相对较小，功能之间的竞争力处于中等。从时间演变角度来看，中冲突区面积呈先增加后减少趋势，2000~2010年面积增加了3774.50hm²，2010~2020年减少了5894.43hm²。其中，三类空间中冲突在2000~2010年增加了168.08hm²，2010~2020年减少了329.67hm²；生态空间与农业空间中冲突区面积在2000~2010年增加了3606.42hm²，2010~2020年减少了5564.76hm²。从空间演变角度来看，与强冲突单元变化趋势基本保持一致，位于中心城区周边的一些中冲突单元逐渐演变为城镇功能优势区，绿洲平原区的中冲突单元受耕地资源保护和生态保护政策的影响，逐渐转变为农业功能优势区和生态功能优势区。

弱冲突区主要分布在绿洲外围的戈壁荒漠区，农业、城镇和生态功能竞争力都相对较弱。从时间演变角度来看，弱冲突区面积逐渐减少，2000~2020年面积减少了21656.98hm²，所占比例降低了5.89%。该区域是生态极度脆弱区，在目前的经济技术条件下，尤其是水资源供给不足的背景下，尚难利用，或者利用稍微不当就会引致严重的生态环境问题。因此，出于利用价值和环境保护的考虑，这些区域目前主要以生态保护为主。从空间演变角度来看，位于绿洲与荒漠过渡带的一些弱冲突单元通过人为改造使此功能竞争力逐步提升，从而演变为功能优势区，如黑河干流沿岸的兔儿坝滩和巴吉滩，受城镇扩张的影响，尤其是受工业园区和物流园区建设的影响形成城镇功能优势区，北山坡滩则形成农业功能优势区。

无冲突区主要分布在绿洲平原的城镇建设区、农业耕作区及自然保护地、国有林场等，分别为城镇功能优势区、农业功能优势区和生态功能优势区。这些区域受长期的耕作、建设和保护的影响，已形成稳定的开发利用方向。一些空间（如保护区）由于特殊政策的强烈保护或经营单位性质的特殊性（如国有林场），加之有明确的边界和单一的利用主体，避免了冲突的发生。从时间演变角度来看，2000~2020年，农业、城镇、生态功能优势区分别增加了4256.87hm²、8715.87hm²、9545.94hm²、所占比例分别提升了1.16%、2.38%、2.59%。

从空间演变角度来看，城镇功能优势区和农业功能优势区逐渐向黑河干流沿岸的滩地扩张，生态功能优势区主要在自然保护地、国有林场及其周围扩张，同时在绿洲-荒漠过渡地带缩小。

总体来看，中心城区边缘（城乡接合部）的冲突程度最激烈，空间表现上主要转变为城镇功能优势区。该区域占据绿洲的中腹，是精华中的精华，国土空间功能的多宜性非常突出，竞争优势也非常明显，利益主体多样、各种需求旺盛，既要保证基本永久农田和粮食安全，又要保证城镇化持续推进和人民福祉不断提高，同时兼顾人居环境优化，因此冲突异常激烈。尤其是城镇空间扩张导致的基本农田流失非常严重，为了实现耕地"占补平衡"、发展城市工业（尤其是工业园区和物流园区建设的需求），只能将目光锁定在临近城区的黑河干流沿岸滩地。尽管在人工高度定向控制水资源的背景条件下，这些河滩地目前基本处于未利用状态，但其在整个干旱区内陆河流域发挥着极为重要的生态价值。河滩地的开发利用，势必引致一系列的生态问题。随着耕地资源保护力度的加大和生态功能用地的约束，中心城区周边区域中城镇空间、农业空间、生态空间三者之间的强冲突、中冲突单元逐渐减少。而绿洲边缘的生态空间与农业空间的强冲突单元逐渐增多、中冲突单元先增加后减少，空间上均转变为农业功能优势区，从而使得农业功能空间逐渐向绿洲外围不断扩张，造成绿洲-荒漠过渡区的弱冲突单元减少较多。这就意味着农业开发已从适宜区（典型的绿洲区）不断向条件适宜区（绿洲-荒漠过渡带）拓展，这对于原本脆弱的绿洲生态系统而言，可能造成严重而深远的影响，胁迫绿洲的稳定性。自然保护地、国有林场周围的生态空间与农业空间之间的强冲突、中冲突单元较多演变为生态功能优势区，这是非常良好的转向。农业、城镇和生态功能优势区的不断增加，表面上看是国土空间功能日益发挥的表现，但面临着极高的水资源供给压力，尤其是农业空间向绿洲-荒漠过渡带的拓展、城镇建设用地和农业用地不断挤占黑河沿岸滩地的开发行为，可能对脆弱的绿洲-荒漠生态系统生成灾难性的影响。因此，急需加强对绿洲边缘生态与农业强冲突单元的空间管控，阻止其进一步向绿洲外围扩散，避免转变为农业功能优势区；另一方面需对农业、城镇和生态功能优势区进行高效利用，以提高其空间功能质量和利用效率。

6.3 国土空间冲突结果验证

基于 ArcGIS 10.2 软件中的叠加分析工具，将 2000 年、2010 年空间冲突识别结果与 2000~2010 年、2010~2020 年的三类功能空间用地变化图进行叠加，验证两个研究时段三类空间功能用地变化在不同冲突程度单元的分布情况（图6.4）。

农业功能用地变化主要分布在强冲突、中冲突单元，2010~2020 年较 2000~2010 年相比，分布在强冲突单元的比例提高了 5.78%，分布在中冲突单元的比例减少了 8.27%，而分布在无冲突单元的比例提高了 2.49%。这主要由 2010~2020 年耕地在绿洲-荒漠过渡带扩张所致，说明农业开发引致的国土空间冲突进一步加剧。

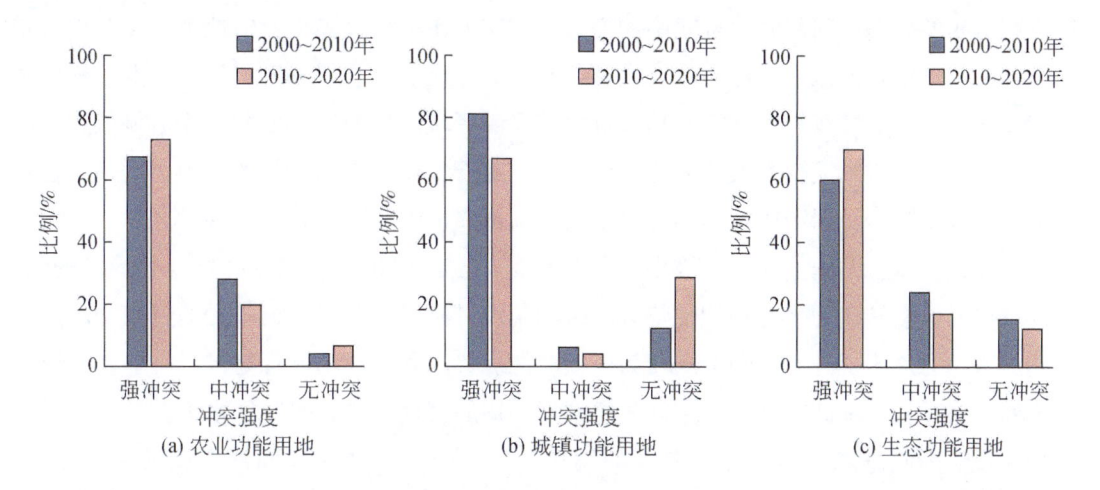

图 6.4　2000~2010 年、2010~2020 年甘州区国土空间功能用地变化在不同冲突单元的比例

2000~2010 年城镇功能用地变化分布在强冲突、中冲突和无冲突单元的比例分别为 81.24%、6.41%、12.35%；2010~2020 年分布在强冲突、中冲突和无冲突单元的比例分别为 66.73%、4.33%、28.94%，比较两个时段，就会发现分布在强冲突、中冲突单元的比例分别降低了 14.51%、2.08%，但分布在无冲突单元比例提升了 16.59%，这就说明城镇开发引致的国土冲突总体上趋于减弱。但值得高度关注的是产生了新的冲突空间，尤其是工业园区占用黑河沿岸滩地的行为引致了明显的城镇-生态功能冲突。

2000~2010 年生态功能用地变化分布在强冲突单元的比例为 60.24%，2010~2020 年该比例提升了 9.51%，根源在于农业功能用地扩张。而生态功能用地变化分布在中冲突、无冲突单元的比例分别降低了 7.08%、2.43%，可见生态功能主要与农业生产功能之间发生冲突。

总体来看，农业、城镇和生态三类空间功能用地变化主要分布在强冲突单元，冲突识别结果与用地变化格局具有较高的吻合性，表明前述中功能竞争力评价结果能够有效识别国土空间冲突单元，冲突识别结果可用于研究区未来国土空间利用格局优化研究中。

6.4　小　　结

本章通过确定国土空间冲突识别思路，运用基于功能竞争力评价的冲突识别方法，对各功能竞争力等级进行排列组合，识别出了甘州区 2000~2020 年强冲突、中冲突、弱冲突和无冲突四个冲突强度以及对应的九个冲突类型，分析冲突演变的分异特征，并对冲突识别结果进行了验证。主要的研究结论如下：2000 年、2010 年、2020 年甘州区三类功能空间冲突识别结果显示，强冲突区主要以中心城区边缘的农业空间与城镇空间强冲突、城镇空间与生态空间强冲突和绿洲边缘、自然保护地、国有林场及其周围的生态空间与农业空间强冲突为主；中冲突区主要以中心城区北部、东北部的三类空间中冲突区和绿洲平原区零散分布的生态空间与农业空间中冲突为主，所占比例相对较小；弱冲突区主要分布在绿洲外围的戈壁荒漠区；无冲突区（功能优势区）主要分布在城镇建设区、农业耕作区和自然保护地、国有林场等一些生态功能价值较高的区域。2000~2020年，中心城区边缘的强、中冲突单元逐渐演变为城镇功能优势区，但随着农业与生态空间的约束力增强，这类冲突单元逐渐减少，绿洲边缘的强冲突单元逐渐增多、中冲突单元先增加后减少，并向绿洲外围持续扩张，空间上演变为农业功能优势区，自然保护地、国有林场及其周围的强、中冲突单元较多转变为生态功能优势区，绿洲荒漠过渡区一些弱冲突单元通过人为改造使其功能竞争力逐步提升，空间上演变为城镇功能优势区和农业功能优势区，这些优势单元的不断扩张，正是绿洲区域国土空间无序开发利用的表现，造成研究区水土资源供需矛盾更加尖锐，因此急需加强对冲突单元的调控。甘州区三类功能空间冲突验证结果显示，2000~2010年、2010~2020年农业、城镇和生态功能用地变化主要发生在强冲突区，表明基于功能竞争力评价的冲突识别方法能够有效识别国土空间冲突单元，冲突识别结果可用于未来国土空间利用格局优化研究中。

第7章

绿洲国土空间格局优化

国土空间格局优化是区域农业生产、经济发展和生态保护等多目标协同下的空间结构与布局，通过对数量结构和空间布局进行优化，可以更加合理地配置国土空间的农业、城镇和生态三类空间，有利于缓解国土空间冲突，对维护绿洲生态安全，实现可持续发展具有重要作用。

7.1 利用结构优化

对国土空间的土地利用结构和空间布局进行优化，利用结构主要侧重于各类用地面积的优化，空间布局主要侧重于各类用地在空间分布上的优化。首先，以实现农业、城镇和生态三类空间利用效益最大化（即功能效用最大化）为目标，运用多目标规划模型（MOP模型）对不同功能发展目标下2030年甘州区国土空间的土地利用数量结构进行优化；并以此为基础，将国土空间冲突识别结果作为空间优化约束条件（即减少和避免冲突），运用CLUE-S模型对2030年甘州区国土空间的土地利用布局进行优化（图7.1）。

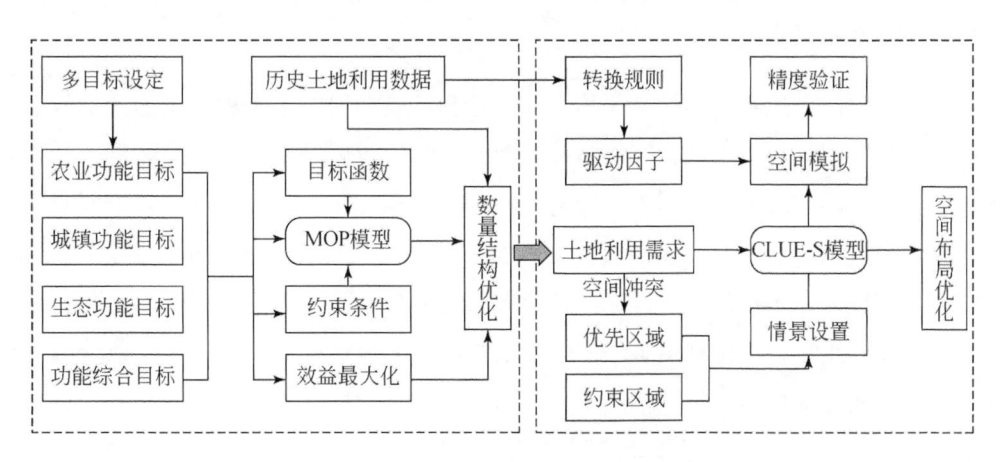

图7.1 国土空间格局优化框架

现阶段，我国国土空间规划将划定"三区三线"作为核心手段，本意是遵循、适应、利用"人类-自然"复合系统的运行规律，为科学制定管控策略提供技术基础。但地方政府、各部门由于自身的管理逻辑、政绩诉求等存在显著差异，常常面临发展与保护的双重诉求，致使各部门对土地发展权展开争夺，即"部门博弈""空间冲突"逐步显现，空间管控制度在具体实施中陷入僵局。由于国土空间资源供给的有限性和稀缺性，为提高空间资源的利用效率和效益，数量结构优化以实现农业、城镇和生态三类功能为目标，对国土空间的土地利用结构进行优化配置。本书基于现阶段甘州区社会经济发展状况，通过设置优化决策变量，确定优化目标函数和约束条件，构建多目标规划模型来优化2030年土地利用结构。

7.1.1 优化目标

多目标优化需要根据区域内土地资源的本底特性和利用条件，对其开发方式、数量结构和综合价值等方面进行优化，以最大限度地追求土地资源的经济、社会和生态效益，促进人地关系协调与可持续发展。土地利用结构优化作为优化调整土地利用方式的重要手段，通过及时响应与反馈人类空间活动行为，将土地利用过程与外界环境进行适时匹配，一方面把有限的土地资源分配给不同的功能空间；另一方面结合区域人口、经济、环境和政策等其他资源进行优化配置，对土地资源的开发利用格局做出一个合理规划和布局，使其为人类社会提供更多的产品和服务，同时不会对生态环境造成破坏（路昌，2014）。因此，结构优化通过调整土地利用开发方式与区域自然资源、社会经济与生态环境等之间的关系，以追求土地利用的社会效益、经济效益、生态效益最大化为准则，实现农业、城镇和生态三类功能目标。

1. 农业功能目标

实现国土空间土地利用结构优化的农业功能目标就是要追求土地利用的社会效益最大化，如社会公平、社会稳定和社会保障等方面的效益，也就是说随着社会经济的快速发展和人民生活水平的不断提高，国土空间的土地利用结构优化在考虑经济效益的同时，还需考虑土地资源产出和提供的产品与服务在社会流通中如何分配及消费的问题。一般来说，经济效益是实现社会效益的基本保障，社会效益是实现经济效益的必然要求，两者紧密相连，要求土地利用结构优化在追求经济效益的同时也要兼顾社会效益，使土地资源产出和服务与社会文明相匹配。

2. 城镇功能目标

实现国土空间土地利用结构优化的城镇功能目标就是要追求土地利用的经济效益最大化，也就是说要在有限的土地资源基础上，通过调整土地利用开发方式，使其能够尽可能多地产出人类社会所需要的产品，并能够提供相应的城镇功能服务。国内生产总值是能够反映某一地区在一定时期内所创造出产品价值的主要指标，在进行土地利用结构优化与调整过程中，可通过国内生产总值来表征实现城镇功能目标的土地资源经济效益。

3. 生态功能目标

实现国土空间土地利用结构优化的生态功能目标就是要追求土地利用的生态效益最大化。由于人类在长期的生产、生活实践过程中，过度地追求土地利用开发的经济效益，对自然生态空间造成了严重的破坏，出现了土地资源污染、土壤功能退化、土地质量下降等问题，影响了土地资源生态功能正常发挥。随着生态文明建设步伐的加快推进，人们对生态环境保护愈加重视，所以在进行国土空间的土地利用结构优化过程中，必须将土地资源的生态效益作为实现生态功能目标的一个重要条件。

4. 三类功能综合目标

由于多个目标之间往往存在相互竞争的关系，多目标优化问题需要实现的是整体最优，而非单个最优，也就是要追求土地利用的社会、经济和生态综合效益的最大化。本书在实现农业、城镇和生态三类功能目标过程中，考虑到追求任一功能目标的最大化都会影响其他功能的正常发挥，因此对国土空间土地利用结构优化需要遵循社会效益、经济效益、生态效益相统一的原则，从国土空间可持续开发利用角度出发，通过合理分配农业、城镇和生态三类功能目标后得到一个综合效益最大化的土地利用数量结构。

7.1.2 优化模型构建

1. 决策变量选择

决策变量是多目标规划模型的基础，决定着模型数量计算和总量控制的个数。选择的变量要符合土地利用现状分类规程的要求，能够充分体现研究区国土空间的土地资源开发利用特征，同时要具有代表数量结构优化目标的农业功能、城镇功能和生态功能变量类型，并且各个变量能保持相互独立。此外，还要综合考虑各功能目标函数效益系数的易确定性，以及后续空间布局优化模型（CLUE-S 模型）对决策变量进行模拟预测的可行性。因此，根据数据的科学性、可获取性、可操作性，最终设置了七个决策变量：耕地（X_1）、林地（X_2）、草地（X_3）、水域（X_4）、农村居民点（X_5）、城镇建设用地（X_6）、未利用土地（X_7）（表7.1）。其中，耕地是保障农业生产功能的根本；林地、草地具有典型的生态功能；城镇建设用地是城镇功能的外在表征；水域除具有典型的生态功能外，在干旱区内陆河流域发挥着引导、控制的综合功能。

2. 目标函数建立

本书运用多目标规划模型对土地利用数量结构进行优化，模型目标函数的构建包括农业功能目标函数、城镇功能目标函数、生态功能目标函数和三类功能综合目标函数。其中，综合目标函数的构建按照同时实现农业、城镇和生态三类功能目标为原则，对三类功能目标函数进行均衡配置得到。本书主要以土地利用开发所带来的社会经济产值和生态系统服务价值来尝试构建目标函数。

表7.1 多目标规划模型决策变量

变量	土地利用类型	2020年现状面积/hm²
X_1	耕地	116 838.10
X_2	林地	6 072.43
X_3	草地	72 582.09
X_4	水域	12 592.96
X_5	农村居民点	9 150.22
X_6	城镇建设用地	6 783.09
X_7	未利用土地	143 451.77

1）农业功能目标函数

农业功能目标函数的构建以追求社会效益最大化为准则。社会效益主要是指土地资源所能提供给人类的社会需求满足程度，包括粮食产量、农产品收入、居民消费和休闲娱乐等价值，对于其功能目标函数的构建以土地资源所产出的社会价值来核算。本书基于甘州区各土地利用类型单位面积上产出的社会效益最大化来确定农业功能目标函数。构建的目标函数表达式如下：

$$\text{Max} F_1(X) = \sum_{i=1}^{7} B_i X_i \tag{7.1}$$

式中，B_i为各土地利用类型社会效益系数；X_i为各土地利用类型面积。

土地利用类型社会效益系数由一些社会经济产值数据和用地面积计算得到，根据2005~2020年《甘州统计年鉴》，将单位面积粮食产量作为耕地社会效益系数，将单位面积林业产品收入作为林地社会效益系数，将单位面积牧业产品收入作为草地社会效益系数，将单位面积农民人均可支配收入作为农村居民点社会效益系数，将单位面积城镇居民人均可支配收入作为城镇建设用地社会效益系数，考虑到水域的社会效益已较多转化为耕地、林地、草地和建设用地效益，这里不再重复计算，由于未利用土地产生的社会经济价值极小，不考虑未利用土地的社会效益，由此计算得到2005~2020年各土地利用类型单位面积社会效益系数。具体如表7.2所示。

以表中数据资料为基础，采用GM（1,1）模型分别预测2030年各土地利用类型的社会效益系数，得到农业功能目标函数如下：

$$F_1(X) = 8.95(x_1+x_4) + 2.37(x_2+x_4) + 3.05(x_3+x_4) + 2.84x_5 + 3.95(x_6+x_4) \tag{7.2}$$

表7.2 2005～2020年甘州区土地利用类型单位面积社会效益系数　　（单位：万元/hm²）

年份	耕地	林地	草地	农村居民点	城镇建设用地
2005	3.32	0.41	0.55	0.52	0.73
2006	3.55	0.54	0.63	0.62	0.85
2007	3.62	0.63	0.71	0.75	0.96
2008	3.7	0.73	0.77	0.78	1.04
2009	3.85	0.76	0.82	0.84	1.17
2010	3.96	0.82	0.95	0.92	1.28
2011	4.04	0.95	1.07	0.97	1.46
2012	4.25	1.02	1.14	1.05	1.55
2013	4.77	1.35	1.22	1.12	1.68
2014	4.91	1.48	1.36	1.18	1.72
2015	5.22	1.61	1.45	1.27	1.85
2016	5.36	1.69	1.51	1.35	1.95
2017	5.68	1.75	1.63	1.44	1.98
2018	5.81	1.78	1.74	1.53	2.04
2019	6.05	1.8	1.82	1.66	2.11
2020	6.26	1.84	1.91	1.71	2.15

2）镇功能目标函数

城镇功能目标函数的构建以追求经济效益最大化为准则。经济效益主要是指土地资源所产出的经济产值，包括第一、第二、第三产业总值，对于其功能目标函数的构建以土地资源所产出的经济价值来核算。本书基于甘州区各土地利用类型单位面积上产出的经济效益最大化来确定目标函数，构建的目标函数表达式如下：

$$\text{Max} F_2(X) = \sum_{i=1}^{7} B_i X_i \tag{7.3}$$

式中，B_i为各土地利用类型经济效益系数；X_i为各土地利用类型面积。

土地利用类型经济效益系数由一些经济产值数据和用地面积计算得到，根据2005～2020年《甘州统计年鉴》，将农业单位面积产值作为耕地产出效益系数，将林业单位面积产值作为林地产出效益系数，将牧业单位面积产值作为草地产出效益系数，将第二、第三产业单位面积产值作为城镇建设用地产出效益系数，将农林牧渔服务业单位面积产值作为农村居民点产出效益，考虑到水域的经济产值已较多转化为农业和工业产值部分，这里不再重复计算，由于未利用土地产生的经济产值极小，不考虑未利用土地的经济效益。由以上数据计算得到2005～2020年各土地利用类型单位面积经济效益系数。具体如表7.3所示。

表 7.3 2005~2020 年甘州区土地利用类型单位面积经济效益系数 （单位：万元/hm²）

年份	耕地	林地	草地	农村居民点	城镇建设用地
2005	3.12	0.11	0.54	12.05	38.41
2006	3.34	0.12	0.66	12.70	39.29
2007	3.62	0.14	0.69	13.16	45.84
2008	3.89	0.16	0.71	14.66	52.95
2009	4.08	0.09	0.73	15.01	58.31
2010	4.56	0.11	0.75	16.24	63.23
2011	5.15	0.14	0.82	16.88	79.13
2012	5.35	0.16	0.92	17.05	83.47
2013	5.03	0.18	0.98	17.42	80.21
2014	3.68	0.24	1.11	17.67	51.44
2015	3.86	0.27	1.15	18.24	53.01
2016	3.91	0.36	1.23	18.99	56.58
2017	3.67	0.35	1.16	20.94	62.54
2018	3.86	0.37	1.52	22.55	62.47
2019	4.06	0.39	1.66	24.43	63.88
2020	4.27	0.42	1.77	25.58	64.35

以表中数据资料为基础，采用 GM（1，1）模型分别预测 2030 年各土地利用类型的经济效益系数，得到城镇功能目标函数如下：

$$F_2(X) = 5.64(x_1+x_4) + 1.17(x_2+x_4) + 3.03(x_3+x_4) + 30.17x_5 + 98.62(x_6+x_4) \quad (7.4)$$

3）生态功能目标函数

生态功能目标函数的构建以追求生态效益最大化为准则。生态效益主要是指土地资源能够提供给人类的生态系统服务价值，包括气体调节、气候调节、水源涵养、食物生产、生物多样性维持、原材料生产、娱乐文化等价值，对于其功能目标函数构建采用土地利用生态系统服务价值当量法进行核算。本书通过对甘州区单位面积土地利用所产生的生态服务价值进行货币化定量评估来确定目标函数。构建的目标函数表达式如下：

$$\text{Max}F_3(X) = \sum_{i=1}^{7} B_i X_i \quad (7.5)$$

式中，B_i 为各土地利用类型生态系统服务价值系数；X_i 为各土地利用类型面积。

土地利用类型生态系统服务价值系数参照谢高地等（2003）的中国陆地生态系统服务价值当量因子表，将单位面积农田生态系统服务价值、单位面积森林生态系统服务价值、单位面积草地生态系统服务价值、单位面积水体生态系统服务价值、单位面积荒漠生态系统服务价值分别与耕地、林地、草地、水域和未利用土地对应,根据 2005~2020 年甘州区粮食总产量和粮食作物种植面积,得到各年份粮食单产值,采用 GM(1,1)模型预测目标年粮食单产为 7840.10kg/hm², 粮食价格取 2020 年甘肃省粮食市场平均价格 2.62 元/kg, 计算得到单位面积农田粮食产量的经济价值为 20 541.06 元/hm², 再依据没有人力投入的自然生态系统提供的经济价值是现有单位面积农田生态系统提供的食物生产服务经济价值的 1/7, 确定甘州区农田生态系统提供的一个标准食物生产当量因子经济价值为 2934.44 元/hm², 然后按照当量因子表,计算出各土地利用类型单位面积生态系统服务价值系数(表 7.4),得到生态功能目标函数如下:

$$F_3(X) = 2.05x_1 + 6.34x_2 + 2.31x_3 + 14.6x_4 + 0.26x_7 \tag{7.6}$$

表 7.4 甘州区土地利用类型单位面积生态系统服务价值系数 (单位:万元/hm²)

项目	耕地-农田	林地-森林	草地-草地	水域-水体	未利用土地-荒漠
气体调节	0.18	1.02	0.24	1.24	0
气候调节	0.15	0.78	0.26	0.13	0
水源涵养	0.19	0.93	0.37	5.91	0.08
土壤形成与保护	0.42	1.13	0.57	0.04	0.05
废物处理	0.35	0.38	0.38	5.27	0.02
生物多样性保护	0.22	0.95	0.32	0.72	0.10
食物生产	0.29	0.03	0.09	0.03	0.01
原材料	0.17	0.75	0.02	0	0
娱乐文化	0.08	0.37	0.06	1.26	0
总值	2.05	6.34	2.31	14.6	0.26

4) 三类功能综合目标函数

三类功能综合目标函数构建以社会、经济和生态综合效益最大化为准则。综合效益主要是对土地资源提供的经济、社会和生态三大功能价值做出决策方案,对于其功能目标函数构建需要通过合理分配农业、城镇和生态三类功能目标而获得。研究综合考虑《甘州区国民经济和社会发展"十四五"规划纲要》的发展定位和战略目标,将农业功能目标、城镇功能目标和生态功能目标的权重分别设为 0.33、0.33、0.34,进行线性加权求和,使多目标转换为单目标,以此来确定三类功能综合目标函数。构建的目标函数表达式如下:

$$F(X) = 0.33F_1(X) + 0.33F_2(X) + 0.34F_3(X) \tag{7.7}$$

7.1.3 约束条件设置

1. 总面积约束

各土地利用类型面积之和等于甘州区土地总面积。表达式如下：

$$S = \sum_{i=1}^{n} x_i = 367470.66 \text{hm}^2 \tag{7.8}$$

式中，S 为甘州区土地利用总面积；x_i 为各土地利用类型面积；n 为土地利用类型数量。

2. 人口总量约束

人口总量约束是农村居民点用地承载的农村人口数量和城镇建设用地承载的城镇人口数量应不大于目标年甘州区总人口数量。表达式如下：

$$M_1 \cdot x_5 + M_2 \cdot x_6 \leq P \tag{7.9}$$

式中，M_1 为单位农村居民点用地人口密度；M_2 为单位城镇建设用地人口密度；P 为目标年人口总量。2020 年甘州区农村人口为 24.10 万人，农村居民点面积为 9150.22hm²，单位农村居民点用地人口密度为 0.0026 万人/hm²；2020 年甘州区城镇人口为 27.81 万人，城镇建设用地面积为 6783.09hm²，单位城镇建设用地人口密度为 0.0041 万人/hm²。采用 GM（1,1）模型预测 2030 年甘州区总人口为 55.78 万人，即

$$0.0026x_5 + 0.0041x_6 \leq 55.78 \text{ 万人} \tag{7.10}$$

3. 水资源约束

水资源约束是各土地利用类型的需水量之和应不大于目标年甘州区用水总量。表达式如下：

$$\sum_{i=1}^{n} B_i \cdot x_i \leq W \tag{7.11}$$

式中，B_i 为各土地利用类型需水标准；x_i 为各土地利用类型面积；n 为土地利用类型数量；W 为用水总量。根据《张掖市县级行政区 2020 年 2030 年水资源管理控制指标的通知》中的用水总量控制指标，本书用水总量（W）取甘州区 2030 年水资源利用控制总量，为 7.02 亿 m³。根据《甘肃省行业用水定额（2017 版）》和《甘肃省行业用水定额（2017 版）》修订条目所规定的行业用水定额，城镇居民生活用水定额按照甘肃省三类地域 D 型确定，为 110L/（人·d）[40.15m³/（人·a）]，采用 GM（1,1）模型预测 2030 年甘州区城镇人口为 39.05 万人，人均城镇建设用地标准取 150m²，得到城镇需水标准为 26767m³/hm²；农村居民生活用水定额按照全日制供水地区，为 60L/人·d（21.93m³/人·a），采用 GM（1,1）模型预测 2030 年甘州区农村人口为 16.73 万人，人均农村居民点标

准取 120m², 得到农村居民点需水标准为 18 275³/hm²; 农田灌溉定额为 390m³/亩, 得到耕地需水标准为 5850m³/hm²; 林地的灌溉定额为 220m³/亩, 得到林地需水标准为 3300m³/hm²; 草地的灌溉定额为 260m³/亩, 得到草地需水标准为 3900m³/hm², 即

$$5850x_1 + 3300x_2 + 3900x_3 + 18275x_5 + 26767x_6 \leq 7.02 \times 10^8 \text{m}^3 \tag{7.12}$$

4. 耕地约束

水资源是制约干旱区绿洲生存与发展的根本性因素,一定量的水资源只能供给一定面积的绿洲,绿洲耕地的扩张需要更多的水资源,导致生态用水减少,从而出现许多严峻的生态环境问题,影响绿洲健康发展。因此,耕地约束条件必须坚持"以水定地",在确保绿洲适宜规模的条件下,才能够确定适宜的绿洲耕地面积,以实现干旱区绿洲稳定、社会经济可持续发展。张掖绿洲气候干旱,光热资源充沛,降水量不足,大气湿度低,本书借鉴王忠静等(2002)提出的水热平衡法,综合考虑绿洲稳定性条件,对甘州区绿洲适宜发展规模进行测算,在此基础上确定耕地约束规模,计算公式如下:

$$A = \frac{W - W'}{(\text{ET}_0 - P) \cdot K_p \cdot H_0} \tag{7.13}$$

$$A_c = A \cdot K_l$$

式中,A 为绿洲适宜面积; W 为可利用水资源总量; W' 为年均工业和人畜生活用水量,对绿洲植被生长无贡献; ET_0 为按彭曼公式计算的参考作物蒸腾量。参考王忠静等(2002)黑河流域的蒸腾量值,取 994mm; P 为年均降水量; K_p 为主要植物的综合作物系数,对小麦和玉米作物系数求平均,取 0.85; H_0 为绿洲稳定性指数,值越大,绿洲稳定性越高,取值介于 0.75~1.00,取 0.75。A_c 为适宜耕地面积; K_l 为耕地利用系数,指耕地占绿洲面积之比,一般不大于 70%。根据《张掖市县级行政区 2020—2030 年水资源管理控制指标》中的用水总量控制指标,可利用水资源总量 W 取甘州区 2030 年用水总量 7.020 亿 m³,根据《甘肃省水资源公报》,甘州区工业和生活用水量 W' 为 0.294 亿 m³,年平均降水量 P 为 130.20mm。由此计算得到绿洲适宜面积为 155 155.71hm²,耕地占绿洲面积取最大占比,即 70%,得到耕地约束面积为 108 608.99hm²,即

$$x_1 \leq 108608.99 \text{hm}^2 \tag{7.14}$$

5. 林地约束

甘州区是生态文明建设示范城市,也是中国西部重要的生态安全屏障。根据《甘州区国民经济和社会发展"十四五"规划纲要》相关要求,规划期间甘州区要深入推进以"一园四带"造林绿化为引领的大规模国土绿化行动,实施三北防护林、退耕还林、储备林基地、城市森林公园、张掖北方植物园、农田林网等建设项目,稳步扩大国土绿化面积。因此,林地约束应大于现状林地面积,即

$$x_2 \geq 6072.43 \text{hm}^2 \tag{7.15}$$

6. 草地约束

根据《甘州区国民经济和社会发展"十四五"规划纲要》的要求，规划期间甘州区要大力推进生态保护修复工程，实施退耕退牧还草、退化草地补播改良、人工饲草料基地等建设项目，构筑防风固沙绿色屏障。因此，草地约束应大于现状草地面积，即

$$x_3 \geqslant 72582.09 \text{hm}^2 \tag{7.16}$$

7. 水域约束

水域是绿洲农业生产活动的基础条件，根据《甘州区国民经济和社会发展"十四五"规划纲要》相关要求，规划期间甘州区要积极推进黑河流域甘州段生态治理项目，实施酥油口下库、大中型灌区节水改造、乡镇集中式饮用水水源地、农村自来水供水等水利工程建设，改善水生态、保障水安全。因此，水域约束应大于现状水域面积，即

$$x_4 \geqslant 12592.96 \text{hm}^2 \tag{7.17}$$

8. 农村居民点约束

随着城市化进程的快速推进，通过实施城乡增减挂钩政策，引导农村人口逐渐向中心城区及重点集镇集中，对甘州区零散分布、闲置和废弃的农村居民点通过建新拆旧和整理复垦等措施进行压减，从而提高农村居民点用地集约程度。因此，农村居民点约束应小于现状面积，即

$$x_5 \leqslant 9150.22 \text{hm}^2 \tag{7.18}$$

9. 未利用土地约束

随着社会经济的快速发展，包括城市产业园区开发、生态保护与修复治理、农用地结构调整等措施，都会在一定程度上开发未利用土地。因此，未利用土地面积应小于现状面积，即

$$x_7 \leqslant 143451.77 \text{hm}^2 \tag{7.19}$$

7.1.4 模型运行与结果分析

根据构建的多目标规划模型，本书运用运筹学软件 WinQSB 中的 Goal Programming 模块对不同目标函数进行计算，该模块一般用于多目标规划、线性目标规划和整数目标规划问题的优化求解，程序运行需要先输入标题名、目标数、变量数、约束数、目标准则和变量类型，然后设置相应的变量名称。进入参数数值界面，依次输入目标函数和约束条件，经过反复计算，对比多个优化方案的目标函数效益值，最终得到 2030 年甘州区不同功能

目标下的四个土地利用结构优化方案（表7.5）。

表7.5 2030年甘州区土地利用结构优化方案

土地利用类型	2020年现状	方案1 （农业功能目标）	方案2 （城镇功能目标）	方案3 （生态功能目标）	方案4 （三类功能综合目标）
耕地/hm²	116 838.10	108 502.24	107 230.54	107 024.80	107 966.79
林地/hm²	6 072.43	10 021.75	10 225.48	10 461.65	10 304.01
草地/hm²	72 582.09	77 836.67	78 037.16	79 323.37	78 637.58
水域/hm²	12 592.96	13 014.47	13 023.22	13 044.01	13 036.18
农村居民点/hm²	9 150.22	9 091.79	8 995.87	9 106.47	9 088.33
城镇建设用地/hm²	6 783.09	7 587.59	7 896.29	7 600.42	7 748.51
未利用土地/hm²	143 451.77	141416.15	142 062.10	140 909.94	140 689.26
经济效益/万元	1 987 050.56	2 036 541.24	2 058 419.49	2 034 459.38	2 051 338.67
社会效益/万元	1 490 292.59	1 442 470.72	1 433 784.99	1 434 440.33	1 440 710.80
生态效益/万元	682 769.93	709 229.04	708 885.31	712 750.71	712 056.43
效益总和/万元	4 160 113.08	4 188 241.00	4 201 089.79	4 181 650.42	4 204 105.90

在以农业功能目标最大化的优化方案中，相比较2020年现状，从结构上来看，耕地减少了8335.86hm²，林地增加了3949.32hm²，草地增加了5254.58hm²，水域增加了421.51hm²，农村居民点减少了58.43hm²，城镇建设用地增加了804.50hm²，未利用土地减少了2035.62hm²；从效益价值上来看，经济效益增加了49 490.68万元，社会效益减少了47 821.87万元，生态效益增加了26 459.11万元。在以城镇功能目标最大化的优化方案中，相比较2020年现状，从结构上来看，耕地减少了9607.56hm²，林地增加了4153.05hm²，草地增加了5455.07hm²，水域增加了430.26hm²，农村居民点减少了154.35hm²，城镇建设用地增加了1113.20hm²，未利用土地减少了1389.67hm²；从效益价值上来看，经济效益增加了71 368.93万元，社会效益减少了56 507.60万元，生态效益增加了26 115.38万元。在以生态功能目标最大化的优化方案中，相比较2020年现状，从结构上来看，耕地减少了9813.30hm²，林地增加了4389.22hm²，草地增加了6741.28hm²，水域增加了451.05hm²，农村居民点减少了43.75hm²，城镇建设用地增加了817.33hm²，未利用土地减少了2541.83hm²；从效益价值上来看，经济效益增加了47 408.82万元，社会效益减少了55 852.26万元，生态效益增加了29 980.78万元。在以三类功能综合目标最大化的优化方案中，相比较2020年现状，从结构上来看，耕地减少了8871.31hm²，林地增加了4231.58hm²，草地增加了6055.49hm²，水域增加了443.22hm²，农村居民点减少了61.89hm²，城镇建设用地增加了965.42hm²，未利用土地减少了2762.51hm²；从效益价值上来看，经济效益增加了64 288.11万元，社会效益减少了49 581.79万元，生态效

益增加了 29 286.50 万元。

综合对比分析四个土地利用结构优化方案，较 2020 年现状，林地、草地、水域和城镇建设用地均呈增加趋势，耕地、农村居民点和未利用土地均呈减少趋势，产生的经济效益和生态效益呈增加趋势、社会效益呈减少趋势，各用地类型面积和效益价值变化幅度存在明显差异。其中，在城镇功能目标方案下，由于优先考虑了经济效益较大的城镇建设用地，使其较 2020 年现状城镇建设用地面积增加最多，从而产生的经济效益最大，但是产生的社会效益和生态效益最小；在农业功能目标方案下，由于优先考虑了社会效益较大的耕地，使其较 2020 年现状耕地面积减少较小，从而产生的社会效益最大，但是产生的经济效益和生态效益相对较小；在生态功能目标方案下，由于优先考虑了生态效益较大的林地、草地和水域，使其较 2020 年现状林地、草地和水域面积增加最多，从而产生的生态效益最大，但是产生的经济效益和社会效益相对较小；在三类功能综合目标方案下，由于兼顾了不同功能用地的经济效益、社会效益和生态效益，各用地类型面积增长、减少幅度均比较适中，从而使产生的经济、社会、生态效益总和在四个优化方案中最大。因此，单一地追求城镇功能目标优化方案、农业功能目标优化方案或生态功能目标优化方案，仅能实现经济、社会和生态三大效益中某一类效益的最大化，并且会造成其他效益的降低，不利于甘州区的社会经济发展和生态环境建设，而追求三类功能综合目标优化方案平衡了甘州区粮食生产、经济发展和生态保护的用地需求，可实现经济、社会和生态综合效益的最大化。

7.2 空间布局优化

空间布局优化需要分析土地利用空间分布概率和土地利用转化规则，在达到空间模拟精度的基础上，将逐年的土地利用数量需求结构进行空间分配，以完成对土地利用空间布局的优化模拟。本书首先对影响甘州区土地利用变化的驱动因子进行筛选，通过 Logistic 回归分析判别各驱动因子对土地利用分布影响关系，然后以 2010 年土地利用现状为基期数据，模拟 2020 年土地利用空间格局，并与 2020 年土地利用现状数据进行对比，判定 CLUE-S 模型的模拟精度，在此基础上，设置不同优化情景模拟 2030 年甘州区土地利用空间布局。

7.2.1 空间模拟及验证

1. 驱动因子选取与处理

土地利用空间格局演化是自然、人文、经济和制度等多种驱动因子共同作用的结果，不同区域土地利用类型变化所受驱动因子的影响具有差异性，选取合理的驱动因子直接关系到空间模拟精度。根据现有研究成果，驱动因子的选取一般要遵循以下几个原则：①数据的可获取性，即所选驱动因子要根据现有资料收集情况，能够保证获取相应的原数据；②数据的可量化性，即所选驱动因子是一定是能够被定量化处理的因子，并且可以纳入统计模型中进行分析计算；③数据的一致性，即所选驱动因子数据要在时间上与研究时段保持一致，并且在转换为栅格数据时要求空间上具有相同的地理坐标系、范围和分辨率。④驱动因子的综合性和显著性，即驱动因子的选择应尽量从多个层面、多个角度综合考虑，能够全面准确地反映土地利用变化过程，并且所选因子对研究区土地利用类型变化的影响显著，具有较强的关联性。

甘州区位于干旱区内陆河流域的黑河流域中游，属于典型的绿洲城市，地形地貌、气候水文、土壤植被等自然地理因素是国土空间的土地资源空间分布与格局变化的根本因素；距离水源、渠系、交通道路等区位因素决定着局部土地资源开发利用程度，对土地利用变化起着至关重要的作用；而人口数量的增加，经济实力的提升和政策制度的实施等因素是绿洲土地资源开发利用的最主要驱动因子。本书基于上述驱动因子选取原则，结合甘州区土地利用空间格局变化情况，分别从自然地理因素、区位因素和社会经济因素3个方面选取了12个驱动因子（表7.6），并运用ArcGIS软件空间分析工具进行栅格化与标准化处理（所有栅格值变为0~1）（图7.2），然后转化为ASCⅡ文件（sclgr*.asc），作为空间回归分析的自变量。

表7.6 甘州区土地利用空间布局变化的驱动因子及说明

因子名称	因子描述与处理
海拔（sclgr0.fil）	每个栅格单元的海拔值，由DEM数据获得
坡度（sclgr1.fil）	每个栅格单元的坡度值，通过ArcGIS软件空间分析模块下的坡度工具（Slope）获得
降水量（sclgr2.fil）	每个栅格单元的降水量值，基于周边气象站点观测数据，通过ArcGIS软件空间分析模块下的克里金插值（Kriging）获得
土壤类型（sclgr3.fil）	每个栅格单元的土壤标准化分级值，基于甘州区土壤类型图，等级评定后通过ArcGIS软件转为栅格数据获得
地下水深度（sclgr4.fil）	每个栅格单元的地下水深度值，基于甘州区地下水深度图，通过ArcGIS软件转为栅格数据获得
距城镇中心距离（sclgr5.fil）	每个栅格单元距最近城镇中心的距离，通过ArcGIS软件空间分析模块下的欧式距离工具获得
距国省级道路距离（sclgr6.fil）	每个栅格单元距最近国省道路的距离，通过ArcGIS软件空间分析模块下的欧式距离工具获得
距县乡级道路距离（sclgr7.fil）	每个栅格单元距最近县乡道路的距离，通过ArcGIS软件空间分析模块下的欧式距离工具获得

续表

因子名称	因子描述与处理
距河流水面距离（sclgr8.fil）	每个栅格单元距最近河流水面的距离，通过 ArcGIS 软件空间分析模块下的欧式距离工具获得
距干支渠距离（sc1gr9.fil）	每个栅格单元距最近干支渠的距离，通过 ArcGIS 软件空间分析模块下的欧式距离工具获得
人口密度（sc1gr10.fil）	每个栅格单元的人口密度值，基于各乡镇的人口数量，通过 ArcGIS 软件的反距离加权插值工具（IDW）获得
人均 GDP（sclgr11.fil）	每个栅格单元的人均 GDP 值，基于各乡镇的生产总值，通过 ArcGIS 软件的反距离加权插值工具（IDW）获得

(a) 海拔　　(b) 坡度　　(c) 降水量

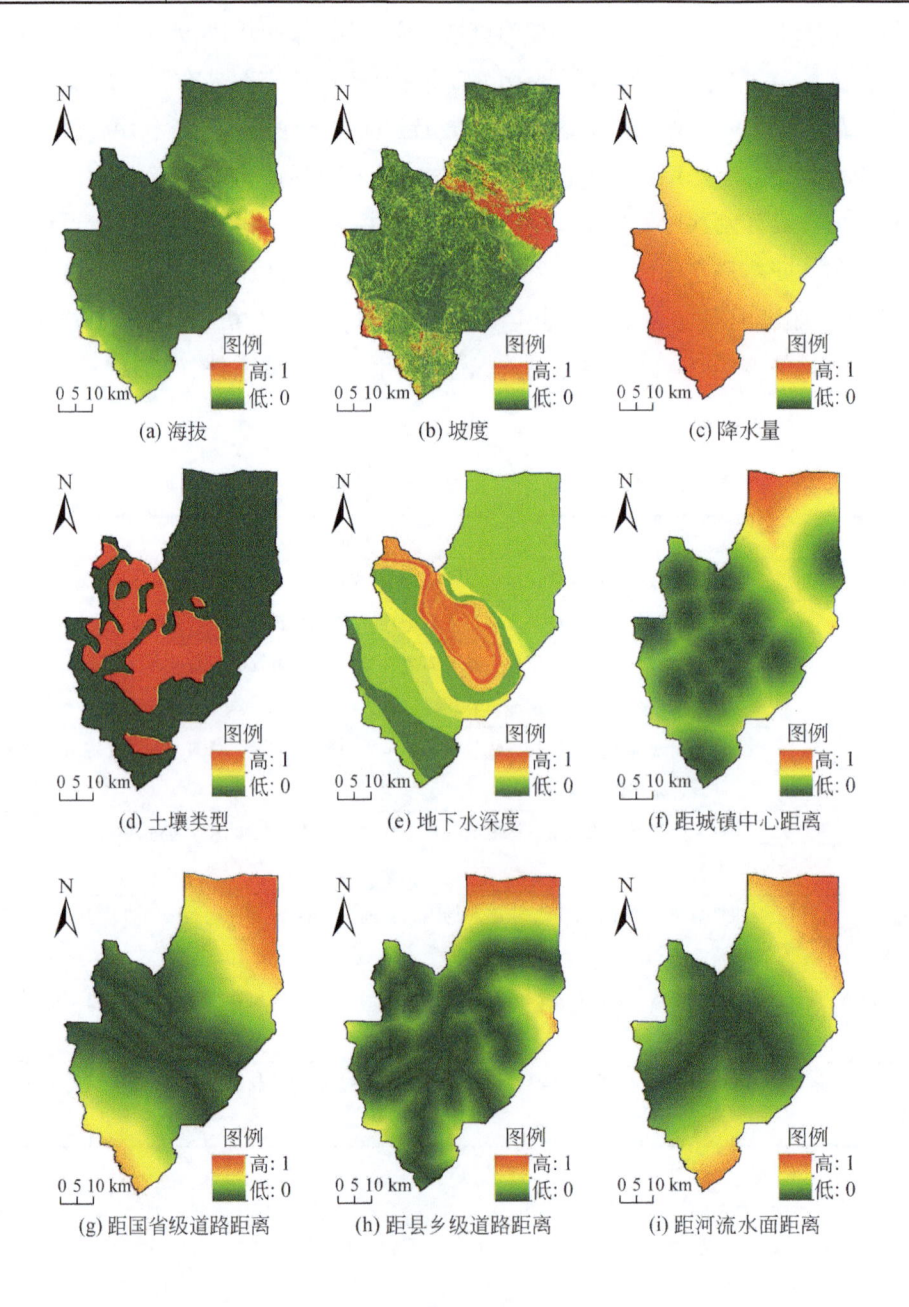

(d) 土壤类型　　(e) 地下水深度　　(f) 距城镇中心距离

(g) 距国省级道路距离　　(h) 距县乡级道路距离　　(i) 距河流水面距离

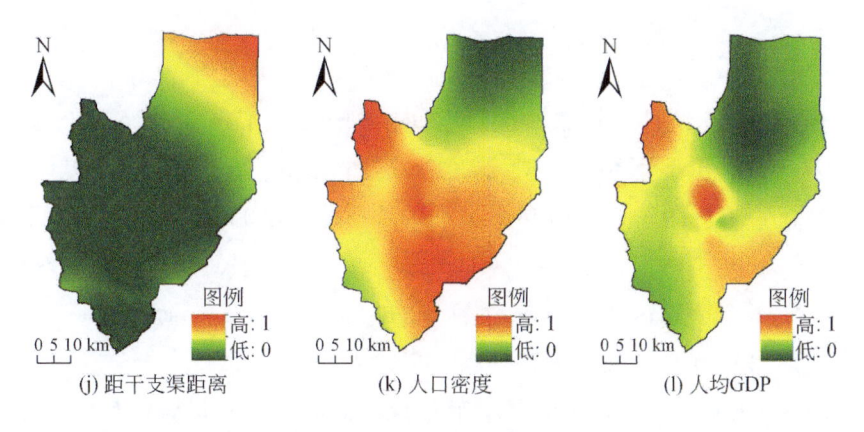

(j) 距干支渠距离　　　(k) 人口密度　　　(l) 人均GDP

图7.2　驱动因子栅格图

为防止出现驱动因子之间多重共线性关系，影响空间模拟精度，在进行空间回归分析之前，需要对上述12个驱动因子进行共线性诊断，剔除存在具有明显共线性的因子，使各变量之间保持相互独立（魏伟，2018）。本书采用容忍度（tolerance）和方差膨胀因子（VIF）进行共线性分析。方差膨胀因子为容忍度的倒数，容忍度值越小，方差膨胀因子越大，表明共线性越强，一般认为，容忍度小于0.2，方差膨胀因子大于10，因子之间存在共线性。本书运用SPSS软件做线性回归分析，得到各驱动因子的容忍度和方差膨胀因子（表7.7）。由表7.7可以看出，本书所选取的12个驱动因子的方差膨胀因子值均小于10，表明各因子之间不存在多重共线性问题，可以直接用于回归模型进行分析。

表7.7　甘州区土地利用变化驱动因子共线性诊断结果

因子名称	容忍度（tolerance）	方差膨胀因子（VIF）
海拔（sclgr0.fil）	0.3261	3.0665
坡度（sclgr1.fil）	0.3147	3.1776
降水量（sclgr2.fil）	0.4015	2.4907
土壤类型（sclgr3.fil）	0.2690	3.7175
地下水深度（sclgr4.fil）	0.2418	4.1356
距城镇中心距离（sclgr5.fil）	0.3026	3.3047
距国省级道路距离（sclgr6.fil）	0.3574	2.7980
距县乡级道路距离（sclgr7.fil）	0.4014	2.4913
距河流水面距离（sclgr8.fil）	0.2117	4.7237
距干支渠距离（sc1gr9.fil）	0.3958	2.5265
人口密度（sc1gr10.fil）	0.5011	1.9956
人均GDP（sclgr11.fil）	0.3959	2.5259

2. 驱动因子空间回归分析

本书运用SPSS 25统计分析软件进行空间回归分析。首先通过ArcGIS 10.2软件将2010年甘州区土地利用类型中的耕地、林地、草地、水域、农村居民点、城镇建设用地和未利用土地转化为二值图像（土地利用类型为1，其他为0），并依此保存为cov_0.0、cov_1.0、cov_2.0、cov_3.0、cov_4.0、cov_5.0、cov_6.0的ASC Ⅱ文件，同时对2010年甘州区12个驱动因子分别保存为sclgr0.fil、sclgr1.fil、sclgr2.fil…sclgr11.fil的ASC Ⅱ文件；然后将6个土地利用类型和12个驱动因子文件名写入CLUE-S模型的name.txt文件中，并通过File Convert工具转换成stat.txt文件；最后导入SPSS软件，利用二元Logistic分析工具，设定各土地利用类型作为因变量，所有驱动因子作为协变量，方法选择"向前：有条件"，选项中步进概率的"进入"和"除去"值分别设为0.01、0.02，保存选项中选择概率，按照相同方法完成所有地类和驱动因子设置，计算运行后即可得到各地类与各驱动因子的β系数。

CLUE-S模型在空间模拟过程中，不同大小的栅格单元对土地利用变化的模拟精度存在差异，为了达到最优模拟效果，需要对多个栅格尺度进行调试，最终选择一个适宜甘州区土地利用变化模拟的栅格尺度。本书结合甘州区土地总面积，通过ArcGIS 10.2软件的重采样工具，将各土地利用类型和驱动因子转化为50m×50m、100m×100m、200m×200m、300m×300m、400m×400m五种不同栅格尺度，分别计算Logistic回归系数，并对不同栅格尺度下的回归系数进行ROC检验，以确定各土地利用类型拟合度（表7.8）。通过对比发现栅格尺度为100m×100m时，各土地利用类型的ROC验证值均大于0.7，表明该栅格尺度下所选驱动因子与土地利用类型之间具有较好的相关性，能够更好地解释各用地类型的空间分布格局，ROC曲线图见图7.3。因此，本书最终选择100m×100m作为甘州区空间回归分析和土地利用变化模拟的最佳尺度，计算得到的回归系数如表7.9所示。

表7.8 甘州区不同栅格尺度下各土地利用类型的ROC值

土地利用类型	50m×50m	100m×100m	200m×200m	300m×300m	400m×400m
耕地	0.805	0.904	0.811	0.823	0.815
林地	0.714	0.842	0.707	0.699	0.686
草地	0.698	0.725	0.692	0.652	0.676
水域	0.622	0.716	0.644	0.713	0.757
农村居民点	0.763	0.749	0.717	0.729	0.713
城镇建设用地	0.811	0.911	0.903	0.855	0.882
未利用土地	0.836	0.848	0.841	0.804	0.795

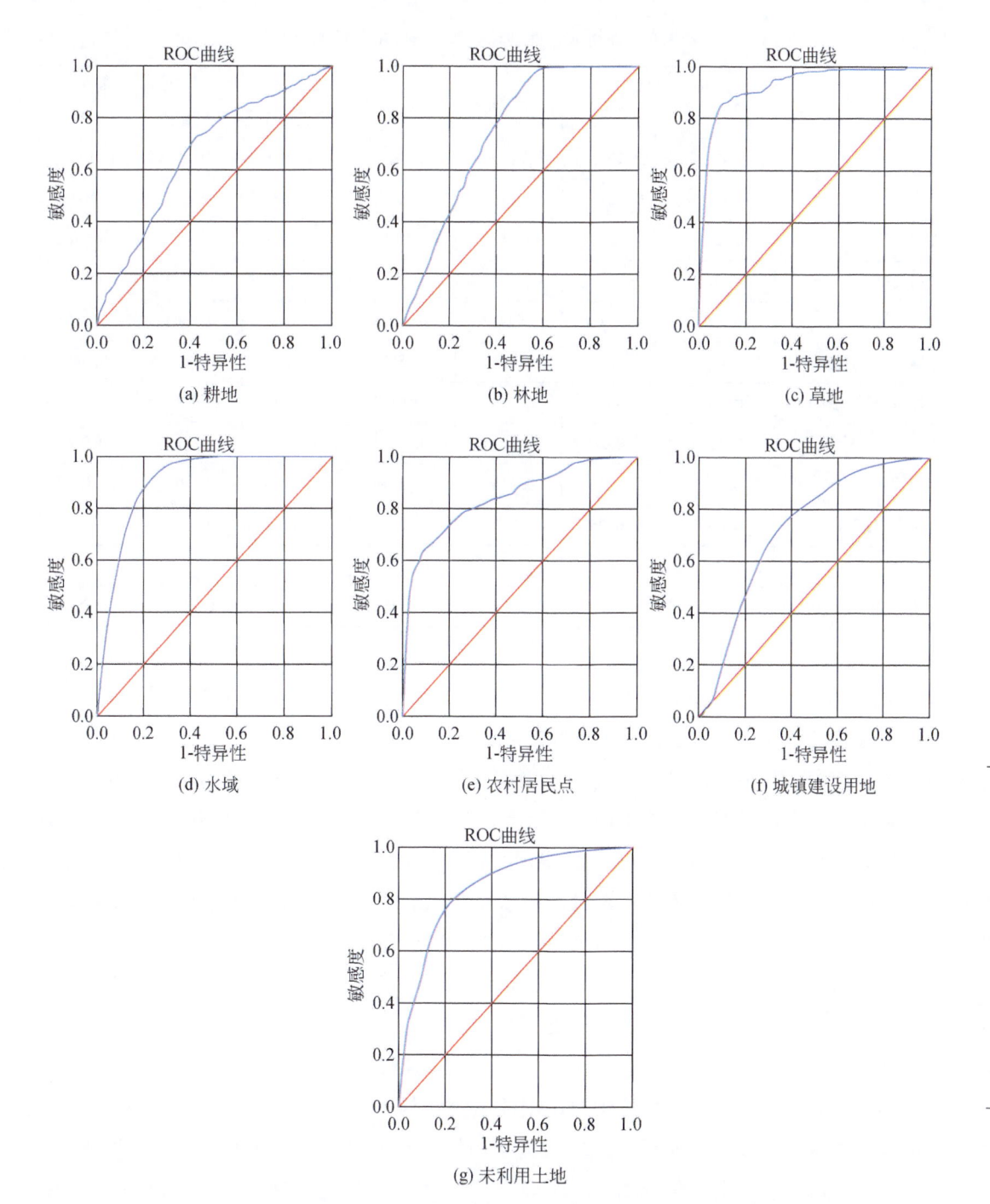

图 7.3　甘州区 100m×100m 栅格尺度下土地利用类型 ROC 曲线

(a) 耕地　(b) 林地　(c) 草地　(d) 水域　(e) 农村居民点　(f) 城镇建设用地　(g) 未利用土地

由表 7.9 分析甘州区不同土地利用类型与各驱动因子之间的相关性，可知耕地分布与海拔、坡度、地下水深度、距城镇中心距离、距国省级道路距离、距县乡级道路距离、距河流水面距离、距干支渠距离呈负相关，而与降水量、土壤类型、人口密度、人均 GDP 呈正相关，表明甘州区耕地主要分布在地势平坦的绿洲腹地，该区域是绿洲精华地带，粮

表 7.9　甘州区土地利用类型 Logistic 回归系数

驱动因子	耕地	林地	草地	水域	农村居民点用地	城镇建设用地	未利用土地
海拔	−0.0174	0.1908	0.1402	−0.1004	−0.1051	−0.0633	0.1880
坡度	−0.0155	0.1874	0.1330	−0.0059	−0.0024	−0.0510	0.1633
降水量	0.1633	−0.0036	−0.0021	0.1844	—	—	−0.1782
土壤类型	0.1022	—	—	0.0060	—	—	−0.1607
地下水深度	−0.1580	−0.0024	−0.0066	−0.8029	0.0013	0.0303	−0.1405
距城镇中心距离	−0.0054	0.0039	0.1710	−0.5626	−0.0296	−0.2543	−0.0047
距国省级道路距离	−0.0639	0.0104	0.0082	−0.0801	−0.1552	−0.2311	−0.0551
距县乡级道路距离	−0.1744	0.0320	0.1285	−0.2055	−0.1161	−0.2149	−0.0266
距河流水面距离	−0.2330	0.1441	0.1160	−0.2334	−0.1754	−0.1033	−0.0803
距干支渠距离	−0.0658	0.0025	—	−0.2155	−0.1369	−0.0501	—
人口密度	0.2123	−0.1655	−0.2006	0.2039	0.1951	0.2337	−0.1043
人均 GDP	0.1781	−0.1038	−0.1575	0.2005	0.1033	0.2162	−0.0061

食产量高，同时也是人类活动最为集聚的区域，随着海拔和地形坡度的增大，距绿洲城镇中心、河流水面等距离越远，地下水深度越深，耕地的分布也越少；林地和草地的分布与海拔、坡度、与距城镇中心距离、距国省级道路距离、距县乡级道路距离呈正相关，而与降水量、人口密度、人均 GDP 等因子呈负相关，表明甘州区林地和草地的分布随着海拔和坡度的增大，其数量在不断增加，但在绿洲腹地分布较少；水域的分布与海拔、坡度、距国省级道路距离、距县乡级道路距离、距河流水面距离、距干支渠距离等因子呈负相关，而与降水量、人口密度、人均 GDP 等呈正相关，表明甘州区水域分布与耕地分布在空间上存在一定的耦合性，距绿洲腹地越远，水域的分布越少；农村居民点和城镇建设用地的分布与海拔、坡度、距城镇中心距离、距国省级道路距离、距县乡级道路距离、距河流水面距离、距干支渠距离呈负相关，而与人口密度、人均 GDP 等呈正相关，表明农村居民点和城镇建设用地主要分布在地势平坦、交通条件便利、人口密度较大的绿洲核心区；未利用土地的分布与海拔、坡度因子呈正相关，而与降水量、土壤类型、地下水深度、距城镇中心距离、距国省级道路距离、距县乡级道路距离、距河流水面距离、人口密度和人均 GDP 呈负相关，表明未利用地主要分布在绿洲外围区域，随着海拔和地形坡度的增大，降水量的减少，距绿洲城镇中心距离越远，未利用土地分布越多。总体上，不同土地利用类型与各驱动因子之间的回归分析较为合理，能够较好地反映其空间分布格局。

3. 模拟参数设置

1) 初始年份土地利用类型图设置

本书选择以2010年甘州区土地利用类型作为CLUE-S模型模拟的初始年份，根据2010年土地利用现状数据库，运用ArcGIS 10.2软件将土地利用类型归并为耕地、林地、草地、水域、农村居民点、城镇建设用地、未利用土地七大类，依此编码为0、1、2、3、4、5、6，然后进行栅格化（100m×100m），并进一步通过Raster to ASCⅡ工具转化为ASCⅡ文件，命名为cov_all.0保存到CLUE-S模型安装目录下。初始年份的土地利用类型如图7.4所示。

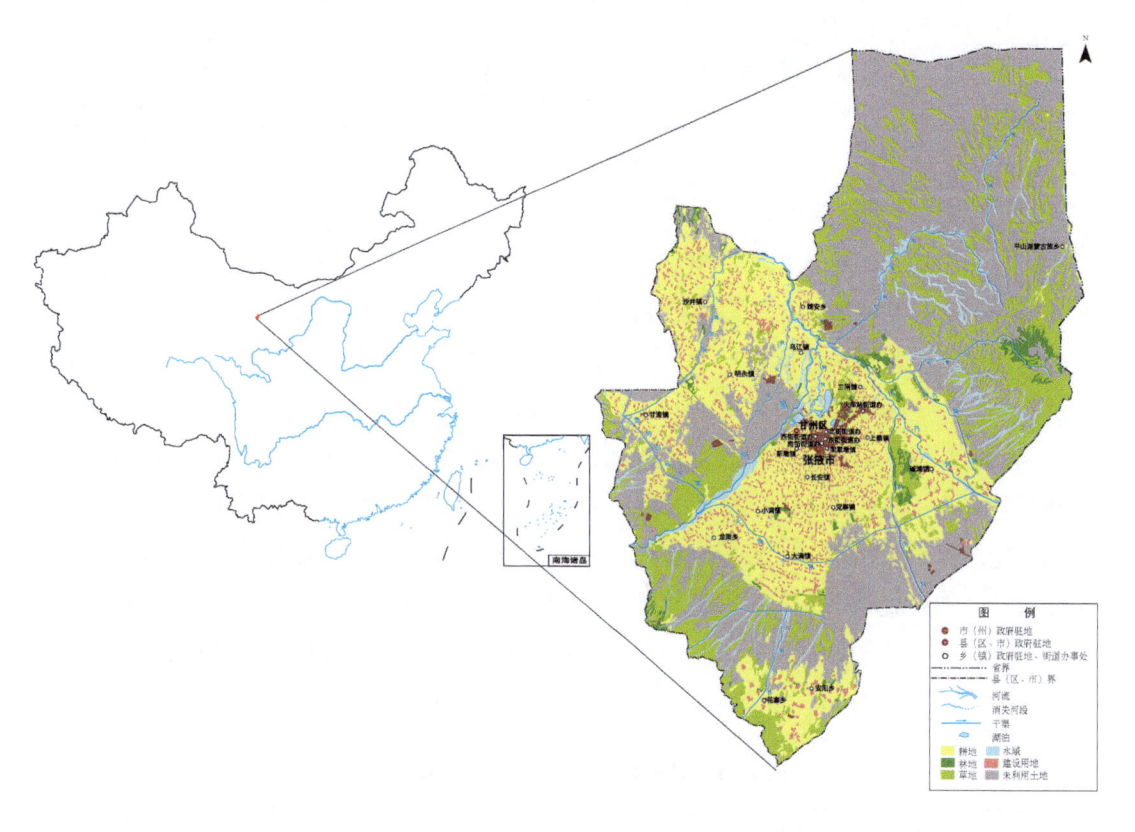

图7.4 2010年甘州区土地利用类型空间分布情况

2) 需求文件设置

CLUE-S模型的空间模拟需要输入初始年份至目标年份逐年的土地利用类型需求数量。本书采用线性内插法计算2010~2020年各年份的土地利用现状面积，命名为demand.in保存到CLUE-S模型安装目录下，文件类型为".txt"文档，其中第一行为模拟时段的总年数；第二行为各年份的土地利用类型需求数量。2010~2020年逐年份的土地利用需求面积如表7.10所示。

···· 179

表 7.10　2010～2020 年甘州区土地利用需求面积　　　　　　　　（单位：hm²）

年份	耕地	林地	草地	水域	农村居民点	城镇建设用地	未利用土地
2010	111 534.36	5 869.48	68 745.11	12 045.25	8 606.90	3 655.41	157 014.15
2011	112 035.58	5 886.62	69 121.69	12 098.94	8 660.16	3 966.60	155 658.89
2012	112 536.62	5 904.97	69 500.31	12 152.18	8 713.28	4 277.86	154 303.75
2013	113 048.66	5 924.60	69 880.63	12 205.83	8 766.61	4 589.92	15 2948.64
2014	113 572.35	5 944.71	70 261.87	12 259.37	8 819.97	4 902.46	151 593.17
2015	114 106.55	5 964.06	70 644.23	12 313.39	8 874.11	5 214.49	150 238.11
2016	114 636.79	5 981.53	71 027.48	12 367.51	8 928.32	5 526.85	148 881.94
2017	115 163.34	6 005.22	71 410.62	12 421.83	8 982.63	5 839.43	147 525.61
2018	115 694.39	6 028.55	71 795.27	12 476.07	9 056.35	6 152.17	146 169.14
2019	116 224.86	6 045.40	72 178.90	12 530.14	9 111.04	6 464.61	144 812.85
2020	116 838.10	6 072.43	72 582.09	12 592.96	9 150.22	6 783.09	143 451.77

3）转换弹性系数设置

转移弹性系数表达各用地类型之间发生转变的难易程度，本书以甘州区 2010～2020 年土地利用转移数量为依据，设置转换弹性系数（ELAS）。城镇建设用地相对比较稳定，一般情况下发生转换的可能性较小，因此将其设置为 0.95；城镇化过程中，城镇近郊农村居民点容易转变为城镇建设用地，而远郊一些废弃农村居民点通过土地复垦容易转变为耕地，因此将其设置为 0.80；城市建成区的快速扩张会占用城市周边耕地，同时退耕还林还草政策的实施，一些较不适宜耕种的耕地会转变为林地或草地，因此将其设置为 0.65；水域和林地对甘州区生态环境保护具有重要作用，水域、林地等一般难以转变为其他地类，因此将其分别设置为 0.90、0.85；草地和未利用土地由于生态系统服务功能相对较低，位于绿洲与荒漠过渡区的一些荒草地、戈壁等容易被开发为城镇建设用地和耕地，因此将其分别设置为 0.60、0.40。2010～2020 年土地利用类型转移弹性系数如表 7.11 所示。

表 7.11　甘州区土地利用类型转换弹性系数

项目	耕地	林地	草地	水域	农村居民点	城镇建设用地	未利用土地
ELAS	0.65	0.85	0.50	0.90	0.80	0.95	0.40

4）转移次序设置

转移次序设置通过各用地类型之间的转移矩阵形式来表达，本书以甘州区 2010～2020 年土地利用转移矩阵为依据，水域一般很难转变为耕地、林地、建设用地，将其设置为 0，但一部分河滩地可转变为草地和未利用土地，将其设置为 1。此外，考虑到城镇建设用地很难向其他地类发生转变，将其设置为 0，而一些农村居民点通过实施城乡增减挂钩政策，可转变为耕地或城镇建设用地，将其设置为1。其他用地类型之间均可相互发生转化，设置为1。设置完成以后最终得到一个7×7的矩阵，命名为allow.txt保存到CLUE-S模型安装目录下，文件类型为".txt"文档。2010~2020年土地利用类型转移次序如表7.12所示。

表7.12 甘州区土地利用类型转移次序

地类名称	耕地	林地	草地	水域	农村居民点	城镇建设用地	未利用土地
耕地	1	1	1	1	1	1	1
林地	1	1	1	1	1	1	1
草地	1	1	1	1	1	1	1
水域	0	0	1	1	0	0	1
农村居民点	1	0	0	0	1	1	0
城镇建设用地	0	0	0	0	0	1	0
未利用土地	1	1	1	1	1	1	1

5) 空间约束区域设置

空间约束区域的土地利用类型在空间模拟过程中不能发生转变，一般根据区域土地利用管制政策来设置。本书结合甘州区实施的相关政策规定，将空间约束区域分为两类：一类是基本农田保护区；另一类是自然保护地，包括祁连山国家级自然保护区、黑河湿地国家级自然保护区、东大山自然保护区、张掖国家湿地公园、平山湖地质公园、甘州区滨河集中式饮用水水源地保护区。运用ArcGIS 10.2软件将两类空间约束区域栅格属性分别赋值为-9998，表示不可发生转变，其他区域栅格属性赋值为0，表示可以发生转变，然后通过Raster to ASCⅡ工具转化为ASCⅡ文件，命名为region.fil，保存到CLUE-S模型安装目录下。空间约束区域如图7.5所示。

6) 特定优先区域设置

特定优先区域主要是在空间回归分析过程中，为各用地类型设定优先转变区域，进行不同的回归分析，并参与到最后的总概率计算，一般某一地类的优先权重（取值介于0~1）越大，发生转变的概率越高。本书依据2010年甘州区国土空间功能冲突识别结果，将无冲突的农业功能优势区（Y_1）设定为耕地和农村居民点的优先区域、城镇功能优势区（Y_2）设定为城镇建设用地的优先区域、生态功能优势区（Y_3）设定为林地、草地和水域的优先区域。

7) 回归方程参数文件设置

回归方程参数依据表7.13中的二元Logistic回归系数来设定，命名为alloc.reg，保存至CLUE-S模型安装目录下。文件具体内容为：第一行是各用地类型编码；第二行是各用地类型Logistic回归方程的常量；第三行是各用地类型Logistic回归方程的解释因子数目；第四行是各用地类型Logistic回归方程的系数β和对应的驱动因子编码。

绿洲国土空间冲突与格局优化

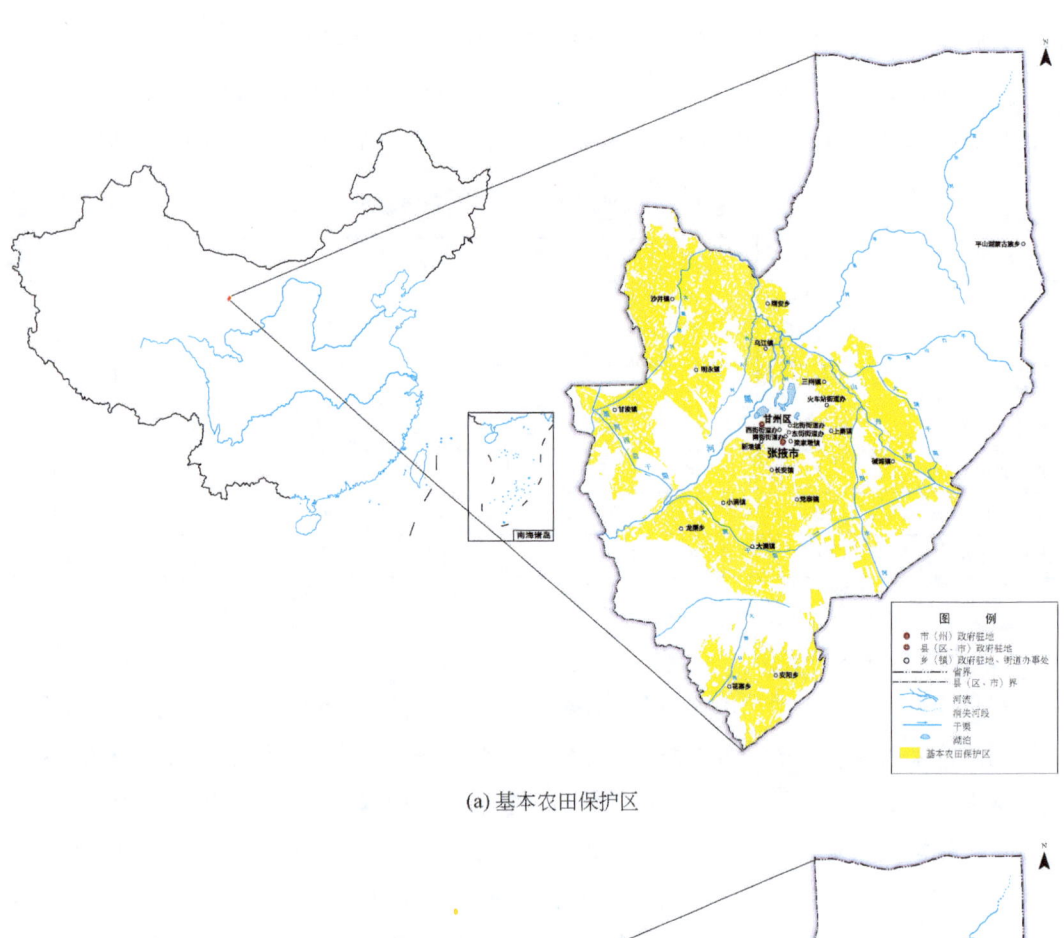

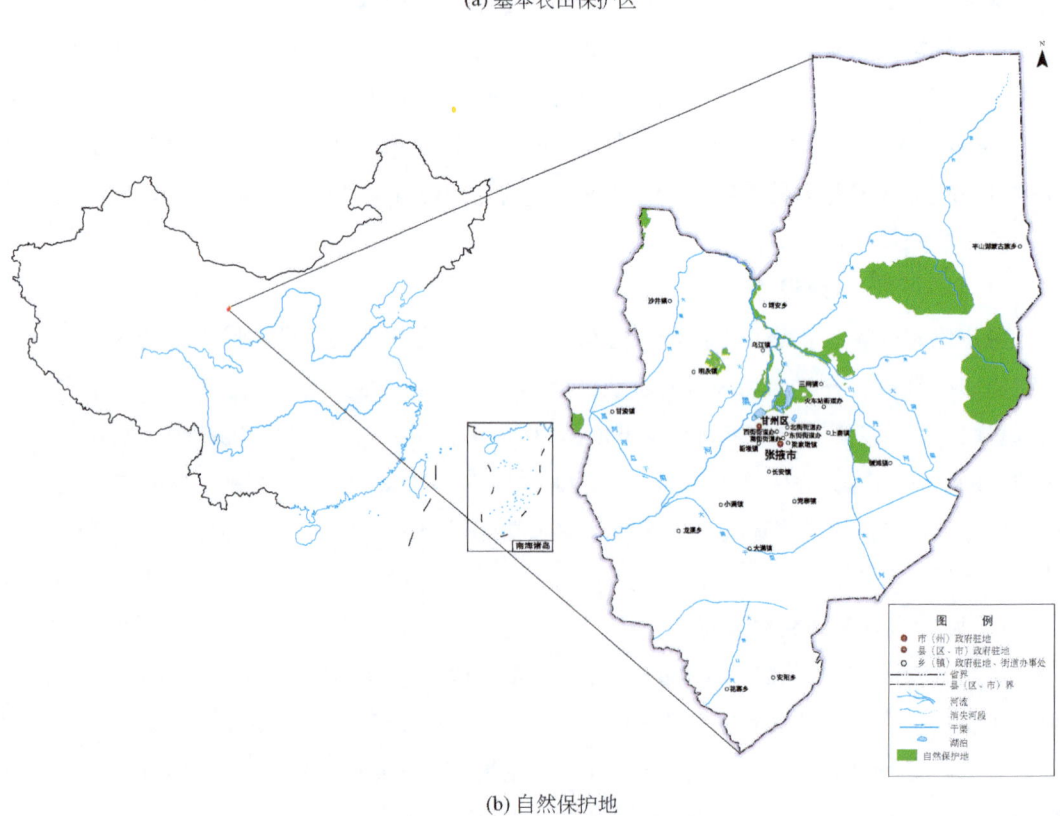

(a) 基本农田保护区

(b) 自然保护地

图7.5 甘州区空间约束范围图

表 7.13 回归方程参数文件设置

耕地编码	0	驱动因子编码	草地编码	2	驱动因子编码
耕地回归方程常量	−0.1351		草地回归方程常量	0.0966	
耕地回归方程的解释因子数	12		草地回归方程的解释因子数	10	
耕地回归方程的各驱动因子系数	−0.0174	0	草地回归方程的各驱动因子系数	0.1402	0
	−0.0155	1		0.1330	1
	0.1633	2		−0.0021	2
	0.1022	3		−0.0066	4
	−0.1580	4		0.1710	5
	−0.0054	5		0.0082	6
	−0.0639	6		0.1285	7
	−0.1744	7		0.1160	8
	−0.2330	8		−0.2006	10
	−0.0658	9		−0.1575	11
	0.2123	10	水域编码	3	
	0.1781	11	水域回归方程常量	−0.0807	
林地编码	1		水域回归方程的解释因子数	12	
林地回归方程常量	0.1220		水域回归方程的各驱动因子系数	−0.1004	0
林地回归方程的解释因子数	11			−0.0059	1
林地回归方程的各驱动因子系数	0.1908	0		0.1844	2
	0.1874	1		0.0060	3
	−0.0036	2		−0.8029	4
	−0.0024	4		−0.5626	5
	0.0039	5		−0.0801	6
	0.0104	6		−0.2055	7
	0.0320	7		−0.2334	8
	0.1441	8		−0.2155	9
	0.0025	9		0.2039	10
	−0.1655	10		0.2005	11
	−0.1038	11			
农村居民点编码	4		城镇建设用地编码	5	
农村居民点回归方程常量	−0.0833		城镇建设用地回归方程常量	−0.1474	

第 7 章 绿洲国土空间格局优化

续表

耕地编码	0	驱动因子编码	草地编码	2	驱动因子编码
农村居民点回归方程的解释因子数	10		城镇建设用地回归方程的解释因子数	10	
农村居民点回归方程的各驱动因子系数	−0.1051	0	城镇建设用地回归方程的各驱动因子系数	−0.0633	0
	−0.0024	1		−0.0510	1
	0.0013	4		0.0303	4
	−0.0296	5		−0.2543	5
	−0.1552	6		−0.2311	6
	−0.1161	7		−0.2149	7
	−0.1754	8		−0.1033	8
	−0.1369	9		−0.0501	9
	0.1951	10		0.2337	10
	0.1033	11		0.2162	11
未利用土地编码	6				
未利用土地回归方程常量	−0.1332				
未利用土地回归方程的解释因子数	11				
未利用土地回归方程的各驱动因子系数	0.1880	0			
	0.1633	1			
	−0.1782	2			
	−0.1607	3			
	−0.1405	4			
	−0.0047	5			
	−0.0551	6			
	−0.0266	7			
	−0.0803	8			
	−0.1043	10			
	−0.0061	11			

8) 主参数文件设置

模拟的主参数文件命名为 main.1，文件类型为".txt"文档，保存至 CLUE-S 模型安装目录下。具体参数设置如表 7.14 所示。

表 7.14 CLUE-S 模型主参数文件设置

行号	参数内容	数据格式	参数值
1	土地利用类型数目	整数型	7
2	模拟区域数	整数型	1

续表

行号	参数内容	数据格式	参数值
3	单个回归方程中独立变量最大数目	整数型	12
4	驱动因子总个数	整数型	12
5	栅格行数	整数型	945
6	栅格列数	整数型	674
7	栅格单元面积	浮点型	1.00
8	X 坐标	浮点型	35074946.1182
9	Y 坐标	浮点型	4278020.491
10	土地利用类型编码	整数型	0 1 2 3 4 5 6
11	转换弹性系数编码	浮点型	0.65 0.85 0.50 0.90 0.80 0.95 0.40
12	迭代变量系数	浮点型	0 0.30 1
13	模拟的起止年份	整数型	2010 2020
14	动态驱动因子个数及编码	整数型	0
15	输出文件类型选择	1, 0, -2 或 2	1
16	特定区域回归选择	0, 1 或 2	2
17	土地利用初始值设定	0, 1 或 2	1 2
18	领域选择计算	0, 1 或 2	0
19	区域特定优先值	0 或 1	1
20	迭代参数	浮点型	0.05

4. 模拟结果及验证

1) 模拟结果

所有模拟参数及所需文件设置完成以后，运行 CLUE-S 模型（图 7.6）。模型执行模拟迭代后，输出结果存储在 cov_all.10 文件中，该文件为 ASCⅡ文件，需要利用 ArcGIS 10.2 软件中的 ASCⅡ to Raster 工具，将其转换为栅格文件，最终得到的 2020 年甘州区土地利用模拟结果（图 7.7）。

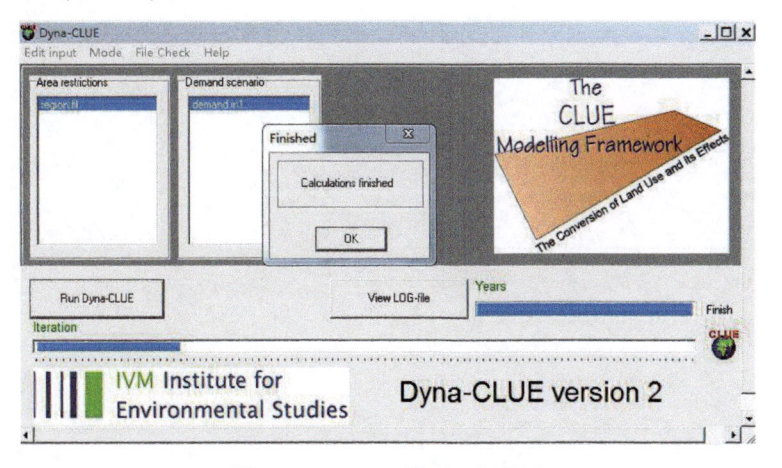

图 7.6 CLUE-S 模型运行界面

第 7 章 绿洲国土空间格局优化

···· 185

绿洲国土空间冲突与格局优化

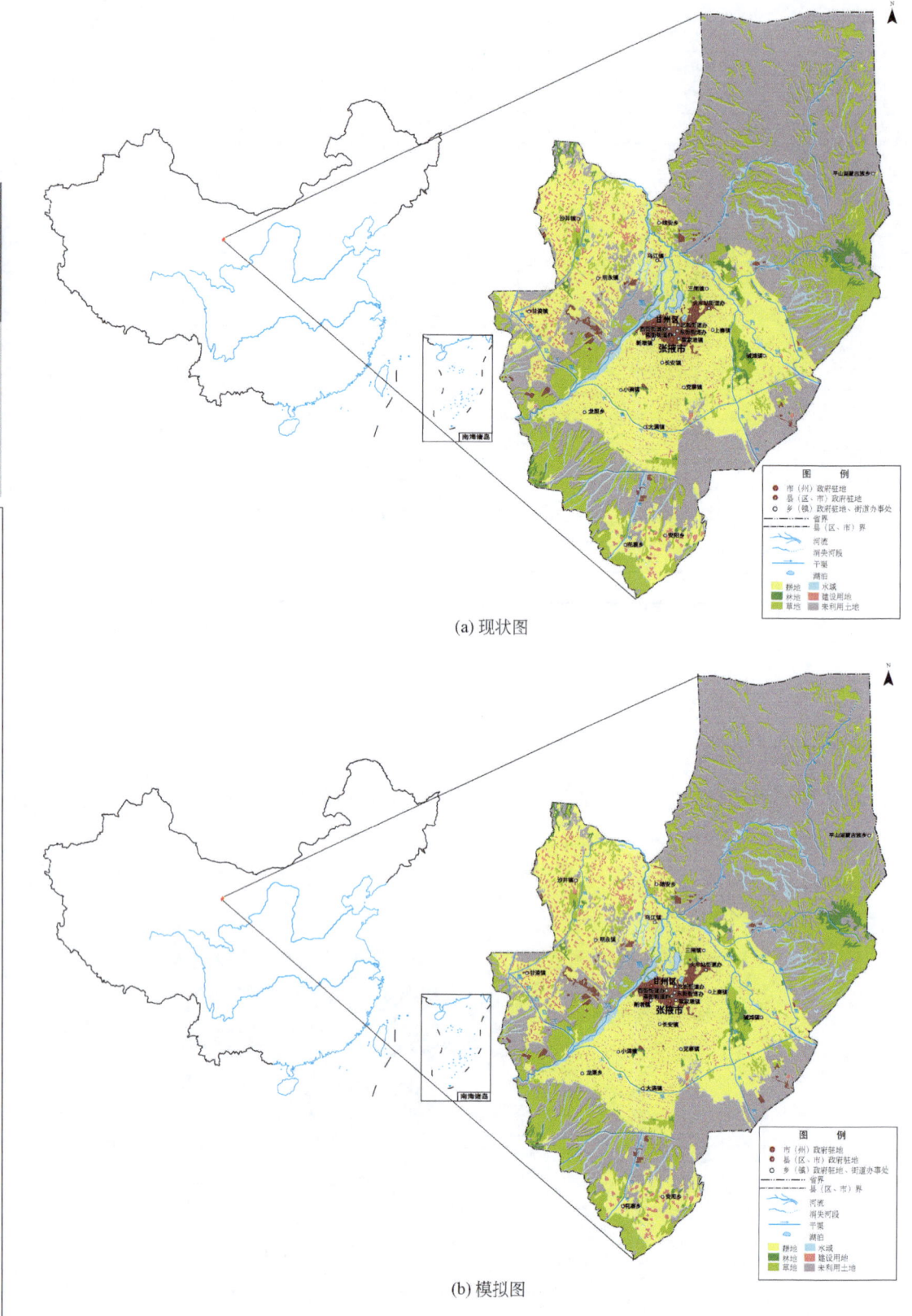

(a) 现状图

(b) 模拟图

图 7.7 2020 年甘州区土地利用现状图与模拟图

186

2）精度验证

本书采用 Kappa 系数对模型的模拟结果进行精度验证。通过 ArcGIS 10.2 软件的栅格计算器（raster calculator），对 2020 年甘州区土地利用现状图和模拟图进行空间叠加与求差运算，分析空间位置的准确性。模拟图的栅格总数量为 367 470，其中模拟正确的栅格数（属性值为 0）为 320 580，占栅格数总数目的比例为 87.24%，即 $P_0=0.8724$。由于本次模拟的土地利用类型为耕地、林地、草地、水域、农村居民点、城镇建设用地和未利用土地七种用地类型，因此在随机期望下模拟正确率为 1/7，即 $P_c=0.1429$。理想状态下模拟正确率为 1，即 $P_p=1$。由此计算得到 Kappa 系数为 0.8511，大于 0.75，说明模拟结果的精度较好，2020 年土地利用现状图和模拟图的一致性较高，同时也说明本书所选取的驱动因子和相关参数及其设置能够较好地模拟甘州区土地利用变化情况，可应用于未来不同情景下的土地利用空间布局优化模拟研究。

7.2.2　情景模拟与分析

1. 情景模拟方案设置

情景模拟是假设未来区域空间演变过程将保持某种发展趋势，从而对其可能出现的结果进行预测的方法。本书情景方案的设置以实现农业、城镇和生态功能利用目标最大化的数量结构优化结果为基础，在空间布局上充分考虑甘州区未来土地利用开发模式，将冲突识别结果作为优化约束条件，分别设置了农业优先发展情景、城镇优先发展情景、生态优先发展情景和均衡发展情景四种情景模拟方案，用以模拟 2030 年甘州区土地利用空间布局。具体描述如下：

1）农业优先发展情景

农业优先发展情景主要考虑以保障区域粮食安全为主，适当提高农业功能用地规模。数量结构上将以实现农业功能目标最大化的用地面积作为 2030 年土地利用需求数量，并利用线性内插法计算出 2020～2030 年逐年份的各用地类型数量写入模型运行的需求文件。空间布局上则将 2020 年空间冲突识别结果中的农业与城镇强、中冲突区，生态与农业强、中冲突区调整为农业功能优势区，并设置为耕地和农村居民点开发的特定优先区域；将 2020 年空间冲突识别结果中的城镇与生态强、中冲突区纳入空间约束区域，使其保持现状功能用地布局。

2）城镇优先发展情景

城镇优先发展情景主要考虑以保障区域经济发展为主，适当提高城镇功能用地规模。数量结构上将以实现城镇功能目标最大化的用地面积作为 2030 年土地利用需求数量，并利用线性内插法计算出 2020～2030 年逐年份的各用地类型数量写入模型运行的需求文件。

空间布局上则将2020年空间冲突识别结果中的农业与城镇强、中冲突区，城镇与生态强、中冲突区调整为城镇功能优势区，并设置为城镇建设用地开发的特定优先区域；将2020年空间冲突识别结果中的生态与农业强、中冲突区纳入空间约束区域，使其保持现状功能用地布局。

3）生态优先发展情景

生态优先发展情景主要考虑以改善区域生态环境为主，适当提高生态功能用地规模。数量结构上将以实现生态功能目标最大化的用地面积作为2030年土地利用需求数量，并利用线性内插法计算出2020~2030年逐年份的各用地类型数量写入模型运行的需求文件。空间布局上将2020年空间冲突识别结果中的城镇与生态强、中冲突区，生态与农业强、中冲突区调整为生态功能优势区，并设置为林地、草地和水域开发的特定优先区域；将2020年空间冲突识别结果中的农业与城镇强、中冲突区纳入空间约束区域，使其保持主导功能用地布局。

4）均衡发展情景

均衡发展情景主要考虑以区域社会、经济和生态协调发展为主，统筹农业、城镇和生态三类功能用地规模。数量结构上将以实现三类功能综合目标最大化的用地面积作为2030年土地利用需求数量，并利用线性内插法计算出2020~2030年逐年份的各用地类型数量写入模型运行的需求文件。空间布局上则将2020年空间冲突识别结果中的无冲突区设置为特定优先区域，即城镇功能优势区设置为城镇建设用地开发优先区，农业功能优势区设置为耕地和农村居民点开发优先区，生态功能优势区设置为林地、草地和水域开发的优先区，引导三类空间功能用地开发向功能优势区演变；将2020年空间冲突识别结果中的强、中冲突区均纳入空间约束区域，使其保持现状功能用地布局。

2. 情景模拟结果分析

根据上述设置的情景模拟方案，运行CLUE-S模型，对2030年甘州区土地利用空间布局进行模拟，并将模拟结果利用ArcGIS 10.2软件的ASCⅡ to Raster工具进行转换，得到四种情景下的土地利用类型模拟图（图7.8）。

由图7.8可以看出，不同情景的土地利用空间变化格局呈现差异性，农业优先发展情景下，耕地增加较为明显，增加区域主要分布在甘州区东南部、北部的绿洲边缘区，其增加主要由石岗洞滩、神沙窝滩、北山坡滩的草地和未利用土地转变而来；城镇优先发展情景下，城镇建设用地增加较为明显，增加区域主要分布在中心城区南部、东部和大满镇、党寨镇、梁家墩镇、沙井镇等一些重点集镇中心，其增加主要由城镇周边的耕地以及少量的草地转变而来；生态优先发展情景下，林地、草地增加最为明显，增加区域主要分布在绿洲边缘区的神沙窝滩、石岗墩滩、巴吉滩和黑河滩等，其增加主要由未利用土地转变而来；均衡发展情景下，城镇建设用地增加区域主要分布在甘州区南部的黑河滩地和绿洲边

(a) 农业优先发展情景

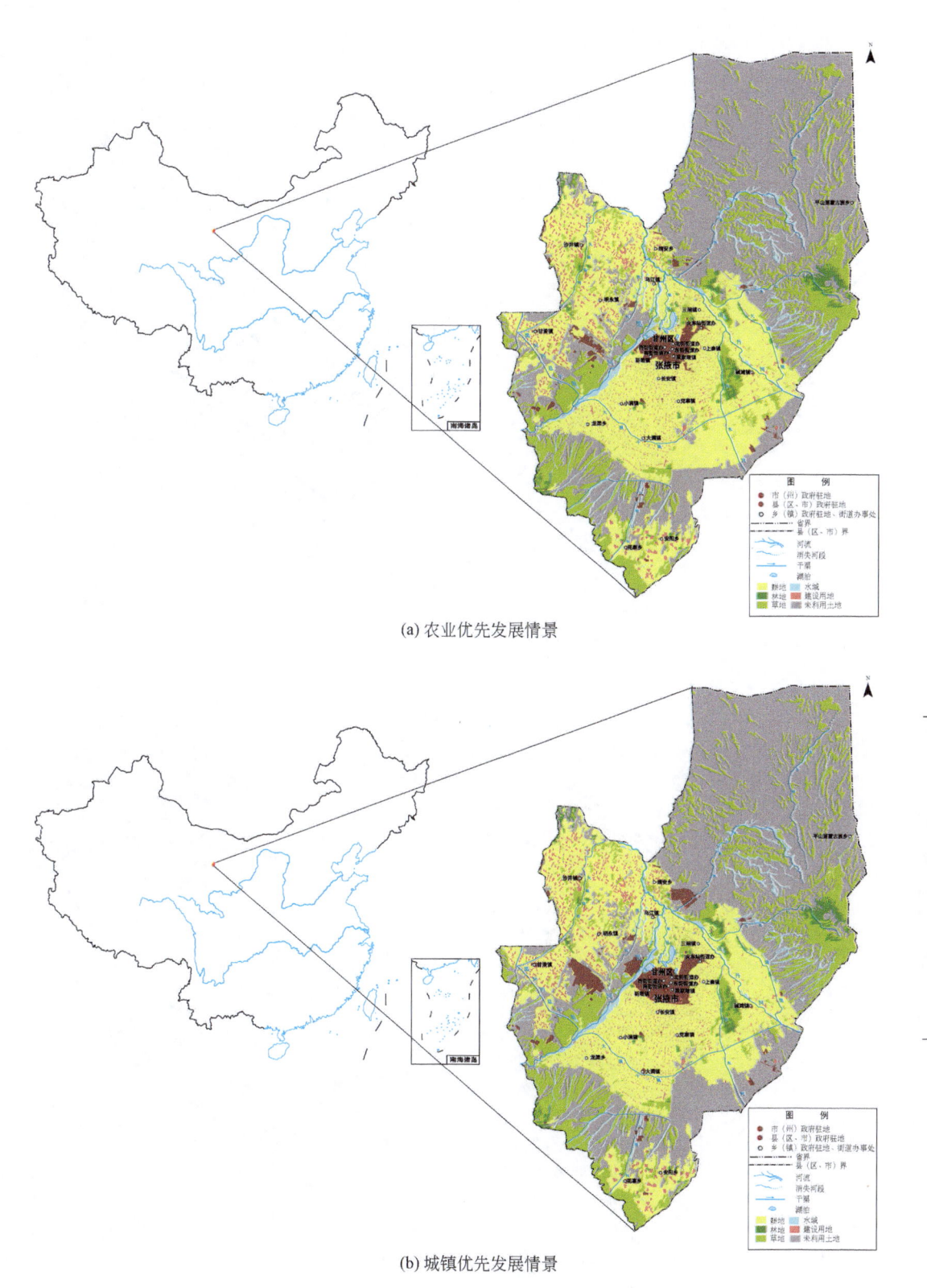

(b) 城镇优先发展情景

第7章 绿洲国土空间格局优化

189

绿洲国土空间冲突与格局优化

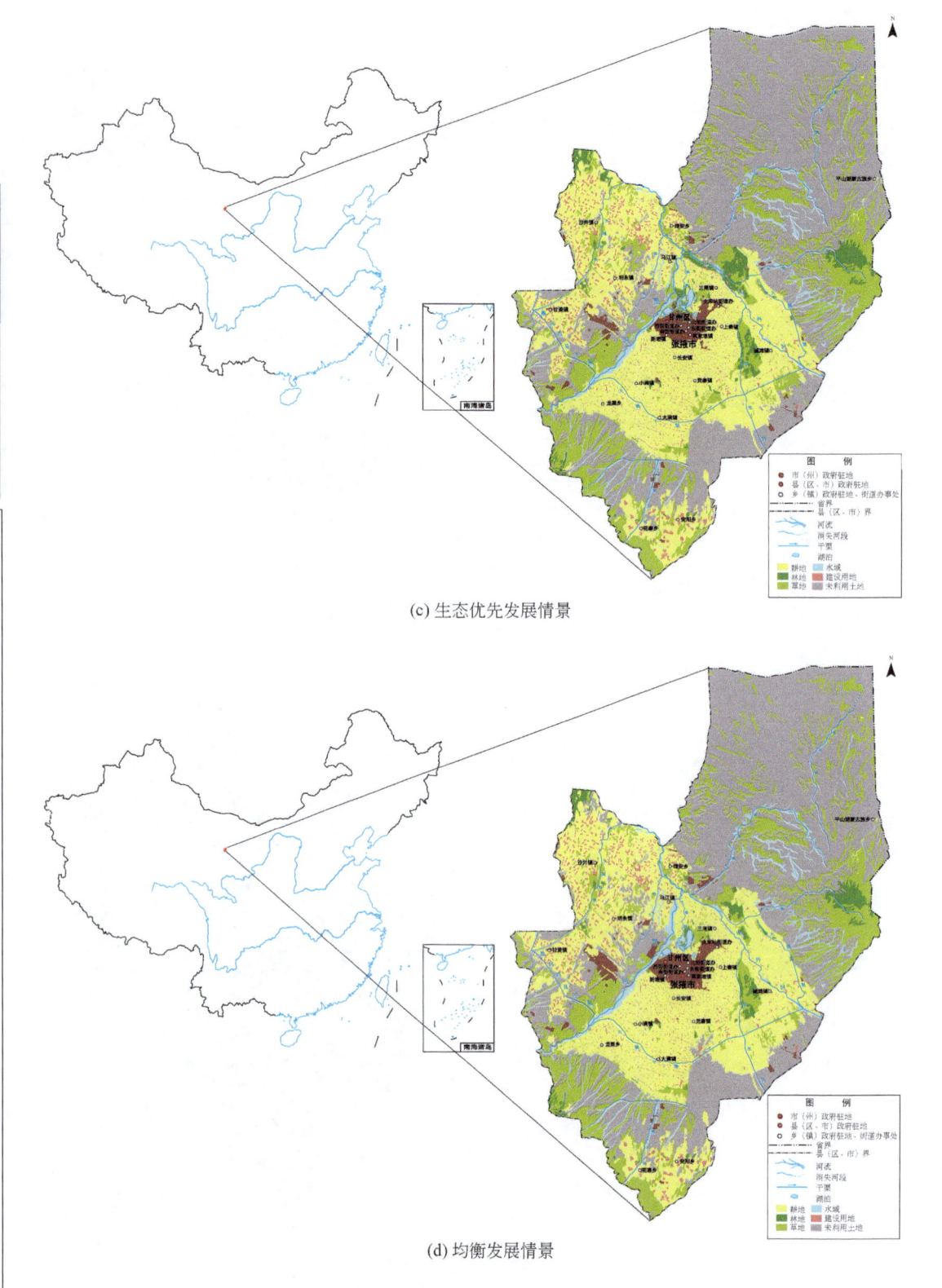

(c) 生态优先发展情景

(d) 均衡发展情景

图 7.8　2030 年甘州区土地利用模拟图

缘区的兔儿坝滩产业园区、巴吉滩产业园区，其增加主要由绿洲边缘区未利用土地转变而来，耕地增加区域主要零散分布在绿洲核心区的沙井镇、甘浚镇、乌江镇、三闸镇等一些集镇，其增加主要来源于盐碱地治理与农村居民点复垦，耕地减少主要分布在甘浚镇、安阳乡和花寨乡等乡镇，主要是转变为林地，林地、草地增加区域主要分布黑河湿地自然保护区、张掖国家湿地公园和九龙江林场、红沙窝林场等一些国有林场周围，以及山前洪积扇区，其增加主要由耕地退耕转变而来，水域增加主要分布在黑河河道及沿岸和城北张掖国家湿地公园。

综合对比分析四种情景下土地利用空间布局优化结果，农业优先发展情景下，耕地在绿洲边缘区的快速增加，将会进一步加剧水土矛盾，造成绿洲生态环境恶化，城镇优先发展情景下，城镇建设用地在中心城区边缘呈现出"摊大饼"式的增长模式，会造成城市周边大量优质耕地资源丧失，生态优先发展情景下，林地、草地和水域的大量增加，一定程度上改善了生态环境，但也延滞和抑制了绿洲的粮食生产能力，而均衡发展情景的土地利用空间布局较好地协调了农业、城镇和生态三类空间的竞争冲突关系，城镇建设用地扩张不再过度占用耕地，有效阻止了绿洲边缘区的耕地快速扩张，林地、草地等生态空间也有所增加，有利于减缓空间冲突的发生，降低空间冲突强度，是最佳的土地利用空间布局优化方案。

7.3 优化调控策略

7.3.1 优化国土空间格局

《甘肃省国土空间规划（2021—2035年）》提出"一横两纵六区"城市化格局、"一带三区"农产品主产区格局、"四屏一廊"重点生态功能区格局。张掖市提出构建"一屏一带三区，两轴一心多点"的全域国土空间开发保护总体格局：一屏，即祁连山生态安全屏障；一带，即黑河干流生态湿地保护与绿洲农业发展示范带；三区，即北部防风固沙区、南部水源涵养区、中部水土保持区；两轴，即丝绸之路经济带城镇发展轴、黑河沿线城镇发展轴；一心，即张掖中心城区；多点，即山丹县、民乐县、临泽县、肃南裕固族自治县、高台县县城（表7.15）。其中，生态保护区占张掖市土地面积的43.09%，主要分布在肃南裕固族自治县、甘州区和临泽县北部，高台县西部、山丹县东南部，以及黑河沿岸。生态控制区指除生态保护红线外，需要予以保留原貌、强化生态保育和生态建设、限制开发建设的自然区域；占张掖市土地面积的13.60%，主要分布于祁连山前、黑河沿岸及下游、龙首山山麓、重要水源地保护区外围等区域。农田保护区，是永久基本农田相对集中需严格保护的区域，主要分布在甘州区、民乐县、临泽县、高台县、山丹县的灌区，占张掖市土地面积的8.87%。城镇发展区指城镇开发边界围合的范围，是城镇集中开发建设并可满足城镇生产、生活需要的区域，主要集中在中心城区及各县城、各园区。占张掖市土地面积的0.53%。乡村发展区除农田保护区外，为满足农林牧渔等农业发展以及农民集中生活和生产配套为主的区域，包括村庄建设区、一般农业区，占张掖市土地面积的30.65%。其中，村庄建设区是城镇开发边界外，规划重点发展的村庄用地区域，区内主要为村庄建设用地；一般农业区是以农业生产发展为主要利用功能导向划定的区域，区内土地主要为耕地、园地、农业设施建设用地等。矿产能源发展区指为适应国家能源安全与矿业发展的重要陆域采矿区、战略性矿产储备区等区域，主要分布于肃南裕固族自治县等区域，规划的矿产能源发展区占张掖市土地面积的比例约为3.26%。

表7.15 张掖市三大主体功能区布局（乡镇级）

县区	城市化地区	农产品主产区	重点生态功能区
甘州区	新墩镇、梁家墩镇、张掖主城区、张掖经济技术开发区、兔儿坝滩、巴古滩	沙井镇、靖安乡、小满镇、龙渠乡、安阳乡、花寨乡、党寨镇、乌江镇、碱滩镇、明永镇、甘浚镇、大满镇、三闸镇、上秦镇、长安镇、石岗墩镇、张掖农场	平山湖蒙古族乡、国有林场、安阳滩、北山坡滩、大磁窑滩、大岗楼子滩、黑河滩、胶泥洼滩、神沙窝滩、五个墩滩、西大湖滩、新庙滩、枸子滩
肃南裕固族自治县	红湾寺镇	白银蒙古族乡、明花乡	皇城镇、马蹄藏族乡、康乐镇、大河乡、祁丰藏族乡
民乐县	洪水镇、六坝镇、生态工业园区	新天镇、南古镇、永固镇、三堡镇、民联镇	顺化镇、丰乐镇、南丰镇
临泽县	沙河镇、倪家营镇、新华镇	平川镇、蓼泉镇、板桥镇	鸭暖镇
高台县	城关镇、巷道镇、南华镇	骆驼城镇、新坝镇、罗城镇、黑泉镇、宣化镇、合黎镇	—
山丹县	清泉镇	位奇镇、东乐镇、陈户镇	大马营镇、霍城镇、老军乡、李桥、山丹军马场

1. 农产品主产区

中部绿洲农业区，总面积约为11 657.49 km²，占张掖市土地总面积的31.92%。耕地集中连片，农业发展基础良好，是国家和省市农业现代化建设的重点区域。其重点是促进三次产业融合发展，做优做强农产品加工业、农业生产性服务业，为保障粮食安全和种子安全提供支撑。

2. 重点生态功能区

祁连山地区、北部合黎山—龙首山地区划为重点生态功能区，总面积约为

21 830.97km²，占张掖市土地面积的59.78%。该类区域生态系统服务功能重要、生态脆弱，是保障国家生态安全、维护生态系统服务、推进山水林田湖草沙系统治理的重点区域，也是保障生态产品供给、建设生态文明的示范区。其重点要是保持森林、草原、湿地等生态资源稳定，推进生态修复治理，促进人口和发展要素转移集聚。

3. 城市化地区

将中心城区、县城及园区所在地均划入城市化发展区，总面积约为3030.05km²，占张掖市土地面积的8.30%。该类区域经济发展基础较好，集聚人口和产业能力较强，是带动县域经济高质量发展的主要动力源。其重点是提升创新发展动力，增强城镇化发展综合承载能力，提高城镇化发展质量。

结合全域重要生态资源及自然保护地分布特征，本书构建"一屏一带三区多廊"的生态安全格局：一屏，即祁连山国家公园生态安全屏障；一带，即黑河干流生态湿地保护带；三区，即北部防风固沙、南部水源涵养区、中部水土保持区；多廊，即马营河生态廊道、洪水河生态廊道、山丹河生态廊道、梨园河生态廊道、北大河生态廊道、东大河生态廊道、讨赖河生态廊道。始终遵循"南护水源、中兴绿洲、北防风沙"的生态建设战略方针。

《甘州区国土空间总体规划（2021—2035年）》进一步提出农业固本战略、城镇提升战略、生态优先战略，以及构建"一心两轴三片区"的国土空间总体格局。

生态优先战略：构建以保护国家湿地公园为核心的生态空间系统；构建山水林田湖草沙一体的整体生态空间系统。塑造国家湿地公园城市形象，共保生态文明建设成果。对祁连山水源涵养林进行全面封禁保护。加快完善荒漠生态系统。农业固本战略：严格保护耕地与永久基本农田，发展戈壁绿色循环农业，保障耕地规模，提升耕地质量。加强高标准农田建设，管控永久基本农田。合理利用戈壁资源，发展甘州区特色农业。加大农业产业园区投入，巩固河西产粮基地建设。至规划期末，全区划定永久基本农田面积为89 471.650hm²，生态保护红线为24 115.395hm²，城镇开发边界为888.045hm²。耕地保有量不低于103 438.695hm²。城镇提升战略：优化增量空间利用、促进功能培育，推动精致城镇建设，落实上位市级规划内容，依城兴镇，规划甘州区"一核两圈四廊多节点"城镇空间发展格局。补短板塑新区，强化中心城区。促建设强服务，建设河西富裕城镇。

构建"一心两轴三片区"的国土空间总体格局。一心：以城区、梁家墩镇、新墩镇、上秦镇、长安镇为主的甘州区发展经济中心；两轴：沿兰新线、连霍高速、G227线为依托形成主要经济发展轴；以黑河流域沿线乡镇为依托形成次要经济发展轴；三片区：北部生态旅游控制区、中部产业经济发展区、南部生态修复保育区。

7.3.2 优化策略

为保障实现甘州区国土空间的农业、城镇和生态三类功能空间均衡开发与协调利用目标，本书以国土空间利用格局的数量结构和布局优化结果为依据，结合甘州区国土空间开发利用特征，从预防和缓解空间冲突角度提出四个方面的国土空间格局优化策略，以期推进绿洲区域国土空间优化方案的有效落实。

1. 严格实行"以水而定、量水而行"，控制农业空间开发规模

水资源是干旱区绿洲城市最为稀缺的自然资源，水资源短缺和由此引起的脆弱生态环境严重威胁着绿洲的稳定性。长期以来，黑河流域中游甘州区有限的水资源承载了过多的人口经济活动，分水政策的实施又较大限制了中游地区水资源可利用量，而同时该地区大规模农业开发活动，引起了农业灌溉用水量急剧增加，被迫挤占生态用水、超采地下水，带来诸多生态环境问题。因此，为解决水资源稀缺带来的生态环境问题，农业空间开发必须坚持"以水而定、量水而行"原则，把水资源作为农业空间的最大刚性约束条件，严禁开垦荒草地，逐步压减农田灌溉面积，进一步实施退耕还林还草，积极采取轮作休耕、粮改饲等方式调整农作物种植结构，严格控制农业空间开发规模，将超载的农业空间置换为生态空间。同时，持续推进节水型社会建设，全面实施大中型灌区续建配套与节水改造，严格执行农业灌溉用水定额标准和用水总量，优先满足"两区"（粮食生产功能区和重要农产品生产保护区）的灌溉用水量，保障国家粮食安全，并根据现有水资源灌溉能力、农田产出能力等要素，科学确定粮食播种面积和粮食生产总量指标，防止因完成粮食安全责任考核目标，而催生农业生产空间不断扩大。除此之外，农业空间开发要强化农业生产用地保护和生活用地集约利用，首先，将空间冲突识别结果的农业功能优势区作为基本农田保护范围，严格落实耕地保有量和永久基本农田保护面积约束性指标，从严管控非农建设占用耕地和基本农田，严格执行耕地占补平衡制度，保证农业生产用地数量不减少、质量不降低；其次，加快新型城镇化建设步伐，积极发展特色小城镇，大量吸纳农村剩余劳动力向城镇转移，统一规划布局农村生产生活空间，摆脱农业空间生产效率低下、水资源利用低效的状态，并依托城乡建设用地挂钩政策，积极开展农村闲置建设用地拆旧复垦，提高农村生活空间集约利用水平；再次，全力推进撂荒地整治和高标准农田建设，并加强农业机械化服务和完善土地流转服务体系，引导农户按照依法、自愿、有偿原则进行土地流转，实现农业生产用地规模化经营，发挥农业社会化服务组织作用，大力开展农业生产托管，有效遏制耕地撂荒，确保农业空间对粮食生产和重要农产品的有效供给；最后，落实最严格的耕地保护制度，全面推行耕地保护田长制，强化耕地保护主体责任，完善耕地保护监督考核和责任追究制度，保障农业空间可持续发展。

2. 提高城镇建设用地利用效率，促进城镇空间集约节约发展

空间冲突发生的主要表现形式是快速城镇化进程下，城镇人口增加及产业发展用地需求推动下的建设用地快速扩张，因此为缓解城镇快速发展引发的空间冲突，城镇空间开发必须采取集约化建设策略，强化建设用地集约节约利用水平，提高城镇土地利用效率，引导城镇空间开发由外延式扩张向内涵式发展转变。一是将空间冲突识别结果的城镇功能优势区作为新增城镇建设用地的首选区域，严格控制城镇空间扩张占用湿地、水域、林地、草地等生态服务价值较高的用地类型，严防城市中心城区建设占用耕地，合理引导重点建设项目向绿洲边缘区布局，推动工业企业向产业园区集中；二是充分挖掘存量建设用地潜力，加大批而未供土地有效利用，加强闲置土地处置力度，盘活城镇低效利用土地，适度开发利用城市地下空间，大力实施城市更新行动，加快老城区改造，提高空间利用率和集约程度，完善城市基础设施建设，增强城市承载能力，推动城市土地利用方式由粗放型向集约节约型转变；三是充分发挥城镇开发边界对城镇开发建设行为的管控作用，基于空间冲突识别结果的城镇功能优势区，结合城镇人口变化趋势和新增建设项目情况，设置城镇开发边界并建立一套完整的边界管控与实施保障体系，在城镇空间开发过程中严格执行边界划定结果，合理控制城镇开发强度，防止城镇建设用地无序扩张，推动空间规划由增量规划向存量规划转型，优化调整城市空间布局结构。目前，甘州区中心城区空间结构已基本形成老城区、东北部产业园区、西部滨河新区三个主要城市功能区，未来应深入推进公共服务设施和基础设施建设，积极提升老城区综合服务功能，加快城市新区建设，把新城区作为承接农村人口转移的主战场，提高人口集聚能力，防止出现空心化，并根据未来城市发展需求，适时选择跨河发展黑河生态新城，作为未来城市空间开发的主要区域。此外，在绿洲边缘区，目前尚存在或规划建设循环经济产业园、农产品加工产业园、煤化工产业园、高载能产业园、冶金建材产业园、智能制造产业园等多个产业园区，由于戈壁荒滩较少受用地条件约束，各产业园区用地出现了盲目扩张，未来应摒弃过去粗放的园区发展模式，严格执行建设项目用地控制指标，推动产业园区集约发展。

3. 大力开展生态保护和修复，提升生态空间服务功能

脆弱的生态环境是绿洲区域空间冲突发生的客观原因，空间格局优化必须以绿洲生态本底条件为基础，按照"山水林田湖草沙"生命共同体理念，大力实施生态保护与修复工程，增强绿洲生态系统稳定性和完整性，提升生态空间服务功能。一是水资源调配需要有效协调经济社会用水与生态用水之间的矛盾，逐渐提高生态用水比重，降低生产用水比重，减少地下水开采量，在保障城乡居民生活用水的基础上，实现对生态需水量的合理调

配，将农业灌溉所节余的水量主要用于保障绿洲植被生态恢复需水，以扭转自然生态资源退化趋势；二是重点加强对农业、城镇、生态三类空间冲突区域的生态保护与修复，采取生物措施和工程措施相结合的方式进行综合治理，将空间冲突识别结果的生态功能优势区作为生态红线范围，突出生态系统的完整性与连通性，注重生态节点、生态廊道、生态缓冲带等不同生态景观组分的保护与建设，构建多层次、网络化的生态空间结构，促进生态服务功能高效发挥；三是深入实施退化土地生态修复工程，对绿洲严重盐碱化、沙化耕地和污染耕地实施退耕还林还草工程，对退化草地实施修复治理工程，进一步加大三北防护林体系建设，对退化林分实施修复改造工程，在沿山浅山区大力实施封山育林，增强水源涵养功能和水土保持功能，在绿洲外围荒漠地带大力营造防风固沙林，增强防风固沙功能，在绿洲内部大力营建农田防护林网，增强农田生态系统功能；四是深入推进水生态修复与治理，突出水资源在维护生态系统功能中的重要作用，以河流水系治理与水源生态保护为重点，加大对水生态空间的保护与修复力度，加快实施绿洲湿地生态保护恢复工程、黑河干流及其主要支流综合治理工程、祁连山水源涵养与生态保护修复工程，构建生态缓冲带，稳步提升水源涵养能力和自然生态空间服务功能。此外，积极引导和鼓励社会资本参与生态保护修复建设中，综合应用政策、资金、技术等手段不断提升绿洲生态系统服务功能。

通过对甘州区自然生态环境和社会经济发展特征的综合分析，根据规划区内区划背景、生态敏感性及生态服务功能的分异特点，按照上述划分方法，将甘州区划分为六个生态功能区（表7.16、图7.9）。

表7.16 甘州区生态功能区划方案

序号	功能区名称	面积/km²	概况	功能定位	发展方向
I	北部戈壁荒漠生态恢复区	1705.50	该区为戈壁荒漠地貌，以风蚀为主，土地荒漠化成分较大，植被稀疏，生态脆弱，也是现状土壤环境退化最严重的地区，以土壤侵蚀敏感为主，属沙漠化极敏感-高度敏感区。该区现有的人工造林比较集中，并有九龙江、红沙窝、西城驿三个国有林场及兴隆、东五、红沙窝、上寨乡、兔儿坝滩植被保护站，防风治沙造林和水土保持等生态建设工作中已取得一定成绩。该区地下水资源比较丰富，为营造防风固沙林和水土保持治理工程提供了有利条件	巴丹吉林沙漠是河西绿洲生态安全的最大威胁，本区荒漠植被保护对防止绿洲沙化、保障农田安全具有重要意义。本区主导功能为防风治沙，水土保持，遏制沙漠化扩展，构筑北部荒漠区"人工绿色长城"，阻挡风沙南侵，保护中部绿洲生态安全	营造北部防护林带；对危害农田、村镇、交通沿线的流动沙丘，用工程固沙和生物固沙相结合的方法，采用土埋沙丘、环丘造林、引水拉沙、设置沙障、营造固沙植物、封沙育草；对半固定沙丘进行保护封育；在绿洲边缘土质及水资源条件较好的地区，布设支、斗渠，种植粮食作物

续表

序号	功能区名称	面积/km²	概况	功能定位	发展方向
Ⅱ	北部东大山自然保护生态区	50.45	东大山自然保护站地处甘肃省河西走廊中部北缘，位于张掖市甘州区东北面。东大山自然保护站是1980年经甘肃省人民政府批准建立的省级自然保护区。1988年甘肃祁连山国家级自然保护区管理局成立	功能为森林保护、生物多样性保护、野生动植物栖息地，同时具有生态旅游、科学研究和教育宣传的生态服务价值	以保护为主，加强自然保护，继续加大资源管护、护林防火基础设施建设，为保护森林资源提供物质保证。加大封山育林力度，扩大森林面积，充分发挥森林生态效益和社会效益
Ⅲ	中部黑河湿地自然保护生态区	74.50	该区位于甘州区中部，总面积为74.50km²。其中，湿地面积为51.39km²（5139.14hm²），占全区土地总面积的1.2%。全区湿地分为两大类2个类型六个类别。其中，天然湿地为2997.74m²，占湿地总面积的58.3%，包括河流湿地和沼泽湿地两个类型四个类别；人工湿地2141.40hm²，占总面积的41.7%，包括灌溉地湿地、农用泛洪湿地、蓄水区湿地三个类别	保护生物多样性、动植物栖息地、候鸟迁徙通道、调节气候、涵养水源、维持淡水资源、净化水质、蓄洪防旱、美化环境、降解有害物质，辅助生态功能为观光旅游和美化人居环境，同时具有科学研究和教育宣传的生态服务价值	建立甘州区黑河流域湿地国家级自然保护区和城郊芦苇草本沼泽湿地市级保护区，加强湿地保护管理等措施，强化湿地及其生物多样性保护，全面维护湿地生态系统的生态特性和基本功能。通过加强对黑河水资源的合理调配和管理，以及污染控制等措施，恢复和治理退化湿地，努力使丧失的湿地得到恢复，使湿地生态系统进入良性循环
Ⅳ	中部绿洲生态农业发展区	1661.30	该本区位于甘州区中部，同时包括南部花寨乡和安阳乡的大部分绿洲地区（由于中部绿洲和南部绿洲生态功能及其生态服务价值相同，并且从市域范围来看同属于中部绿洲区域，因此将两部分划为一个生态区综合考虑），总面积为1661.30km²。该区年降水量为62~195mm，年均气温为5.8~7.6℃，可利用水资源丰富，光照与热量资源充足，是全区高效灌溉农业区。该区主要敏感因子是盐渍化和沙漠化	为甘州区经济社会发展的集聚区，也是生态最为敏感的脆弱区。本区主导功能为灌溉农业、生态农业发展区，粮食主产区，经济与产业辐射功能区和人口集聚功能区	把生态农业发展、黑河流域综合治理、保护黑河湿地与城市建设紧密结合，以生产绿色农产品为重点建设现代农业大市，加快建设国家重点支持的粮食增产工程，着力推动绿色现代农业示范区建设。控制农产品主产区开发强度，优化开发方式，以节水、生态、高效为主要特征，发展生态农业。合理分配和利用水资源，推广节水型、生态型农业。壮大特色优势产业，积极推进农业的规模化、产业化，大力调整农业结构。在产业布局上，形成以安阳乡、花寨乡、新墩镇等乡镇为主的马铃薯生产基地，以碱滩镇、沙井镇、明永镇等乡镇为主的加工番茄生产基地，以安阳乡、花寨乡等乡镇为主的啤酒大麦生产基地，以三闸镇、乌江镇、碱滩镇等乡镇为主的甜菜生产基地
Ⅴ	饮用水源地保护区	4.79	该区位于市郊东南，处于城市规划范围之内，属大型空隙潜水-承压水水源地，总面积为4.79km²。一级保护区呈不规则九边形，周长为4.73km，面积为0.76km²；二级保护区呈不规则八边形，周长为12.34km，面积为4.03km²	该区为张掖市城区饮用水水源地，主导功能为城区供水	切实加强对水源地的保护，在水源周围做好防护带，并有专人负责，定期对水源防护进行检查。防护带周围禁止放牧等一切可能对水源造成污染的活动，确保水质不受污染。要以保障饮用水水源安全为重点，进一步加大水资源保护和水污染防治工作力度

续表

序号	功能区名称	面积/km²	概况	功能定位	发展方向
Ⅵ	南部荒漠生态治理区	743.46	本区位于甘州区南部，总面积为743.46km²。现有村社办农林场九个，国有林场一个。该区主要问题是水资源缺乏，土层厚度不一，林地条件差，树种单一。主要为戈壁沙丘和盐碱滩地，植被稀疏，生态脆弱，也是现状土壤环境退化最严重的地区，以土壤侵蚀敏感为主，属沙漠化极敏感–高度敏感区	该生态功能区主要生态功能为水土保持，防治沙漠化，同时适度发展农牧业	营造以灌木为主的乔灌混交、薪炭林和水土保持林，建立稳定的人工类型，解决当地"三料"。同时，大力开整个田整地，兴修梯田，提高土壤蓄水保墒、保水、保肥能力，改善生态环境和社会经济条件，为发展牧业生产创造条件

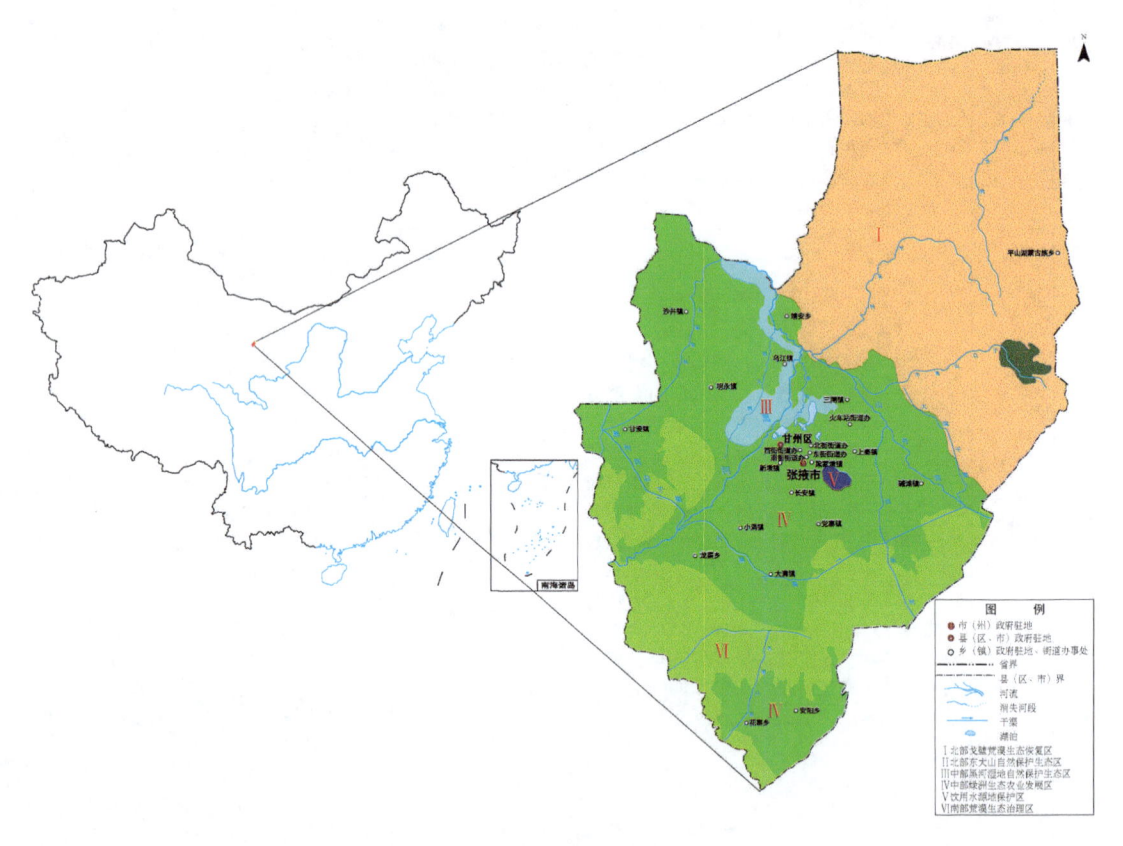

图7.9 甘州区生态功能区划方案

4. 加强国土空间用途管制，推动三类空间协调均衡发展

通过制定一系列的空间开发保护政策，建立健全国土空间用途管制制度，为缓解空间过度开发、无序开发与分散开发带来的空间冲突问题提供有效途径，是优化国土空间开发利用格局的主要手段，也是实现农业、城镇、生态三类空间协调均衡发展的重要保障。因

此，绿洲区域国土空间利用格局优化必须加强国土空间用途管制。首先，建立土地利用与水资源分配相互挂钩机制，基于前述多目标约束条件下的土地利用数量结构优化格局，研究制定相关的土地空间用途转用许可制度，加强土地利用年度计划管理，从严控制各土地利用类型的空间转换行为，达到研究期末优化空间用格局目标；其次，严守生态保护红线、永久基本农田、城镇开发边界三条重要控制线，建立农业、城镇和生态三类功能空间用途管制规则和分级分类准入条件，强化空间管控与引导开发利用、生态保护行为，严禁一切不符合空间主导功能定位的各类城镇建设、农业开发等活动，坚决防止黑河湿地自然保护区、东大山自然保护区、张掖国家湿地公园、国有林场等重要生态功能空间被随意占用，以及防止主城区城镇建设用地无序蔓延扩张、城镇周边耕地和永久基本农田"非农化"等现象，并对生态保护红线内已有的农业用地和城镇用地，建立逐步有序退出机制，防止其对生态空间功能造成损害。再次，为彻底解决多种规划类型并存造成的空间利用冲突，需要加快构建完善的国土空间规划体系，为空间开发提供一个总体的指导框架，也为实施统一的空间用途管制奠定基础；最后，建立健全与国土空间用途管制相关的法律法规体系并加强执法监督，包括建立以空间冲突为表征的国土空间利用格局监测评估机制与动态预警机制，综合应用遥感（RS）、地理信息系统（GIS）、全球定位系统（GPS）等地理信息技术，实时监控国土空间利用类型变化情况，及时发现和制止各类违法违规开发行为，做到有序开发、合理利用，适时出台《国土空间用途管制法》，明确各类空间用途管制的法律效力，确定各级政府的管制权力和责任，规范不同群体在空间开发利用中的职责，保证国土空间开发利用行为依法依规。

参 考 文 献

白福, 杨小荟. 2007. 河西走廊黑河流域地下水化学特征研究［J］. 西北地质, 40（3）: 105-110.

蔡玉梅, 王晓良, 庄立. 2015. 中国省级国土空间多功能识别方法研究: 以湖南省为例［C］// 中国环境科学学会. 2015 年中国环境科学学会年会论文集.

曹帅. 2020. 功能冲突识别视角下的土地利用优化路径研究: 以常州市金坛区为例［D］. 南京: 南京大学.

曹现强, 张福磊. 2011. 空间正义: 形成、内涵及意义［J］. 城市发展研究, 18（4）: 125-129.

曹宇, 王嘉怡, 李国煜. 2019. 国土空间生态修复: 概念思辨与理论认知［J］. 中国土地科学, 33（7）: 1-10.

陈昌毓. 1995. 河西走廊实际水资源及其确定的适宜绿洲和农田面积［J］. 干旱区资源与环境,（3）: 122-128.

陈国强. 1990. 简明文化人类学词典［M］. 杭州: 浙江人民出版社.

陈龙, 周生路, 周兵兵, 等. 2015. 的江苏省土地利用转型特征与驱动力［J］. 经济地理, 35（2）: 155-162.

陈隆亨. 1995. 荒漠绿洲的形成条件和过程［J］. 干旱区资源与环境, 9（3）: 49-57.

陈梦熊. 1997. 西北干旱区水资源与第四纪盆地系统［J］. 第四纪研究, 17（2）: 97-104.

陈万旭, 李江风, 曾杰, 等. 2019. 中国土地利用变化生态环境效应的空间分异性与形成机理［J］. 地理研究, 38（9）: 2173-2187.

陈雯, 段学军, 陈江龙, 等. 2004. 空间开发功能区划的方法［J］. 地理学报, 59（S1）: 53-58.

陈雯, 孙伟, 赵海霞. 2010. 区域发展的空间失衡模式与状态评估: 以江苏省为例［J］. 地理学报, 65（10）: 1209-1217.

陈曦, 罗格平. 2008. 干旱区绿洲生态研究及其进展［J］. 干旱区地理, 31（4）: 487-495.

陈晓, 刘小鹏, 王鹏, 等. 2018. 旱区生态移民空间冲突的生态风险研究: 以宁夏红寺堡区为例［J］. 人文地理, 33（5）: 106-113.

陈晓丽, 罗玛诗艺. 2019. 长江经济带"三生"空间功能耦合协调的时空演化特征研究［J］. 国土资源科技管理, 36（6）: 1-12.

陈影, 许皞, 陈亚恒, 等. 2016. 基于遥感影像的县域土地功能分类及功能转换分析［J］. 农业工程学报, 32（13）: 263-272.

陈勇. 2002. 空间博弈理论的应用与规划启示［J］. 城市规划汇刊,（2）: 62-64, 80.

陈至立. 2019. 辞海: 彩图本［M］. 7 版. 上海: 上海辞书出版社.

程浩然, 蒙吉军, 朱利凯. 2021. 基于多源地理数据融合的黑河中游土地多功能性时空格局与权衡研究［J］. 干旱区地理, 44（1）: 208-220.

程弘毅. 2007 河西地区历史时期沙漠化研究［D］. 兰州: 兰州大学.

程进. 2013. 我国生态脆弱民族地区空间冲突及治理机制研究: 以甘肃省甘南藏族自治州为例［D］. 上海: 华东师范大学.

大卫·哈维.1996.地理学中的解释[M].高泳源,刘立华,蔡运龙,译.北京:商务印书馆.

戴金华,赵筱青.2009.基于灰色线性规划的土地利用结构优化:以云南省澜沧县为例[J].云南地理环境研究,21(3):26-31.

戴智勇,杨朝现,信桂新,等.2019.丘陵山区土地利用冲突评价及调控优化[J].西南大学学报(自然科学版),41(11):82-91.

党亚莘.2019.京津冀城市竞争力综合评价研究[D].保定:河北大学.

德内拉·梅多斯.1984.增长的极限[M].于树生,译.北京:商务印书馆.

邓静中.1982.全国综合农业区划的若干问题[J].地理研究,1(1):9-18.

邓聚龙,1987.灰色系统基本方法[M].武汉:华中工学院出版社.

邓伟,张继飞,时振钦,等.2017.山区国土空间解析及其优化概念模型与理论框架[J].山地学报,35(2):121-128.

丁宏伟,张举.2005.河西走廊地下水水化学特征及其演化规律[J].干旱区研究,22(1):24-28.

丁文晖.2006.干旱区土地利用/覆盖变化的地下水水文效应:以黑河中游甘州、临泽、高台为例[D].兰州:西北师范大学.

杜宏茹,刘毅.2005.我国干旱区绿洲城市研究进展[J].地理科学进展,24(2):69-79.

樊杰.2015.中国主体功能区划方案[J].地理学报,70(2):186-201.

樊杰.2018."人地关系地域系统"是综合研究地理格局形成与演变规律的理论基石[J].地理学报,73(4):597-607.

樊杰,蒋子龙.2015.面向"未来地球"计划的区域可持续发展系统解决方案研究:对人文经济地理学发展导向的讨论[J].地理科学进展,34(1):1-9.

樊杰,周侃,陈东.2013.生态文明建设中优化国土空间开发格局的经济地理学研究创新与应用实践[J].经济地理,33(1):1-8.

樊自立.1993.塔里木盆地绿洲形成与演变[J].地理学报,48(5):421-427.

方创琳,刘海燕.2007.快速城市化进程中的区域剥夺行为与调控路径[J].地理学报,62(8):849-860.

冯斌,陈晓键,王录仓.2020.文化遗产周边历史环境再生的时空维度与实证探索——以锁阳城遗址为例[J].现代城市研究,35(11):92-100.

冯萌.2021.县域国土空间布局优化研究:以陕西澄城县为例[D].西安:西北大学.

冯绳武.1981a.甘肃河西水系的特征和演变[J].兰州大学学报,17(1):125-129.

冯绳武.1981b.疏勒河水系的变迁[J].兰州大学学报(自然科学版),(4):138-142.

傅伯杰,刘国华,陈利顶,等.2001.中国生态区划方案[J].生态学报,21(1):1-6.

傅伯杰,吕一河,陈利顶,等.2008.国际景观生态学研究新进展[J].生态学报,28(2):798-804.

傅小锋.2000.干旱区绿洲发展与环境协调研究[J].中国沙漠,20(2):197-200.

邹银梁,陈军锋,张成才,等.2011.黑河中游灌区水化学空间变异特征[J].干旱区地理,34(4):575-583.

郭腾云,徐勇,马国霞,等.2009.区域经济空间结构理论与方法的回顾[J].地理科学进展,28(1):111-118.

郭艳，张成才，康鸳鸯. 2015. 河南省经济发展的国土空间评价分区研究［J］. 地理研究，34（12）：2320-2328.

哈斯巴根. 2013. 基于空间均衡的不同主体功能区脆弱性演变及其优化调控研究［D］. 西安：西北大学.

韩德林. 1999. 中国绿洲研究之进展［J］. 地理科学，19（4）：313-319.

韩德麟. 1995. 关于绿洲若干问题的认识［J］. 干旱区资源与环境，9（3）：13-31.

韩德麟. 1996. 加强中国绿洲的研究与建设［J］. 干旱区地理，19（1）：43-47.

韩德麟. 1999. 绿洲稳定性初探［J］. 宁夏大学学报（自然科学版），（2）：136.

韩兰英，万信，方峰，等. 2013. 甘肃河西地区沙漠化遥感监测评估［J］. 干旱区地理，36（1）：131-138.

郝亚明，朱荟. 2007. 费孝通功能主义思想形成与发展初探［J］. 新疆社科论坛，（6）：42-44.

何春阳，史培军，陈晋，等. 2005. 基于系统动力学模型和元胞自动机模型的土地利用情景模型研究［J］. 中国科学（D辑：地球科学），35（5）：464-473.

何广顺，王晓惠，赵锐，等. 2010. 海洋主体功能区划方法研究［J］. 海洋通报，29（3）：334-341.

何胜. 2014. 长株潭城市群空间冲突的形成机理及调控路径［D］. 长沙：湖南师范大学.

贺艳华，唐承丽，周国华，等. 2014. 基于地理学视角的快速城市化地区空间冲突测度：以长株潭城市群地区为例［J］. 自然资源学报，29（10）：1660-1674.

赫尔曼·哈肯. 2005. 协同学：大自然构成的奥秘［M］. 凌复华，译. 上海：上海译文出版社.

侯学煜. 1988. 中国自然生态区划与大农业发展战略［M］. 北京：科学出版社.

胡长慧. 2019. 国土空间集聚的格局及演变过程研究：以宁波市为例［D］. 杭州：浙江大学.

胡西武，刘小鹏，黄越，等. 2020. 宁夏生态移民村空间剥夺测度及影响因素［J］. 地理学报，75（10）：2224-2240.

胡序威. 1982. 国土规划与区域规划［J］. 经济地理，2（1）：3-8.

黄秉维. 1958. 中国综合自然区划的初步草案［J］. 地理学报，13（4）：348-365.

黄晶，薛东前，董朝阳，等. 2022. 干旱绿洲农业区土地利用转型生态环境效应及分异机制：基于三生空间主导功能判别视角［J］. 地理科学进展，41（11）：2044-2060.

纪强，史晓新，朱党生，等. 2002. 中国水功能区划的方法与实践［J］. 水利规划设计，（1）：44-47.

贾宝全. 2007. 干旱区生态学研究中若干问题的思考［J］. 干旱区地理，30（1）：1-6.

贾克敬，何鸿飞，张辉，等. 2020. 基于"双评价"的国土空间格局优化［J］. 中国土地科学，34（5）：43-51.

贾铁飞. 2003. 绿洲化：荒漠化与西北干旱区可持续发展［J］. 上海师范大学学报（自然科学版），32（2）：72-76.

贾珍珍，巩杰，张影. 2016. 近35a来疏勒河中下游绿洲化-荒漠化时空变化［J］. 干旱区研究，33（6）：1294-1302.

焦继宗. 2012. 民勤绿洲土地利用/覆盖时空演变及模拟研究［D］. 兰州：兰州大学.

颉耀文，姜海兰，林兴周，等. 2014. 1963—2013a间临泽绿洲时空变化过程研究［J］. 干旱区资源与环境，28（8）：55-60.

金贵，邓祥征，张倩，等. 2017. 武汉城市圈国土空间综合功能分区［J］. 地理研究，36（3）：541-552.

金贵. 2014. 国土空间综合功能分区研究：以武汉城市圈为例［D］. 武汉：中国地质大学.

康庆, 郭青霞, 丁一, 等. 2021. 山西省"三生"功能协同/权衡关系分析［J］. 自然资源学报, 36 (5)：1195-1207.［维普］

匡文慧. 2019. 新时代国土空间格局变化和美丽愿景规划实施的若干问题探讨［J］. 资源科学, 41 (1)：23-32.

蕾切尔·卡逊. 1997. 寂静的春天［M］. 吕瑞兰, 李长生, 译. 长春：吉林人民出版社.

李并成. 1997. 汉敦煌郡冥安县城再考［J］. 敦煌研究, (2)：44-47.

李并成. 1998. 河西走廊汉唐古绿洲沙漠化的调查研究［J］. 地理学报, 53 (2)：106-115.

李并成. 2001. 汉唐冥水（籍端水）冥泽及其变迁考［J］. 敦煌研究, (2)：60-67, 187.

李广东, 方创琳. 2016. 城市生态—生产—生活空间功能定量识别与分析［J］. 地理学报, 71 (1)：49-65.

李铭辉. 2020. 市县级国土空间开发适宜性评价与分区优化研究：以鹤壁市为例［D］. 焦作：河南理工大学.

李骞国, 石培基, 魏伟. 2015. 干旱区绿洲城市扩展及驱动机制：以张掖市为例［J］. 干旱区研究, 32 (3)：598-605.

李俏, 2017. 宁夏农牧交错区潜在土地利用冲突识别与权衡优化策略研究［D］. 北京：北京林业大学.

李森, 王涛, 张志山, 等. 2020. 生态输水后民勤盆地绿洲适宜规模及结构变化［J］. 中国沙漠, 40 (6)：91-97.

李森, 颜长珍. 2023. 基于 ChinaCover 数据集的绿洲结构数据制图：以河西内陆河流域为例［J］. 中国沙漠, 43 (3)：230-242.

李双成, 张才玉, 刘金龙, 等. 2013. 生态系统服务权衡与协同研究进展及地理学研究议题［J］. 地理研究, 32 (8)：1379-1390.

李思楠, 赵筱青, 普军伟, 等. 2021. 西南喀斯特典型区国土空间功能质量评价及耦合协调分析：以广南县为例［J］. 自然资源学报, 36 (9)：2350-2367.

李文鹏. 2022. 黑河流域地表水与地下水转化机制与水平衡研究［J］. 水文地质工程地质, 49 (3)：5-6.

李欣, 方斌, 殷如梦, 等. 2019. 江苏省县域"三生"功能时空变化及协同/权衡关系［J］. 自然资源学报, 34 (11)：2363-2377.

李耀锟, 巢纪平. 2015. 孤立绿洲系统演化的动力学理论研究［J］. 中国科学（地球科学）, 45 (3)：305-317.

李益敏, 管成文, 郭丽琴, 等. 2018. 基于生态敏感性分析的江川区土地利用空间格局优化配置［J］. 农业工程学报, 34 (20)：267-276.

李雨彤. 2020. 县域国土空间"三生"功能评价与格局优化研究［D］. 重庆：西南大学.

梁学庆. 2006. 土地资源学［M］. 北京：科学出版社.

廖李红, 戴文远, 陈娟, 等. 2017. 平潭岛快速城市化进程中三生空间冲突分析［J］. 资源科学, 39 (10)：1823-1833.

林坚, 刘松雪, 刘诗毅. 2018. 区域—要素统筹：构建国土空间开发保护制度的关键［J］. 中国土地科学, 32 (6)：1-7.

刘超, 许月卿, 刘焱序, 等. 2018. 基于系统论的土地利用多功能分类及评价指标体系研究 [J]. 北京大学学报（自然科学版）, 54 (1): 181-188.

刘浩, 张毅, 郑文升. 2011. 城市土地集约利用与区域城市化的时空耦合协调发展评价: 以环渤海地区城市为例 [J]. 地理研究, 30 (10): 1805-1817.

刘纪远, 匡文慧, 张增祥, 等. 2014. 20世纪80年代末以来中国土地利用变化的基本特征与空间格局 [J]. 地理学报, 69 (1): 3-14.

刘继来, 刘彦随, 李裕瑞. 2017. 中国"三生空间"分类评价与时空格局分析 [J]. 地理学报, 72 (7): 1290-1304.

刘沛, 段建南, 王伟, 等. 2010. 土地利用系统功能分类与评价体系研究 [J]. 湖南农业大学学报（自然科学版）, 36 (1): 113-118.

刘巧芹, 赵华甫, 吴克宁, 等. 2014. 基于用地竞争力的潜在土地利用冲突识别研究: 以北京大兴区为例 [J]. 资源科学, 36 (8): 1579-1589.

刘婷. 2018. 基于多功能竞争力评价的耕地主导功能类型识别研究 [D]. 广州: 华南农业大学.

刘蔚, 王涛, 曹生奎, 等. 2009. 黑河流域土地沙漠化变迁及成因 [J]. 干旱区资源与环境, 23 (1): 35-43.

刘学录, 任继周. 2002. 河西走廊山地-绿洲-荒漠复合系统耦合的景观生态学机制 [J]. 应用生态学报, 13 (8): 979-984.

刘彦随, 刘玉, 陈玉福. 2011. 中国地域多功能性评价及其决策机制 [J]. 地理学报, 66 (10): 1379-1389.

刘耀林, 郝弘睿, 谢婉婷, 等. 2019. 基于生态系统服务价值的土地利用空间优化 [J]. 地理与地理信息科学, 35 (1): 69-74, 1.

刘耀林, 张扬, 张琰, 等. 2018. 特大城市"三线冲突"空间格局及影响因素 [J]. 地理科学进展, 37 (12): 1672-1681.

柳冬青, 马学成, 巩杰, 等. 2018. 流域"三生空间"功能识别及时空格局分析: 以甘肃白龙江流域为例 [J]. 生态学杂志, 37 (5): 1490-1497.

卢调雪, 杨林山, 冯起, 等. 2023. 近20年张掖盆地绿洲结构和规模变化及其影响因素 [J]. 中国沙漠, 43 (6): 131-141.

陆大道. 1984. 关于国土（整治）规划的类型及基本职能 [J]. 经济地理, 4 (1): 3-9.

陆大道, 樊杰, 刘卫东, 等. 2011. 中国地域空间、功能及其发展 [M]. 北京: 中国大地出版社.

陆大道, 郭来喜. 1998. 地理学的研究核心: 人地关系地域系统: 论吴传钧院士的地理学思想与学术贡献 [J]. 地理学报, 53 (2): 97-105.

路昌. 2014. 肇源县土地利用结构优化研究 [D]. 哈尔滨: 东北农业大学.

吕立刚, 周生路, 周兵兵, 等. 2013. 区域发展过程中土地利用转型及其生态环境响应研究: 以江苏省为例 [J]. 地理科学, 33 (12): 1442-1449.

罗鼎, 月卿, 邵晓梅, 等. 2009. 土地利用空间优化配置研究进展与展望 [J]. 地理科学进展, 28 (5): 791-797.

罗开富. 1954. 中国自然地理分区草案 [J]. 地理学报, 9 (4): 379-394.

罗其友，陶陶，高明杰，等．2010．农业功能区划理论问题思考［J］．中国农业资源与区划，31（2）：75-80．

罗雅丽，李同昇，张常新，等．2016．乡镇地域多功能性评价与主导功能定位：以金湖县为例［J］．人文地理，31（3）：94-101．

马海涛．2015．科学认知"国土空间"［J］．科学，67（5）：42-44，4．

马晓冬，李鑫，胡睿，等．2019．基于乡村多功能评价的城市边缘区"三生"空间划分研究［J］．地理科学进展，38（9）：1382-1392．

马晓葳．2018．延边朝鲜族自治州国土空间开发适宜性评价［D］．长春：吉林大学．

蒙吉军，江颂，拉巴卓玛，等．2020．基于景观格局的黑河中游土地利用冲突时空分析［J］．地理科学，40（9）：1553-1562．［维普］

蒙吉军，汪疆玮，周朕，等．2017．黑河中游灌区水资源配置要素对生态用地变化的影响［J］．兰州大学学报（自然科学版），53（2）：143-151．

蒙吉军，王祺，李枫，等．2019．基于空间差异的黑河中游土地多功能利用研究［J］．地理研究，38（2）：369-382．

孟宝．2020．宜宾市国土空间功能解析与优化对策研究［D］．成都：中国科学院大学（中国科学院水利部成都山地灾害与环境研究所）．

苗长虹，魏也华．2007．西方经济地理学理论建构的发展与论争［J］．地理研究，26（6）：1233-1246．

牟操．2019．基于资源环境承载力的内蒙古根河市国土空间优化研究［D］．郑州：河南农业大学．

倪九派，李萍，魏朝富，等．2009．基于AHP和熵权法赋权的区域土地开发整理潜力评价［J］．农业工程学报，25（5）：202-209．

念沛豪，蔡玉梅，谢秀珍，等．2014a．基于生态位理论的湖南省国土空间综合功能分区［J］．资源科学，36（9）：1958-1968．

念沛豪，蔡玉梅，张文新，等．2014b．面向综合区划的国土空间地理实体分类与功能识别［J］．经济地理，34（12）：7-14．

牛文元．2012．可持续发展理论的内涵认知：纪念联合国里约环发大会20周年［J］．中国人口·资源与环境，22（5）：9-14．

欧阳志云．2007．中国生态功能区划［J］．中国勘察设计，（3）：70．

欧阳志云，郑华．2009．生态系统服务的生态学机制研究进展［J］．生态学报，29（11）：6183-6188．

潘伯荣．1998．绿洲生态系统多样性［A］．昆明：面向21世纪的中国生物多样性保护——第三届全国生物多样性保护与持续利用研讨会论文集．

潘家华，魏后凯．2014．城市蓝皮书城市蓝皮书：中国城市发展报告No.7：聚焦特大城市治理［M］．北京：社会科学文献出版社．

彭佳捷，蔡玉梅．2019．国土空间生产—生活—生态功能识别与评价：以湖南省为例［J］．城市与区域规划研究，11（1）：51-64．

彭佳捷，周国华，唐承丽，等．2012．基于生态安全的快速城市化地区空间冲突测度：以长株潭城市群为例［J］．自然资源学报，27（9）：1507-1519．

齐陈骏．1998．河西史研究［M］．兰州：甘肃教育出版社．

齐宇涵. 2023. 近40年石羊河流域沙漠化景观格局变化及防治建议［D］. 兰州：西北师范大学.

祁晓凡，李文鹏，崔虎群，等. 2022. 黑河流域中游盆地地表水与地下水转化机制研究［J］. 水文地质工程地质，49（3）：29-43.

乔斌，王乃昂，王义鹏，等. 2023. 山地-绿洲"共轭型"生态牧场理念源起、概念框架与发展模式：以祁连山牧区为例［J］. 生态学报，43（21）：8917-8932.

曲耀光，樊胜岳. 2000. 黑河流域水资源承载力分析计算与对策［J］. 中国沙漠，20（1）：1-8.

全国农业区划委员会《中国综合农业区划》编写组. 1981. 中国综合农业区划［M］. 北京：农业出版社.

冉娜. 2018. 江苏省国土空间"三生"功能评价及耦合协调特征分析［D］. 南京：南京大学.

任继周，侯扶江. 2010. 山地-绿洲-荒漠的系统耦合是祁连山水资源保护的关键措施［J］. 草业科学，27（2）：4-7.

任继周，万长贵. 1994. 系统耦合与荒漠—绿洲草地农业系统：以祁连山—临泽剖面为例［J］. 草业学报，3（3）：1-8.

任美锷，杨纫章. 1961. 中国自然区划问题［J］. 地理学报，27：66-74.

阮松涛，吴克宁. 2013. 城镇化进程中土地利用冲突及其缓解机制研究：基于非合作博弈的视角［J］. 中国人口·资源与环境，23（S2）：388-392.

单薇，金晓斌，冉娜，等. 2019. 江苏省土地利用"生产-生活-生态"功能变化与耦合特征分析［J］. 长江流域资源与环境，28（7）：1541-1551.

申元村，润久文，伍光和，等. 中国绿洲［M］. 郑州：河南大学出版社，2001.

盛科荣，樊杰，杨昊昌. 2016. 现代地域功能理论及应用研究进展与展望［J］. 经济地理，36（12）：1-7.

盛科荣，樊杰. 2018. 地域功能的生成机理：基于人地关系地域系统理论的解析［J］. 经济地理，38（5）：11-19.

石敏俊，王磊，王晓君. 2011. 黑河分水后张掖市水资源供需格局变化及驱动因素［J］. 资源科学，33（8）：1489-1497.

史方圆. 2019. 中国省域生态环境竞争力比较研究［D］. 福州：福建师范大学.

史宇微. 2021. 山地丘陵区土地利用冲突识别与优化协调研究［D］. 重庆：西南大学.

司慧娟. 2018. 青海省国土空间综合功能分区与管制研究［D］. 北京：中国地质大学.

宋鑫. 2015. 城镇化进程中城乡交错带土地利用冲突研究［D］. 南昌：江西财经大学.

宋亚男. 2017. 基于用地竞争力评价的潜在土地利用冲突研究［D］. 武汉：武汉大学.

宋振江，李争，杨俊. 2018. 矿粮复合区土地利用冲突强度测算研究：以江西省德兴铜矿和永平铜矿污染区域为例［J］. 中国农业资源与区划，39（3）：78-85，200.

苏伟忠，马丽雅，陈爽，等. 2020. 城市生态空间冲突分析与系统优化方法［J］. 自然资源学报，35（3）：601-613.

孙丕苓. 2017. 生态安全视角下的环京津贫困带土地利用冲突时空演变研究［D］. 北京：中国农业大学.

孙中伟，王杨，田建文. 2014. 地理学空间研究的转向：从自然到社会、现实到虚拟［J］. 地理与地理信息科学，30（6）：112-116.

谭其骧. 1982. 中国历史地图集［M］. 北京：中国地图出版社.

谭其骧. 2005. 汉书地理志选释·敦煌郡［M］// 顾颉刚. 中国古代地理名著选读（第1辑）. 北京：学苑出版社.

谭琦川. 2020. 基于"双评价"集成的国土空间格局优化研究：以江苏省为例［D］. 南京：南京大学.

唐凯, 周国华. 2013. 基于经济学视角的空间冲突形成原因及其风险测度：以长株潭城市群为例［J］. 湖南师范大学自然科学学报, 36（3）：90-94.

唐霞. 2016. 黑河流域垦殖绿洲时空演变及驱动力分析［D］. 北京：中国科学院大学.

陶岸君. 2011. 我国地域功能的空间格局与区划方法［D］. 北京：中国科学院大学（中国科学院地理科学与资源研究所）.

陶慧, 刘家明, 罗奎, 等. 2016. 基于三生空间理念的旅游城镇化地区空间分区研究：以马洋溪生态旅游区为例［J］. 人文地理, 31（2）：153-160.

田文婷, 颉耀文, 陈云海. 2013. 近50a高台县绿洲时空变化研究［J］. 干旱区研究, 30（6）：1122-1128.

涂姗, 谭术魁. 2009. 我国社会经济转型时期农村土地冲突的概念和特点及类型［J］. 国土资源科技管理, 26（1）：11-15.

汪桂生. 2014. 黑河流域历史时期垦殖绿洲时空变化与驱动机制研究［D］. 兰州：兰州大学.

汪久文. 1995. 论绿洲, 绿洲化过程与绿洲建设［J］. 干旱区资源与环境, 9（3）：1-12.

王蓓, 岳邦瑞, 董清榕, 等. 2024. 国土空间生态修复规划中土地利用冲突分析框架与应用路径［J］. 规划师, 40（3）：53-59.

王慈, 陈睿, 王凌青, 等. 2021. 基于全要素多元价值发挥的国土空间规划探索：以河南省三门峡市为例［J］. 城市规划学刊, （2）：58-65.

王枫, 董玉祥. 2015. 基于灰色关联投影法的土地利用多功能动态评价及障碍因子诊断：以广州市为例［J］. 自然资源学报, 30（10）：1698-1713.

王国强, 胡新和. 2011. 钱学森的"中国科协学"与系统学［J］. 自然辩证法研究, 27（10）：66-70.

王检萍, 余敦, 卢一乾, 等. 2021. 基于"三生"适宜性的县域土地利用冲突识别与分析［J］. 自然资源学报, 36（5）：1238-1251.

王建英, 邹利林, 李梅凎. 2019. 基于"三生"适宜性的旅游度假区潜在土地利用冲突识别与治理［J］. 农业工程学报, 35（24）：279-288.

王录仓, 高静. 2014. 基于灌区尺度的聚落与水土资源空间耦合关系研究：以张掖绿洲为例［J］. 自然资源学报, 29（11）：1888-1901.

王镁河. 2021. 基于资源环境承载力评价的东兴区国土空间格局优化研究［D］. 绵阳：西南科技大学.

王琦, 王辉, 虞虎. 2022. 制度空间视角下自然保护地与人类活动的冲突与协调——以雅鲁藏布大峡谷自然保护区为例［J］. 资源科学, 44（10）：2125-2136.

王让会, 马映军, 彭茹燕. 2001. 西北干旱区山地—绿洲—荒漠系统信息传递耦合关系［J］. 干旱地区农业研究, 19（2）：100-105.

王让会, 马英杰, 张慧芝, 等. 2004. 山地、绿洲、荒漠系统的特征分析［J］. 干旱区资源与环境, 18（3）：1-6.

王珊. 2018. 基于"三生"空间的西安市国土空间开发格局优化研究［D］. 西安：长安大学.

王涛. 2009. 干旱区绿洲化、荒漠化研究的进展及趋势［J］. 中国沙漠, 29（1）：1-9.

王涛. 2010. 我国绿洲化及其研究的若干问题初探［J］. 中国沙漠, 30（5）：995-998.

王涛, 刘树林. 2013. 中国干旱区绿洲化、荒漠化调控区划（纲要）［J］. 中国沙漠, 33（4）：959-966.

王亚飞, 樊杰, 周侃. 2019. 基于"双评价"集成的国土空间地域功能优化分区［J］. 地理研究, 38（10）：2415-2429.

王亚丽. 2018. 基于产城融合的空间冲突问题研究［D］. 合肥：安徽财经大学.

王颖. 2013. 苏州城市增长边界（UGB）初步研究［D］. 北京：清华大学.

王远飞, 何洪林. 2007. 空间数据分析方法［M］. 北京：科学出版社.

王致中. 1996. 河西走廊古代水利研究［J］. 甘肃社会科学,（4）：81-85.

王忠静, 王海峰, 雷志栋. 2002. 干旱内陆河区绿洲稳定性分析［J］. 水利学报, 33（5）：26-30.

魏超. 2019. 基于生态文明理念的国土空间利用协调发展研究［D］. 武汉：中国地质大学.

魏石梅, 潘竟虎, 魏伟. 2018. 绿洲城市用地扩展的景观生态格局变化：以武威市凉州区为例［J］. 生态学杂志, 37（5）：1498-1508.

魏素豪, 李晶, 李泽怡, 等. 2020. 中国农业竞争力时空格局演化及其影响因素［J］. 地理学报, 75（6）：1287-1300.

魏伟. 2018. 基于CLUE-S和MCR模型的石羊河流域土地利用空间优化配置研究［D］. 兰州：兰州大学.

魏伟, 石培基, 周俊菊, 等. 2016. 基于生态安全格局的干旱内陆河流域土地利用优化配置分区［J］. 农业工程学报, 32（18）：9-18.

魏伟, 俞啸, 张梦真, 等. 2021. 1995—2018年石羊河流域下游荒漠化动态变化［J］. 应用生态学报, 32（6）：2098-2106.

魏小芳, 赵宇鸾, 薛朝浪, 等. 2020. 山坝分区视角下的贵州省国土空间功能协调演化特征［J］. 山地学报, 38（1）：105-117.

魏彦强, 李新, 高峰, 等. 2018. 联合国2030年可持续发展目标框架及中国应对策略［J］. 地球科学进展, 33（10）：1084-1093.

吴传钧. 2008. 人地关系地域系统的理论研究及调控［J］. 云南师范大学学报（哲学社会科学版）, 40（2）：1-3.

吴季松. 2014. 以协同论指导京津冀协同创新［J］. 经济与管理, 28（5）：8-12.

吴健生, 冯喆, 高阳, 等. 2012. CLUE-S模型应用进展与改进研究［J］. 地理科学进展, 31（1）：3-10.

吴绮琦, 蒙吉军. 2023. 近40年来黑河流域三生空间格局演变及其驱动因素分析［J］. 北京大学学报（自然科学版）, 59（6）：970-980.

肖金成, 刘保奎. 2013. 国土空间开发格局形成机制研究［J］. 区域经济评论,（1）：53-57.

肖金成, 欧阳慧. 2012. 优化国土空间开发格局研究［J］. 经济学动态,（5）：18-23.

肖生春, 肖洪浪, 肖笃宁, 等. 2006. 额济纳蒙古族民间景观格局反映的区域环境状况［J］. 冰川冻土, 28（4）：492-499.

肖生春, 肖洪浪. 2004. 额济纳地区历史时期的农牧业变迁与人地关系演进［J］. 中国沙漠, 24（4）：448-450.

谢高地, 鲁春霞, 冷允法, 等. 2003. 青藏高原生态资产的价值评估［J］. 自然资源学报, 18（2）：

189-196.

熊婷. 2008. 土地利用结构优化建模与实证研究［D］. 南京：南京农业大学.

徐建华. 2006. 计量地理学［M］. 北京：高等教育出版社.

徐磊. 2017. 基于"三生"功能的长江中游城市群国土空间格局优化研究［D］. 武汉：华中农业大学.

徐磊，董捷，李璐，等. 2017. 基于功能分区视角的长江中游城市群国土空间特征及优化［J］. 经济地理，37（6）：76-83.

徐宁. 2007. 关于土地利用功能分区研究［J］. 安徽农业科学，35（2）：482-483.

徐泽，张建军，李储，等. 2018. 基于生态位的京津冀城市群空间功能竞争力研究［J］. 中国农业资源与区划，39（4）：167-175.

许月卿，李双成. 2005. 我国人口与社会经济重心的动态演变［J］. 人文地理，20（1）：117-120.

许子艺. 2020. 浙北丘陵山区农业空间和生态空间土地利用冲突识别和权衡研究［D］. 杭州：浙江大学.

杨发相，穆桂金，岳健，等. 2006. 干旱区绿洲的成因类型及演变［J］. 干旱区地理，29（1）：70-75.

杨孟禹，蔡之兵，张可云. 2011. 中国城市规模的度量及其空间竞争的来源——基于全球夜间灯光数据的研究［J］. 财贸经济，(3)：38-51.

杨树珍，刘振亚，高连庆. 1990. 中国经济区划研究［M］. 北京：中国展望出版社.

杨永芳，安乾，朱连奇. 2012. 基于PSR模型的农区土地利用冲突强度的诊断［J］. 地理科学进展，31（11）：1552-1560.

姚礼堂，张学斌，周亮，等. 2022. "山地-绿洲-荒漠"复合系统土地利用变化的生态系统服务权衡与协同效应：以张掖市为例［J］. 生态学报，42（20）：8138-8151.

叶超. 2012. 人文地理学空间思想的几次重大转折［J］. 人文地理，27（5）：1-5，61.

叶超. 2019. 空间正义与新型城镇化研究的方法论［J］. 地理研究，38（1）：146-154.

叶菁，谢巧巧，谭宁焱. 2017. 基于生态承载力的国土空间开发布局方法研究［J］. 农业工程学报，33（11）：262-271.

易丹，赵小敏，郭熙，等. 2020. 江西省"三线冲突"空间特征及其强度影响因素［J］. 自然资源学报，35（10）：2428-2443.

余亮亮，蔡银莺. 2017. 国土空间规划管制与区域经济协调发展研究：一个分析框架［J］. 自然资源学报，32（8）：1445-1456.

曾蕾，杨效忠. 2015. 地理学视角下空间冲突研究述评［J］. 云南地理环境研究，27（4）：48-54.

张佰发，苗长虹. 2020. 黄河流域土地利用时空格局演变及驱动力［J］. 资源科学，42（3）：460-473.

张勃，程国栋. 2003. 黑河绿洲坡面分异演化研究［J］. 地理科学，23（2）：193-199.

张凤华. 2011. 干旱区绿洲、山地、荒漠系统耦合效应及其功能定位——以玛纳斯河流域为例［J］. 干旱区资源与环境，25（5）：52-56.

张凤华，赖先齐. 2004. 沙漠增温效应特征及对绿洲热量资源分异规律的研究［J］. 中国沙漠，24（4）：1-5.

张京祥. 2000. 城市与区域管治及其在中国的研究和应用［J］. 城市问题，(6)：40-44.

张景平. 2010. 历史时期疏勒河水系变迁及相关问题研究［J］. 中国历史地理论丛，25（4）：15-30.

张军连. 2007. 可交易水权制度中的相互监督机制［J］. 中国农村经济，(9)：53-59.

张俊. 2017. 区域国土空间开发格局优化的概念框架和模式创新：以九江市为例 [D]. 杭州：浙江大学.

张林源，王乃昂. 1995. 绿洲的发生类型及时空演变 [J]. 干旱区资源与环境，9（3）：32-43.

张林源，王乃昂，施祺. 1995. 绿洲的发生类型及时空演变 [J]. 干旱区资源与环境，9（3）：32-42.

张路科，杨会霞，葛京凤，等. 2014. 中国主要城市地价重心迁移及驱动因素研究 [J]. 地理与地理信息科学，30（6）：70-74.

张路路，郑新奇，原智远，等. 2016. 基于全排列多边形综合图示法的唐山市土地利用多功能性评价 [J]. 中国土地科学，30（6）：23-32.

张强，胡隐樵. 2002. 绿洲地理特征及其气候效应 [J]. 地球科学进展，17（4）：477-486.

张乔梁. 2017. 县域生态—城镇—农业空间主体功能识别与优化 [D]. 焦作：河南理工大学.

张晓平，朱道林，许祖学. 2014. 西藏土地利用多功能性评价 [J]. 农业工程学报，30（6）：185-194.

张学斌，石培基. 2014. 空间扩展及其辐射效应分析——以张掖市甘州区为例 [C] //南京：第五届海峡两岸经济地理研讨会摘要集.

张衍毓，陈美景. 2016. 国土空间系统认知与规划改革构想 [J]. 中国土地科学，30（2）：11-21.

张永蕾，栾乔林，熊昌盛，等. 2021. 基于多源空间数据的"三生"空间异质性评价与分区划定 [J]. 农业工程学报，37（10）：214-223，封3.

张志纯，何成才. 2007. 张掖概览 [M]. 兰州：甘肃人民出版社.

张志强，程国栋. 2001. 论西北地区生态环境建设问题与战略 [J]. 干旱区地理，24（3）：243-250.

赵晨. 1997. 城市发展的空间竞争机制 [J]. 新建筑，（1）：5-7.

赵广明，赵明. 2000. 柴达木盆地绿洲的形成、演替和对策 [J]. 中南林业调查规划，19（4）：48-50.

赵明华，韩荣青. 2004. 地理学人地关系与人地系统研究现状评述 [J]. 地域研究与开发，23（5）：6-10.

赵松乔. 1998. 人类活动对西北干旱区地理环境的作用：绿洲化或荒漠化？[J]. 干旱区研究，（3）：9-18.

甄峰，简博秀，沈青，等. 2007. 城市管治、区划调整与空间整合：以常州市区为例 [J]. 地理研究，26（1）：157-167.

甄霖，魏云洁，谢高地，等. 2010. 中国土地利用多功能性动态的区域分析 [J]. 生态学报，30（24）：6749-6761.

郑度. 2008. 中国生态地理区域系统研究 [M]. 北京：商务印书馆.

郑度，葛全胜，张雪芹，等. 2005. 中国区划工作的回顾与展望 [J]. 地理研究，24（3）：330-344.

钟源，刘黎明，刘星，等. 2017. 农业多功能评价与功能分区研究：以湖南省为例 [J]. 中国农业资源与区划，38（3）：93-100.

周德，徐建春，王莉. 2015. 环杭州湾城市群土地利用的空间冲突与复杂性 [J]. 地理研究，34（9）：1630-1642.

周国锋. 2015. 长三角城市群土地利用冲突强度评价及时空特征研究 [D]. 杭州：浙江工商大学.

周国华，彭佳捷. 2012. 空间冲突的演变特征及影响效应：以长株潭城市群为例 [J]. 地理科学进展，31（6）：717-723.

周浩，金平，夏卫生. 2020. 省级国土空间"三生"功能评价及其分区研究：以河南省为例 [J]. 中国土地科学，34（8）：10-17.

周静. 2019. 基于适宜性评价的国土空间划定研究［D］. 昆明：昆明理工大学.

周鹏. 2020. 太行山区国土空间格局优化与功能提升路径研究［D］. 成都：中国科学院大学（中国科学院水利部成都山地灾害与环境研究所）.

周兴佳，朱峰，李世全. 1994. 克里雅河绿洲的形成与演变［J］. 第四纪研究，（3）：249-255.

周子鑫，朱传耿. 2009. 我国区域空间整合研究进展与展望［J］. 地域研究与开发，28（5）：1-5.

朱会义，李秀彬. 2003. 关于区域土地利用变化指数模型方法的讨论［J］. 地理学报，58（5）：643-650.

朱媛媛，余斌，曾菊新，等. 2015. 国家限制开发区"生产–生活–生态"空间的优化：以湖北省五峰县为例［J］. 经济地理，35（4）：26-32.

邹易，蒙吉军. 2023. 干旱区绿洲–城镇–荒漠景观演变及生态环境效应［J］. 干旱区研究，40（3）：988-1000.

Aerts J C J H, Eisinger E, Heuvelink G B M, et al. 2003. Using linear integer programming for multi-site land-use allocation［J］. Geographical Analysis, 35（2）：148-169.

Al-sharif A A A, Pradhan B. 2014. Monitoring and predicting land use change in Tripoli Metropolitan City using an integrated Markov chain and cellular automata models in GIS［J］. Arabian Journal of Geosciences, 7（10）：4291-4301.

Andersen P S, Vejre H, Dalgaard T, et al. 2013. An indicator-based method for quantifying farm multifunctionality［J］. Ecological Indicators, 25：166-179.

Arsanjani J J, Kainz W, Mousivand A J. 2011. Tracking dynamic land-use change using spatially explicit Markov chain based on cellular automata: The case of Tehran［J］. International Journal of Image and Data Fusion, 2（4）：329-345.

Azizi A, Malakmohamadi B, Jafari H. 2016. Land use and land cover spatiotemporal dynamic pattern and predicting changes using integrated CA-Markov model［J］. Global Journal of Environmental Science and Management, 2（3）：223-234.

Bai X M, Shi P J, Liu Y S. 2014. Society: realizing China's urban dream［J］. Nature, 509（7499）：158-160.

Bailey R G. 1976. Ecoregions of the United States (1：7500000 Colored)［M］. Ogden, UT: USDA Forest Service, Intermountain Region.

Bakhtiari F, Jacobsen J B, Jensen F S. 2014. Willingness to travel to avoid recreation conflicts in Danish forests［J］. Urban Forestry & Urban Greening, 13（4）：662-671.

Balling R J, Taber J T, Brown M R, et al. 1999. Multiobjective urban planning using genetic algorithm［J］. Journal of Urban Planning and Development, 125（2）：86-99.

Bertalanffy L V. 1969. General system theory: foundations, development, application［M］. New York: George Braziller Inc.

Callo-Concha D, Denich M. 2014. A participatory framework to assess multifunctional land-use systems with multicriteria and multivariate analyses: a case study on agrobiodiversity of agroforestry systems in tomé açú, Brazil［J］. Change and Adaptation in Socio-Ecological Systems, 1（1）：40-50.

Campbell D J, Gichohi H, Mwangi A, et al. 2000. Land use conflict in Kajiado district, Kenya [J]. Land Use Policy, 17 (4): 337-348.

Castro A P, Nielsen E. 2001. Indigenous people and co-management: implications for conflict management [J]. Environmental Science & Policy, 4 (4/5): 229-239.

Clarke K C, Hoppen S, Gaydos L. 1997. A self-modifying cellular automaton model of historical urbanization in the San Francisco Bay area [J]. Environment and Planning B: Planning and Design, 24 (2): 247-261.

Cohen J. 1960. A coefficient of agreement for nominal scales [J]. Educational and Psychological Measurement, 20 (1): 37-46.

Constanza R, D'Arge, de Groot R, et al. 1997. The value of the world's ecosystem services and natural capital [J]. Nature, 387 (15): 253-260.

Cui B C, Gui D W, Liu Q, et al. 2024. Distribution and growth drivers of oases at a global scale [J]. Earth's Future, 12 (4): e2023EF004086.

de Groot R S, Wilson M A, Boumans R M J. 2002. A typology for the classification, description and valuation of ecosystem functions, goods and services [J]. Ecological Economics, 41 (3): 393-408.

Duarte M, Davies G. 2003. Testing the conflict-performance assumption in business-to-business relationships [J]. Industrial Marketing Management, 32 (2): 91-99.

Duke J M. 2004. Institutions and land-use conflicts: harm, dispute processing, and transactions [J]. Journal of Economic Issues, 38 (1): 227-252.

Faludi A. 2009. A turning point in the development of European spatial planning? The 'Territorial Agenda of the European Union' and the 'First Action Programme' [J]. Progress in Planning, 71 (1): 1-42.

Fan Y T, Jin X B, Gan L, et al. 2018. Spatial identification and dynamic analysis of land use functions reveals distinct zones of multiple functions in Eastern China [J]. The Science of the Total Environment, 642: 33-44.

Foucault M. 2005. Different Space [M]. Changchun: Jilin University Press.

Gao Y, Wang J M, Zhang M, et al. 2021. Measurement and prediction of land use conflict in an opencast mining area [J]. Resources Policy, 71: 101999.

Gebhard B, Reinfried M. 2001. Assessment of non monetary values of land for natural resource management using spatial indicators [J]. International Conference on Spatial Information for Sustainable Development, (10): 1-12.

Gulickx M M C, Verburg P H, Stoorvogel J J, et al. 2013. Mapping landscape services: a case study in a multi-functional rural landscape in the Netherlands [J]. Ecological Indicators, 24: 273-283.

Gunderson L H, Holling C S. 2001. Panarchy: Understanding Transformations in Systems of Humans and Nature [M]. Washington, DC: Island Press

Harrie L E. 1999. The constraint method for solving spatial conflicts in cartographic generalization [J]. Cartography and Geographic Information Science, 26 (1): 55-69.

Hartshorne R. 1939. The nature of geography: a critical survey of current thought in the light of the past (conclusion) [J]. Annals of the Association of American Geographers, 29 (4): 413-658.

Hartshorne R. 1958. The concept of geography as a science of space, from Kant and Humboldt to hettner [J].

Annals of the Association of American Geographers, 48 (2): 97-108.

Harvey D. 1981. The spatial fix-Hegel, von thunen, and Marx [J]. Antipode, 13 (3): 1-12.

Harvey D. 2000. Space of Hope [M]. Edinburgh: Edinburgh University Press.

Helming K, Tscherning K, König B, et al. 2008. Ex ante impact assessment of land use changes in European regions—The SENSOR approach [M]. Berlin Springer.

Helming K, Tscherning K, König B, et al. 2008. Ex ante impact assessment of land use changes in European regions—the SENSOR approach [M] //Helming K, Pérez-Soba M, Tabbush P. Sustainability Impact Assessment of Land Use Changes. Berlin, Heidelberg: Springer Berlin Heidelberg.

Hermann A, Kuttner M, Hainz-Renetzeder C, et al. 2014. Assessment framework for landscape services in European cultural landscapes: an Austrian Hungarian case study [J]. Ecological Indicators, 37: 229-240.

Hettner A. 1983. Geography: its history, nature in methodology [M]. Beijing: the Commercial Press.

Hu Y C, Zheng Y M, Zheng X Q. 2013. Simulation of land-use scenarios for Beijing using CLUE-S and Markov composite models [J]. Chinese Geographical Science, 23 (1): 92-100.

Højholt P. 2000. Solving space conflicts in map generalization: using a finite element method [J]. Cartography and Geographic Information Science, 27 (1): 65-74.

Jiang S, Meng J J, Zhu L K. 2020. Spatial and temporal analyses of potential land use conflict under the constraints of water resources in the middle reaches of the Heihe River [J]. Land Use Policy, 97: 104773.

Johnson K P, Kort J R. 2004. Redefinition of the BEA economic areas [J]. Survey of Current Business, 84 (11): 68-75.

Khatiwada L K. 2014. A spatial approach in locating and explaining conflict hot spots in Nepal [J]. Eurasian Geography and Economics, 55 (2): 201-217.

Kienast F, Bolliger J, Potschin M, et al. 2009. Assessing landscape functions with broad-scale environmental data: insights gained from a prototype development for Europe [J]. Environmental Management, 44 (6): 1099-1120.

Lefebvre H. 1991. The Production of Space [M]. Oxford UK: Blackwell Publishing.

Li Q G, Wang L C, Gul H N, et al. 2021. Simulation and optimization of land use pattern to embed ecological suitability in an oasis region: a case study of Ganzhou district, Gansu Province, China [J]. Journal of Environmental Management, 287: 112321.

Li X, He J Q, Liu X P. 2009. Intelligent GIS for solving high-dimensional site selection problems using ant colony optimization techniques [J]. International Journal of Geographical Information Science, 23 (4): 399-416.

Liu C, Xu Y Q, Huang A, et al. 2018. Spatial identification of land use multifunctionality at grid scale in farming-pastoral area: a case study of Zhangjiakou City, China [J]. Habitat International, 76: 48-61.

Liu X P, Li X, Anthony G O Y. 2006. Multi-agent systems for simulating spatial decision behaviors and land-use dynamics [J]. Science in China Series D: Earth Sciences, 49 (11): 1184-1194.

Liu X P, Liang X, Li X, et al. 2017. A future land use simulation model (FLUS) for simulating multiple land use scenarios by coupling human and natural effects [J]. Landscape and Urban Planning, 168: 94-116.

Ma S F, He J H, Yu Y. 2010. Model of urban land-use spatial optimization based on particle swarm optimization algorithm [J]. Transactions of the Chinese Society of Agricultural Engineering, 26 (9): 321-326.

Makowski D, Hendrix E M T, van Ittersum M K, et al. 2000. A framework to study nearly optimal solutions of linear programming models developed for agricultural land use exploration [J]. Ecological Modelling, 131 (1): 65-77.

Matsuno Y, Nakamura K, Masumoto T, et al. 2006. Prospects for multifunctionality of paddy rice cultivation in Japan and other countries in monsoon Asia [J]. Paddy and Water Environment, 4 (4): 189-197.

Mbonile M J. 2005. Migration and intensification of water conflicts in the Pangani Basin, Tanzania [J]. Habitat International, 29 (1): 41-67.

McDonald R I, Kareiva P, Forman R T T. 2008. The implications of current and future urbanization for global protected areas and biodiversity conservation [J]. Biological Conservation, 141 (6): 1695-1703.

Meng J J, Cheng H R, Li F, et al. 2022. Spatial-temporal trade-offs of land multi-functionality and function zoning at finer township scale in the middle reaches of the Heihe River [J]. Land Use Policy, 115: 106019.

Mubarak F A. 2004. Urban growth boundary policy and residential suburbanization: Riyadh, Saudi Arabia [J]. Habitat International, 28 (4): 567-591.

Murtagh B, Ellis G. 2011. Skills, conflict and spatial planning in northern Ireland [J]. Planning Theory & Practice, 12 (3): 349-365.

Pacheco F A L, Varandas S G P, Sanches Fernandes L F, et al. 2014. Soil losses in rural watersheds with environmental land use conflicts [J]. The Science of the Total Environment, 485/486: 110-120.

Paracchini M L, Pacini C, Jones M L M, et al. 2011. An aggregation framework to link indicators associated with multifunctional land use to the stakeholder evaluation of policy options [J]. Ecological Indicators, 11 (1): 71-80.

Peng J, Liu Y X, Liu Z C, et al. 2017. Mapping spatial non-stationarity of human-natural factors associated with agricultural landscape multifunctionality in Beijing-Tianjin-Hebei region, China [J]. Agriculture, Ecosystems & Environment, 246: 221-233.

Pontius R G, Schneider L C. 2001. Land-cover change model validation by an ROC method for the Ipswich watershed, Massachusetts, USA [J]. Agriculture, Ecosystems & Environment, 85 (1/2/3): 239-248.

Pérez-Soba M, Petit S, Jones L, et al. 2008. Land use functions: A multifunctionality approach to assess the impact of land use changes on land use sustainability [M]. Berlin: Springer.

Renting H, Rossing W A H, Groot J C J, et al. 2009. Exploring multifunctional agriculture. A review of conceptual approaches and prospects for an integrative transitional framework [J]. Journal of Environmental Management, 90 (Suppl 2): S112-S123.

Rossing W A H, Zander P, Josien E, et al. 2007. Integrative modelling approaches for analysis of impact of multifunctional agriculture: a review for France, Germany and the Netherlands [J]. Agriculture, Ecosystems & Environment, 120 (1): 41-57.

Rusu M. 2012. Rural land conflicts-theory and practice [J]. Agricultural Management, 115: 69-76.

Sadeghi S H R, Jalili K, Nikkami D. 2009. Land use optimization in watershed scale [J]. Land Use Policy, 26 (2): 186-193.

Santé-Riveira I, Boullón-Magán M, Crecente-Maseda R, et al. 2008. Algorithm based on simulated annealing for land-use allocation [J]. Computers & Geosciences, 34 (3): 259-268.

Shen Q P, Chen Q, Tang B S, et al. 2009. A system dynamics model for the sustainable land use planning and development [J]. Habitat International, 33 (1): 15-25.

Tanulku B. 2013. Gated communities: ideal packages or processual spaces of conflict? [J]. Housing Studies, 28 (7): 937-959.

Vaske J J, Needham M D, Cline R C Jr. 2007. Clarifying interpersonal and social values conflict among recreationists [J]. Journal of Leisure Research, 39 (1): 182-195.

Veldkamp A, Fresco L O. 1996. CLUE-CR: an integrated multi-scale model to simulate land use change scenarios in Costa Rica [J]. Ecological Modelling, 91 (1/2/3): 231-248.

Verburg P H, Soepboer W, Veldkamp A, et al. 2002. Modeling the spatial dynamics of regional land use: the CLUE-S model [J]. Environmental Management, 30 (3): 391-405.

Verburg P H, van de Steeg J, Veldkamp A, et al. 2009. From land cover change to land function dynamics: A major challenge to improve land characterization [J]. Journal of Environmental Management, 90 (3): 1327-1335.

Vereijken P H. 2001. Multifunctionality: Applying the OECD framework, a review of literature in the Netherlands [R]. Paris, France: OECD.

Wang H R, Gao Y Y, Liu Q, et al. 2010 Land use allocation based on interval multi-objective linear programming model: a case study of Pi County in Sichuan Province [J]. Chinese Geographical Scienc, 20 (2): 176-183.

Willemen L, Hein L, van Mensvoort M E F, et al. 2010. Space for people, plants, and livestock? Quantifyinginteractions among multiple landscape functions in a Dutch rural region [J]. Ecological Indicators, 10 (1): 62-73.

Willemen L, Verburg P H, Hein L, et al. 2008. Spatial characterization of landscape functions [J]. Landscape and Urban Planning, 88 (1): 34-43.

Zhang Y, Chen Z, Cheng Q, et al. 2016. Quota restrictions on land use for decelerating urban sprawl of mega city: A case study of Shanghai, China [J]. Sustainability, 8 (10): 968.

Zhou D, Xu J, Lin Z. 2017. Conflict or coordination? Assessing land us multi-functionalization using production-living-ecology analysis [J]. Science of the Total Environment, 577: 136-147.

Zou L, Liu Y, Wang J, et al. 2021. An analysis of land use conflict potentials based on ecological-production-living function in the southeast coastal area of China [J]. Ecological Indicators, 122: 107297.

Zou L L, Liu Y S, Yang J X, et al. 2020. Quantitative identification and spatial analysis of land use ecological-production-living functions in rural areas on China's southeast coast [J]. Habitat International, 100: 102182.